einwurf

Dialoge zwischen Kunst und Musik an der Hochschule für Künste Bremen

Hauschild Verlag

Vorwort — 009

Zukunft und Erinnerung
Perspektiven von Kunst und Musik an der Jahrtausendwende

011

Peter Rautmann, Nicolas Schalz
Zum Thema — 013

Aleida Assmann
Drei Formen von Gedächtnis — 015

Hans-Klaus Jungheinrich
Andauernd unerhörte Augenblicke — 027
Blick zurück nach vorn:
Musiktheater an der Schwelle des 21. Jahrhunderts

Eugen Blume
Infra-Mince. Ein Übergang — 041
Die Rolle der bildnerischen Moderne im 20. Jahrhundert
am Beispiel von Marcel Duchamp, John Cage und Joseph Beuys

Hannes Böhringer
Braunschweiger Barock — 071

Peter Rautmann, Nicolas Schalz
Von Greifswald nach Italien — 085
Reale und fiktive Reisen in Bildender Kunst, Fotografie,
Film und Musik

Flüchtige Gegenwart
Globalisierung und die Rolle der Künste heute

143

Peter Rautmann, Nicolas Schalz
Zum Thema

145

Gertrud Koch
Die neue Drahtlosigkeit
Globalisierung der Massenmedien

147

Harun Maye
Edgar Allan Poes Tradition
Im Malstrom der Medien mit Edgar Allan Poe und
Marshall McLuhan

159

Wolfgang Schmitz
»Der dezentrale Blick« bei Edgar Allan Poe

187

Peter Rautmann, Nicolas Schalz
Flüchtiger Augenblick
Zur Rolle von Bild und Klang in den Videoarbeiten von
Jean-François Guiton

193

Anne-Kristin Beutel, Mirko Philipp Eckstein
net.art

211

Bildnachweise

237

Impressum

Titelabbildungen
oben: Irene Werner, Bremen
unten: Marshall McLuhan und Quentin Fiore:
Das Medium ist Massage (1967),
Frankfurt a. M., Berlin, Ullstein 1969

Herausgegeben im Auftrag der
Hochschule für Künste Bremen von
Peter Rautmann und Nicolas Schalz

Gestaltung
Marcus Koopmann
Jens Oertel
Anna Ryffel
Florian Pfeffer

Druck
Goihl Druck GmbH, Stuhr

Verarbeitung
Nieth Buchbinderei GmbH, Syke

Schriften
Scala
Scala-Italic
Frutiger Condensed
Frutiger Condensed Bold
Frutiger Condensed Light

Papier
Gardapat 13, 115 g/qm

Lektorat
Gerd Hüsener

Verlag
H. M. Hauschild GmbH, Bremen

© HfK Bremen und die Autoren
Bremen 2002

ISBN 3-89757-146-3

Vorwort

Mit dem vorliegenden Doppelband beginnt die Hochschule für Künste Bremen eine in einjähriger Folge erscheinende künstlerisch-wissenschaftliche Schriftenreihe. **einwurf** versammelt Beiträge aus Vortragsreihen und Symposien zu aktuellen Themen aus Kunst und Wissenschaft sowie schriftliche Ergebnisse von Forschungsprojekten, die an der Hochschule durchgeführt werden. Durch **einwurf** möchten wir neue Überlegungen, überraschende Aspekte, grundlegende Fragestellungen, kritische Einwürfe in die künstlerisch-wissenschaftliche Diskussion werfen. Der Untertitel **Dialoge zwischen Kunst und Musik** verweist auf die an der Hochschule beheimateten Arbeitsfelder, die wir zu verstärkten Dialogen ermuntern möchten. Darüber hinaus kommt es unserer Überzeugung nach generell darauf an, die unterschiedlichen Künste, Wissenschaften, aber auch Kunst und Politik miteinander in ein Wechselgespräch zu verwickeln, Dialoge zwischen Theorie und Praxis, alten und neuen Medien, im weitesten Sinne Dialoge zwischen den Kulturen als Beitrag für eine offene, demokratisch verfasste Gesellschaft zu initiieren, im Wissen um das Eigene und im Respekt vor dem Anderen.

Als Initiatoren der Reihe freuen wir uns, dass diese seit langem gehegte Idee nun endlich verwirklicht werden konnte und hoffen, dass mit diesem ersten Band der gute Anfang für eine fruchtbare und regelmäßig erscheinende Folge von weiteren Bänden gemacht worden ist.

Peter Rautmann, Nicolas Schalz

Peter Rautmann, Nicolas Schalz
Zum Thema

Aleida Assmann
Drei Formen von Gedächtnis

Hans-Klaus Jungheinrich
Andauernd unerhörte Augenblicke

Eugen Blume
Infra-Mince. Ein Übergang

Hannes Böhringer
Braunschweiger Barock

Peter Rautmann, Nicolas Schalz
Von Greifswald nach Italien

Zukunft und Erinnerung

Perspektiven von Kunst und Musik
an der Jahrtausendwende

Peter Rautmann, Nicolas Schalz

Zum Thema

Die Vortragsreihe zum Thema *Zukunft und Erinnerung – Perspektiven von Kunst und Musik an der Jahrtausendwende* – wurde Ende des Sommersemesters 2000 durchgeführt. Die Akzentuierung, die wir dem Thema geben wollten, war ein doppelter Blick, mitveranlasst durch den Zeitpunkt der Jahrtausendwende: Rückblick und Ausblick. Es lag auf der Hand, dass wir uns an die grundlegenden Fragen erinnerten, die sich Paul Gauguin schon zu Beginn des 20. Jahrhunderts gestellt hatte: »Woher kommen wir, was sind wir, wohin gehen wir?« Sie wurden ihm zum künstlerischen Programm, und uns schien es, dass sie auch heute noch gültige Leitlinien beim Rück-Blick auf das ausgehende 20. Jahrhundert wie beim Vor-Blick auf das beginnende neue Jahrtausend sein könnten.

Das 20. Jahrhundert war nicht nur von gewaltigen gesellschaftlichen Revolutionen und Umbrüchen geprägt, sondern nachhaltig auch von künstlerischen. Eine große Rolle spielten dabei die Auseinandersetzungen um die Kategorie der Moderne (man sprach sogar von Modernen), um deren Charakterisierung wie begriffliche Fassung. Industrielle und ästhetische Moderne, Novatio und Melancolia (Lyotard), Fortschritt und Katastrophe (Benjamin), Moderne und Postmoderne waren dabei einige gegensätzliche Leitbegriffe der Debatten. Angesichts dieser Erfahrungen stellte sich uns eine Reihe von Fragen, die wir auch – neben den Ausgangsfragen – an die eingeladenen Referenten und Referentinnen weitergaben.

Fragen wie: Welcher Art ist das Verhältnis von Gesellschaft, Kunst und ästhetischer Theorie heute? Wo liegen aktuelle Problemfelder für Ästhetik und Philosophie? Was bedeutet »gegenwärtige Kultur« im jeweiligen Arbeitsschwerpunkt der Referenten und Referentinnen?

Zukunft und Erinnerung

Die Autoren haben unterschiedlich reagiert. Grundlegend war die Antwort von Aleida Assmann, die mit ihrer Unterscheidung eines kommunikativen, eines kollektiven und eines kulturellen Gedächtnisses eine für die Auseinandersetzung wichtige Differenzierung des Poles Erinnerung vornahm.

Hannes Böhringer setzte eher auf den zweiten Pol, fragte nach der Möglichkeit zukünftiger Kunst angesichts einer gegenwärtigen, die er, in der rückblickenden Analyse barocker Ästhetik, vielfach bedroht sieht, in der Gefahr jedenfalls, Künstlerisches ganz allgemein durch kulturelle Inszenierung zu ersetzen. Die Vorträge von Hans-Klaus Jungheinrich und Eugen Blume gingen konkreten Phänomenen und Erscheinungen von Musik und Kunst im 20. Jahrhundert nach, einerseits der Oper als Teil eines Musiktheaters zwischen Tradition und Neuanfang, andererseits dem Potential künstlerischer Entwürfe wie jenen das 20. Jahrhundert maßgeblich prägenden von Duchamp, Cage und Beuys. Dass wir zusätzlich einen Doppelvortrag von uns beiden in die Publikation aufgenommen haben, liegt daran, dass dieser Vortrag durchgehend einer dialektischen Zusammenschau von Zukunft und Erinnerung verpflichtet und auf dem Hintergrund unseres die Vortragsreihe begleitenden Seminars entstanden ist.

Wir sind der Meinung, dass die Antworten, die gegeben wurden, Anregungen darstellen, die Zeit, in der wir leben, kritisch zu reflektieren und uns Gedanken zu machen, auf welche Weise die Künste zur entschiedeneren Humanisierung der Welt, zu Verständnis und Dialog beitragen können.

Aleida Assmann

Drei Formen von Gedächtnis

Der folgende Beitrag beschäftigt sich mit der Frage, wie Geschichte im Gedächtnis entsteht. ▸01 Als Individuen sind wir mit unseren biographischen Erinnerungen in unterschiedliche Gedächtnishorizonte eingespannt, die immer weitere Kreise ziehen: das Gedächtnis der Familie, der Generation, der Gesellschaft, der Kultur. Um diese Verschränkungen besser erfassen zu können, ist es notwendig, den kompakten Gedächtnisbegriff aufzurastern und ihn durch unterschiedliche Gedächtnisformen zu ersetzen. Nach Zeitradius und Stabilitätsgraden sollen hier drei verschiedene Stufen des Gedächtnisses unterschieden werden: das Gedächtnis des Individuums, das des Kollektivs und das der Kultur.

Das kommunikative Gedächtnis: Individuum und Generation

Das individuelle Gedächtnis ist das Medium subjektiver Erfahrungsverarbeitung. Wenn ich es mit Jan Assmann vorziehe, hier vom **kommunikativen Gedächtnis** zu sprechen, so deshalb, weil wir die Suggestion vermeiden wollen, als handele es sich dabei um ein einsames und rein privates Gedächtnis. ▸02 Mit dem Soziologen Maurice Halbwachs gehen wir davon aus, dass ein absolut einsamer Mensch überhaupt kein Gedächtnis ausbilden könnte. Denn Erinnerungen werden stets in Kommunikation, d.h. im Austausch mit Mitmenschen aufgebaut und verfestigt.

---

01 Es handelt sich dabei um die überarbeitete Fassung eines Kapitels aus: Aleida Assmann, Ute Frevert, »Geschichtsvergessenheit / Geschichtsversessenheit – Vom Umgang mit deutschen Vergangenheiten«, Stuttgart 1999.

02 Jan Assmann, »Das kulturelle Gedächtnis. Schrift, Erinnerung und politische Identität in frühen Hochkulturen«, München 1992, 48–66.

Das Gedächtnis wächst also ähnlich wie die Sprache von außen in den Menschen hinein, und es steht außer Frage, dass die Sprache auch seine wichtigste Stütze ist. Damit soll keineswegs geleugnet werden, dass es daneben vollkommen eigene nonverbale Erinnerungen gibt, die aber nicht geteilt werden, weil sie nicht mitgeteilt werden können, wie beispielsweise die in unserem Körper schlummernden Erinnerungen, von denen Proust uns versichert, dass unsere Arme und Beine voll von ihnen sind. Das kommunikative Gedächtnis entsteht in einem Milieu räumlicher Nähe, regelmäßiger Interaktion, gemeinsamer Lebensformen und geteilter Erfahrungen.

Persönliche Erinnerungen existieren nicht nur in einem besonderen sozialen Milieu, sondern auch in einem spezifischen Zeithorizont. Dieser Zeithorizont wird durch den Wechsel der Generationen bestimmt. Mit jedem Generationswechsel, der nach einer Periode von ca. vierzig Jahren stattfindet, verschiebt sich das Erinnerungsprofil einer Gesellschaft merklich. Haltungen, die einmal bestimmend oder repräsentativ waren, rücken allmählich vom Zentrum an die Peripherie. Dann stellen wir rückblickend fest, dass sich ein bestimmtes Milieu von Erfahrungen und Werten, Hoffnungen und Obsessionen aufgelöst hat, das die Erinnerungen wie ein unsichtbares Netz umfangen hatte. Zu einem noch tieferen Einschnitt kommt es nach 80-100 Jahren. Das ist die Periode, in der verschiedene Generationen – in der Regel sind es drei, im Grenzfall sogar fünf – gleichzeitig existieren und durch persönlichen Austausch eine Erfahrungs-, Erinnerungs- und Erzählgemeinschaft bilden. Auch dieses Drei-Generationen-Gedächtnis ist ein wichtiger Horizont für persönliche Erinnerungen. Da diese ohne solche stützenden Rahmen nicht fortbestehen können, und da sich diese Rahmen nach 30-40 bzw. nach 80-100 Jahren naturgemäß auflösen, sind dem kommunikativen Gedächtnis feste zeitliche Grenzen gesetzt. Wir können deshalb mit Bezug auf das kommunikative Gedächtnis auch vom Kurzzeitgedächtnis der Gesellschaft sprechen.

Von der Ebene des persönlichen Gedächtnisses aus gesehen zerfällt die homogene ›Konstruktion von Geschichte‹ in eine Vielzahl bruchstückhafter und widersprüchlicher Erfahrungen. Denn Erinnerungen sind so beschränkt und parteiisch, wie es die Perspektiven der Wahrnehmung und die Formen ihrer Bewertung sind. Diese Bewertungen sind allerdings auch keine rein individuellen Schöpfungen, sondern lehnen sich wiederum eng an historische Schlüsselerfahrungen, gesellschaftliche Wertmaßstäbe und kulturelle Deutungsmuster an. Das bedeutet, dass das individuelle Gedächtnis nicht nur in seiner zeitlichen

Drei Formen von Gedächtnis

Erstreckung, sondern auch in den Formen seiner Erfahrungsverarbeitung vom weiteren Horizont des Generationsgedächtnisses bestimmt wird. In diesem runden sich die unterschiedlichen Einzelerinnerungen zu einem kollektiven Erfahrungshintergrund auf. Die expliziten subjektiven Erinnerungen sind verbunden mit einem impliziten Generationsgedächtnis. Generationen teilen »eine Gemeinsamkeit der Weltauffassung und Weltbemächtigung«. ▸03 Als »ereignisnahe und erfahrungsoffene Vergemeinschaftungen von ungefähr Gleichaltrigen« begreifen sie sich selbst als unterschiedlich von vorhergehenden und nachfolgenden Generationen. »Deshalb dreht sich die Kommunikation zwischen den Generationen immer um eine Grenze des Verstehens, die mit der Zeitlichkeit des Erlebens zu tun hat. Das Alter trennt auf eine ganz existentielle Weise, weil man seiner Zeit nicht entgehen kann.« ▸04

Was mit der trennenden Wirkung von Alter und Generation gemeint sein kann, soll hier an einem Beispiel näher erläutert werden. Es ist ein Grundaxiom neurowissenschaftlicher Gedächtnistheorie, dass die Vergangenheit in der Erinnerung nicht einfach zugänglich ist, sondern stets nur unter bestimmten Vorzeichen in Übereinstimmung mit den jeweiligen Gegenwartsbedürfnissen (re-)konstruiert wird. Doch gerade damit hatte sich ein Autor wie Proust nicht abfinden wollen, der sich auf die Suche nach der unwillkürlichen Erinnerung und der vom bewussten oder unbewussten Willen unabhängigen Vergangenheit begeben hat. Mit seiner ›mémoire involontaire‹ wollte Proust die unumgängliche Differenz zwischen dem, was einmal gewesen ist, und dem, was die Erinnerung formend und verformend zurückholt, unterlaufen. Die Differenz von erlebter Gegenwart und erinnerter Vergangenheit ist von Martin Walser im ersten Satz seines Erinnerungsromans *Ein springender Brunnen* auf eine prägnante Formel gebracht worden: »Solange etwas ist, ist es nicht das, was es gewesen sein wird.« ▸05 Ähnlich wie Proust kann auch Walser sich mit dieser Differenz nicht abfinden. Sein künstlerischer Anspruch besteht darin, die Vergangenheit als das Andere der gegenwärtigen Sinnkonstellationen, wie sie die rückblickende Erinne-

---

03 Helmut Schelsky, »Die Generationen der Bundesrepublik«, in: »Die andere deutsche Frage«, hg. v. Walter Scheel, Stuttgart 1981, 178–198; hier: 178.

04 Heinz Bude, »Generationen im sozialen Wandel«, in: Annette Lepenies, Hg., »Alt und Jung. Das Abenteuer der Generationen«, Deutsches Hygiene Museum Dresden, Frankfurt a. M., Basel 1997, 65.

05 Martin Walser, »Ein springender Brunnen«, Frankfurt a. M. 1998.

rung formt, zu Wort kommen zu lassen. Anders als bei Proust ist das Erinnerungsdilemma bei Walser politisch grundiert. Bei ihm geht es um die Anerkennung eines Generationsgedächtnisses, das sich nicht dem nachträglichen Wissen und der moralischen Wertung der Gegenwart unterordnen will. Die Vergangenheits-Epoche, über die er schreibt, ist die Zeit des Nationalsozialismus, die heute kaum noch anders zugänglich ist als durch das Tor des Holocaust. Zehn Jahre vor seinem autobiographischen Roman hatte Walser das dadurch entstehende Erinnerungsdilemma bereits klar umrissen: »Ich habe das Gefühl, ich könne mit meiner Erinnerung nicht nach Belieben umgehen. Es ist mir, zum Beispiel, nicht möglich, meine Erinnerung mit Hilfe eines inzwischen erworbenen Wissens zu belehren. (...) Die Bilder (meiner Erinnerung, A.A.) sind jeder Unterrichtung unzugänglich. Alles, was ich inzwischen erfahren habe, hat diese Bilder nicht verändert. (...) Das erworbene Wissen über die mordende Diktatur ist eins, meine Erinnerung ist ein anderes. Allerdings nur so lange, als ich diese Erinnerung für mich behalte. Sobald ich jemanden daran teilhaben lassen möchte, merke ich, daß ich die Unschuld der Erinnerung nicht vermitteln kann. (...) Ich müßte also so reden, wie man heute über diese Zeit redet. Also bliebe nichts übrig als ein heute Redender. Einer mehr, der über damals redet, als sei er damals schon der Heutige gewesen. (...) Die meisten Darstellungen der Vergangenheit sind deshalb Auskünfte über die Gegenwart. ▶06

Martin Walsers Erinnerungsdilemma zeigt, dass das ›kommunikative‹ Gedächtnis unter Umständen auch zu einem schwer kommunizierbaren, ja inkommunikablen Gedächtnis werden kann, wenn das Generationengedächtnis einer Gruppe mit der Geschichtsauffassung der Gesellschaft nicht in Einklang zu bringen ist. Was Walser provokativ die »Unschuld seiner Erinnerung« nennt, ist deshalb so schwer zu vermitteln, weil der dramatische Werte- und Erfahrungswandel, der zwischen NS-Staat und der Bundesrepublik eingetreten ist, seinen Erinnerungen ihre Unschuld genommen hat. Walsers persönliche biographische Erinnerungen, deren Eigenrecht er sichern möchte, sind in den Wert- und Erfahrungshorizont einer bestimmten Generation eingepasst. ▶07 Er gehört der sogenannten Flakhelfer-Generation an, die aus der ›Hitlerjugend‹ rekrutiert wurde. Anders als andere Jahrgangskohorten ist diese Generation nicht nur durch historische Zeitgenossenschaft, sondern durch eine konsequente Sozialisation, ja geradezu körperliche Initiation in das ideologische System des rassistisch-antisemitischen NS-Staats gezeichnet. Die Biographien der Jahrgänge von 1918 bis 1933 sind durchgehend und von früh an durch die Rituale einer

Drei Formen von Gedächtnis

»mobilisierenden Formationserziehung« (Harald Scholtz) geprägt worden. Innerhalb dieser Jahrgänge haben sich unter dem Druck der katastrophisch beschleunigten deutschen Geschichte von 1939–1945 nicht weniger als drei politische Generationen herausgebildet. »Es war die Zufälligkeit des Jahrgangs, die den einzelnen so oder so in das historische Geschehen verwickelte und ihn so oder so schuldig werden ließ. Für die 1924 Geborenen gelten andere Maßstäbe als für die 1927 Geborenen und noch andere für die 1930 Geborenen. Es ist ein Altersabstand von drei Jahren, der die ersten zur schuldigen Generation der jungen Soldaten, die zweiten zur ›skeptischen Generation‹ der Flakhelfer und die dritten zur ›unbefangenen Generation‹ der ›weißen Jahrgänge‹ schlägt.« ▸08

Hitlers politisierte Jugend wurde 1946 von den Alliierten amnestiert. Helmut Schelsky hat die Physiognomie der Flakhelfer-Generation als die einer ›skeptischen Generation‹ gezeichnet, die sich bei ihren aussichtslosen Einsätzen gegen die äußeren Schrecken und Zumutungen mit einem inneren Vorbehalt wappnete und aus dieser Erfahrung eine grundsätzliche ›Identifikationsscheu‹ entwickelte. Die intellektuelle Gründung der Bundesrepublik ist zu einem wesentlichen Teil dieser skeptischen Generation zuzuschreiben, die seit Beginn der sechziger Jahre einen neuen kritischen Diskurs pflegte und den Anschluss an die verlorenen internationalen geistigen Traditionen wieder herstellte. Aus dieser Generation kamen die wichtigsten Mentoren und Vordenker meiner eigenen Generation, für die sie eine neue intellektuelle Atmosphäre schufen.

Das kollektive Gedächtnis: Sieger und Verlierer, Opfer und Täter

Im kommunikativen Gedächtnis, das stets auf ein Generationsgedächtnis bezogen ist, verschränken sich bereits individuelles und kollektives Gedächtnis. Von einem **kollektiven Gedächtnis** im prägnanten Sinne soll jedoch erst auf einer zweiten Ebene die Rede sein. Diese Ebene wird erreicht, sobald gewisse Vor-

---

06 Martin Walser, »Reden über Deutschland«, Frankfurt a. M. 1989, 76–78.

07 Zum Verhältnis von politischen Generationen und ihren je spezifischen Formen der Vergangenheitsbewältigung vgl. das 14. Kapitel von Clemens Albrecht, in: ders. u.a., Hg., »Die intellektuelle Gründung der Bundesrepublik. Eine Wirkungsgeschichte der Frankfurter Schule«, Frankfurt a. M., New York 1999, 497–518.

08 Heinz Bude, »Bilanz der Nachfolge, Die Bundesrepublik und der Nationalsozialismus«, Frankfurt a. M. 1992, 81.

kehrungen für seine Bestandserhaltung über die natürlichen Zeitgrenzen seines Verfalls hinweg getroffen werden. Das kollektive Gedächtnis ist somit eine Steigerungsform des Generationsgedächtnisses, das sich ohne entsprechende Maßnahmen mit dem Ableben seiner Träger immer wieder von selbst auflöst. Wie wird das kollektive Gedächtnis zu einem generationenübergreifenden sozialen Langzeitgedächtnis? Die Antwort lautet: in Verbindung mit der Entstehung eines politischen Kollektivs, einer Solidargemeinschaft. Gedächtnis und Kollektiv unterstützen sich gegenseitig: Das Kollektiv ist der Träger des Gedächtnisses, das Gedächtnis stabilisiert das Kollektiv. Ein Beispiel hierfür sind die Nationen, die sich im 19. Jahrhundert über ein solches Gedächtnis konstituiert und stabilisiert haben. Das kollektive Gedächtnis ist ein politisches Gedächtnis. Im Gegensatz zum diffusen kommunikativen Gedächtnis, das sich von selbst herstellt und wieder auflöst, ist es außengesteuert und zeichnet sich durch eine starke Vereinheitlichung aus.

Der inhaltliche Minimalismus und der symbolische Reduktionismus sind für das kollektive Gedächtnis charakteristisch. Oft geht es um ein einziges Ereignis, das zur gedächtniswirksamen ›Ikone‹ für eine an sich ja immer vielfältige und komplexe Geschichtserfahrung wird. Das Sieger- wie das Verlierergedächtnis, die beide zu einer starken affektiven Besetzung von Geschichtsdaten neigen, immunisieren gegen alternative Wahrnehmungen von Geschichte. Dabei stellte das kollektive Gedächtnis ein symmetrisches Verhältnis von Vergangenheit und Zukunft in der Weise her, dass aus einer bestimmten Erinnerung ein bestimmter Anspruch abgeleitet wird. Erfahrungsraum und Erwartunghorizont werden auf eine Weise passgerecht aufeinander bezogen, die keinen Platz für alternative Erfahrungen beläßt. Indem eine bestimmte Erinnerung für eine eindeutige Handlungsorientierung stabilisiert wird, wird das kollektive Gedächtnis zu einem politisch instrumentalisierten Gedächtnis.

Weitere Beispiele für diesen Gedächtnis-Typ haben Andrei Markovits und Simon Reich in einem anschaulichen Kapitel ihres Buchs über *Das Deutsche Dilemma* zusammengestellt. ▶09 Sie stellen fest, was uns nicht zuletzt durch den Kosovo-Krieg in aller Schärfe zum Bewusstsein gekommen ist: »Die Politik des kollektiven Gedächtnisses – unmöglich zu quantifizieren, mit den Methoden der Meinungsforschung schwer zu erfassen und dennoch sehr real – stellt einen der wichtigsten Faktoren in der öffentlichen Auseinandersetzung dar.« ▶10 Die politische Brisanz und Gefährlichkeit bestehen darin, dass sich im kollektiven Gedächtnis eine Geschichtserinnerung zu einem ›ideologischen Fundament‹ erhärtet. Markovits und Reich schreiben: »Das kollektive Gedächtnis ist der selektive Zugriff auf Geschehenes, ausgeführt mit der Absicht, bestehende Machtverhältnisse zu legitimieren.« Oder auch zu delegitimieren. Denn wenn man sich die paradigmatischen Fälle des kollektiven Gedächtnisses näher anschaut, wird man feststellen, dass es sich vorwiegend um Fälle eines **Verlierergedächtnisses** handelt. Die Serben, die sich an die Niederlage gegen die osmanischen Türken in der Schlacht auf dem Amselfeld von 1389 erinnern, haben das Totengedenken ihrer nationalen Helden in den zeremoniellen Heiligenkalender aufgenommen. Weitere Beispiele sind die Juden, die sich an den Fall der Festung Massada nach der Zerstörung des Zweiten Tempels durch die Legionen des Titus im Jahre 73 n. Chr. erinnern, die katholischen Iren, die sich an die Schlacht am Boyne im Jahre 1690 erinnern, wo sie vom englischen König geschlagen wurden, oder die Bürger Quebecs, die sich an die Niederlage des Generals Montcalm im Jahre 1759 gegen die Kolonialherrschaft der Engländer erinnern. Ihr Bekenntnis zu dieser Erinnerung stellen sie bis heute öffentlich zur Schau: »Je me souviens« steht auf den Nummernschildern ihrer Autos. ▶11 Noch einmal Markovits und Reich:« Egal, wer die wirklichen Täter oder Anstifter waren, das Gedächtnis der Nation kristallisiert sich schließlich um die Achse von Unrecht und Opfererfahrung.« ▶12 Nach einem Aphorismus von Walter Benjamin sind es die Sieger, die die Geschichte schreiben, was bedeutet, dass sie die Bedingungen dessen, was wirklich ist und Geltung hat, festlegen. Mit gleichem Recht könnte man fortfahren, dass die Verlierer die Geschichte erinnern. Zumal dort, wo es keine Archive und Institutionen der Geschichtsschreibung gibt, tritt an ihre Stelle die Bindungskraft des kollektiven Gedächtnisses.

Mit Blick auf die verschiedenen Typen des kollektiven Gedächtnisses erscheint es allerdings als notwendig, hier vor einem verallgemeinerten Gebrauch des Opferbegriffs zu warnen. Dass Opfer und Verlierer nicht dasselbe sind, wird sofort erkennbar, wenn man die entsprechenden Gegenbegriffe hinzunimmt. Das Gegenteil von Verlierern sind Sieger, das Gegenteil von

---

09 Andrei S. Markovits, Simon Reich, »Das Deutsche Dilemma. Die Berliner Republik zwischen Macht und Machtverzicht«. Mit einem Vorwort von Joschka Fischer, Berlin 1998, 37–45.
10 Markovits, Reich, »Das Deutsche Dilemma«, 30.
11 Markovits, Reich, »Das Deutsche Dilemma«, 40.
12 Markovits, Reich, »Das Deutsche Dilemma«, 41.

Opfern sind Täter; jeder Kategorie entspricht eine spezifische Form von Gedächtnis. Während Verlierer Teilnehmer von Kriegshandlungen sind, gibt es für Opfer keine auf dem Prinzip der Gegenseitigkeit beruhenden Voraussetzungen. Neben den Verlierern in der Geschichte gibt es auch die Opfer in der Geschichte, wie die aus Afrika verschleppten Sklaven, die durch Feuerwaffen und Bakterien ausgerotteten Ureinwohner verschiedener Kontinente, der Genozid an den Armeniern im Schatten des Ersten Weltkriegs und der Genozid an den europäischen Juden und Sinti und Roma sowie der Mord an anderen entrechteten gesellschaftlichen Minderheiten im Schatten des Zweiten Weltkriegs.

Das historische Trauma einer gemeinsamen Opfererfahrung schlägt sich als eine unaustilgbare Spur im kollektiven Gedächtnis nieder und erzeugt einen besonders starken Zusammenhalt der betroffenen Gruppe. Das Opfergedächtnis hat vieles mit dem Verlierergedächtnis gemein, doch ist es heute nicht mehr notwendig von Ressentiment und Revanche bestimmt. Es kann auch einen restitutiven Charakter haben, wie das Beispiel der afroamerikanischen Literatur zeigt, wo sich derzeit ein ganz neuer Gebrauch von Erinnerungen entwickelt, um die lähmende Wirkung des Traumas zu überwinden. Der linksliberale israelische Philosoph Avishai Margalit hat dafür plädiert, Vergeben und Vergessen ebenso wie Erinnern und Rächen voneinander abzukoppeln: »As I see it, magnanimity is indeed necessary to protect us against poisonous resentment«, schreibt er, und er denkt bei dieser Überwindung der Rache nicht an eine religiöse Pflicht, sondern an eine sozialpsychologische Forderung. ▸13 Ob die Opfererfahrung einer Gruppe die Form eines kollektiven Gedächtnisses annimmt oder nicht, hängt davon ab, ob es der geschädigten Gruppe gelingt, sich als ein Kollektiv, als eine politische Solidargemeinschaft zu organisieren.

Das logische Pendant zum Opfergedächtnis ist das **Tätergedächtnis**. Auch hier ist Affekt im Spiele, jedoch führt dieser nicht zur Stabilisierung, sondern zu einer massiven Abwehr von Erinnerung. Erlittenes Leid und erfahrenes Unrecht schreiben sich über Generationen tief ins Gedächtnis ein, Schuld und Scham dagegen führen zum Abdecken durch Schweigen. Nietzsche hat diese Logik in einem kurzen Aphorismus festgehalten, dem er die Form eines Seelendramas en miniature gab:
›Das habe ich gethan‹, sagt mein Gedächtnis.
›Das kann ich nicht gethan haben‹ – sagt mein Stolz und bleibt unerbittlich.
Endlich – giebt das Gedächtniss nach. ▸14

Drei Formen von Gedächtnis

Das Tätergedächtnis steht unter dem Druck ›vitaler Vergesslichkeit‹. (Dolf Sternberger) Während die Beispiele für ein Opfergedächtnis zahlreich sind, finden sich keine für ein entsprechendes Tätergedächtnis. So einfach es ist, fremde Schuld zu erinnern, so schwierig ist es dagegen, der eigenen Schuld eingedenk zu sein. Dazu bedarf es gewöhnlich eines starken äußeren Drucks. Die lähmenden Auswirkungen eines Tätergedächtnisses, die Sehnsucht nach einem »Schlussstrich« und den Drang zu vergessen haben die Mitscherlichs präzise beschrieben. Sie machten aufmerksam auf den Gegensatz zwischen Täter- und Opfergedächtnis, auf die eklatante Diskrepanz zwischen »unserer eigenen beschränkten Erinnerungsfähigkeit und der keineswegs behinderten unserer ehemaligen Kriegsgegner und Opfer«. Sie wiesen darauf hin, dass »wir nicht allein bestimmen, wann es genug ist, Folgerungen aus einer Vergangenheit zu ziehen, die Leben und Glück einer so großen Zahl von Menschen vernichtet hat. (...) Es besteht jedoch eine Weltöffentlichkeit, die keineswegs das, was im Dritten Reich sich zugetragen hat, vergessen hat noch zu vergessen bereit ist. Wir hatten Gelegenheit, zu beobachten, wie es nur der Druck der Meinung außerhalb Deutschlands war, der uns zwang, Rechtsverfahren gegen Nazitäter durchzuführen, die Verjährungsfrist zu verlängern oder den Hergang der Massenverbrechen zu rekonstruieren.« ▸15

Um besser zwischen einem Verlierergedächtnis und einem Opfergedächtnis unterscheiden zu können, muss man sich die Ambivalenz des deutschen Wortes ›Opfer‹ klarmachen. Dieses verwischt den Unterschied zwischen dem aktiven, selbstbestimmten Einsatz des eigenen Lebens (englisch: ›sacrifice‹) und dem passiven und wehrlosen Objekt von Gewalt (englisch: ›victim‹). Die Ambivalenz zwischen dem ehrenvollen Opfergedächtnis des Krieges und dem traumatischen Opfergedächtnis der Konzentrationslager hat das deutsche Gedächtnisproblem verschärft und zeitweise blockiert. Nach dem Skandal von Bitburg konnte es neu thematisiert werden. Reagan und Kohl

---

13 Avishai Margalit, »To Forgive and Forget«, Ms. 28. Im Mai 1999 hat Margalit die vierte Max Horkheimer Vorlesung unter dem Titel »The Ethics of Memory« gehalten, die inzwischen unter dem Titel »Ethik der Erinnerungen. Max Horkheimer Vorlesungen«, Frankfurt a. M. 2000, im Fischer Verlag erschienen ist.

14 Friedrich Nietzsche, »Jenseits von Gut und Böse«, in: »Sämtliche Werke«, hg. von Giorgio Colli u. Mazzino Montinari, Berlin, New York 1988, Bd. V, 86.

15 Alexander und Margarete Mitscherlich, »Die Unfähigkeit zu trauern. Grundlagen kollektiven Verhaltens«, München 1997, 41–42.

hatten Gedenken als Versöhnung zelebriert und dabei zu jener Einheitlichkeit des Opferbegriffs Zuflucht genommen, die acht Jahre später im nationalen Denkmal der Neuen Wache noch einmal befestigt wurde. Die Kritiker reagierten auf diesen Einheitsakt mit Spaltung, indem sie auf die unüberschreitbaren Diskrepanzen zwischen Verlierergedächtnis, Tätergedächtnis und Opfergedächtnis aufmerksam machten.

Das kulturelle Gedächtnis: Institutionen, Medien, Deutungen

Oberhalb des kommunikativen und kollektiven Gedächtnisses ist als eine weitere Ebene das **kulturelle Gedächtnis** anzusetzen. Die Anordnung dieser drei Begriffe führt zu Stufen immer höherer Integration und größerer Reichweite in Raum und Zeit. Wie das kollektive Gedächtnis wird das kulturelle Gedächtnis gebraucht, um Erfahrungen und Wissen über die Generationenschwellen zu transportieren und damit ein soziales Langzeitgedächtnis auszubilden. Während jedoch das kollektive Gedächtnis diese Stabilisierung durch radikale inhaltliche Engführung, hohe symbolische Intensität und starke psychische Affektivität erreicht, stützt sich das kulturelle Gedächtnis auf externe Medien und Institutionen. Hier spielt die Auslagerung von Erfahrungen, Erinnerungen und Wissen auf Datenträger wie Schrift und Bild eine entscheidende Rolle. Während die Medien für das kollektive Gedächtnis lediglich einen Signalwert haben und als reine Merkzeichen oder Appelle für ein gemeinsam verkörpertes Gedächtnis dienen – eine Inschrift auf dem Autokennzeichen, eine Jahreszahl als Graffito an einer Hauswand –, stützt sich das kulturelle Gedächtnis auf einen komplexen Überlieferungsbestand symbolischer Formen. Diese Medien des kulturellen Gedächtnisses umfassen Artefakte wie Texte, Bilder und Skulpturen neben räumlichen Kompositionen wie Denkmäler, Architektur und Landschaften sowie zeitliche Ordnungen wie Feste, Brauchtum und Rituale. Insgesamt kodieren sie einen Überlieferungsbestand, der im historischen Wandel einer beständigen Deutung, Diskussion und Erneuerung bedarf, um ihn jeweils mit den Bedürfnissen und Ansprüchen der jeweiligen Gegenwart zu vermitteln. Gleichzeitig ist dieser Bestand ein Gegenstand der Aneignung durch Lernen. Das Gedächtnis, um das es hier geht, wird durch ein Lernen erworben, das vor allem durch die Bildungsinstitutionen abgestützt wird. Während das kollektive Gedächtnis eine gemeinsame Erfahrung und einen gemeinsamen Willen auf Dauer stellt, dient das kulturelle Gedächtnis den Bürgern einer Gesellschaft dazu, in langfristiger historischer Perspektive überlebenszeitlich zu kommunizieren und sich damit einer Identität zu vergewissern, die durch Zugehörigkeit zu einer generationenübergreifenden Überlieferung und weitgespannten historischen Erfahrungen entsteht. Aufgrund seiner medialen und materialen Beschaffenheit widersetzt sich das kulturelle Gedächtnis den Engführungen, wie sie für das kollektive Gedächtnis typisch sind. Seine Bestände lassen sich niemals rigoros vereinheitlichen und politisch instrumentalisieren, denn diese stehen grundsätzlich einer Vielzahl von Deutungen offen.

Als Individuen, Mitglieder von Gruppen und Träger von Kulturen haben Menschen an diesen unterschiedlichen Gedächtnisformationen teil. Da sie sich im einzelnen durchqueren und überlagern, ist es angemessen, hier von einem sog. ›Mehrebenenproblem‹ zu sprechen. Dabei hat jede Ebene ihre eigenen Besonderheiten, und welche davon stärker zur Geltung gebracht wird, hängt wesentlich ab von der Hierarchie, in die diese Ebenen gebracht werden. Auf der Ebene der subjektiv historischen Erfahrungen stehen die Vielfalt und Differenz der Standpunkte im Vordergrund, aber auch die Bindung an ein historisch obsolet oder gar skandalös gewordenes Generationengedächtnis. Martin Walser ist der Anwalt dieser Ebene, der sich mit einer proustschen Emphase für das Eigenrecht gelebter Erfahrung und eine radikale Abstinenz von retrospektiven Deutungsmustern ausgesprochen hat: »In Wirklichkeit wird der Umgang mit der Vergangenheit von Jahrzehnt zu Jahrzehnt strenger normiert. Je normierter dieser Umgang, um so mehr ist, was als Vergangenheit gezeigt wird, Produkt der Gegenwart.« ▶16

Mit der Einführung subjektiv historischer Erfahrungen in ein kollektives Gruppengedächtnis geht eine normative Steigerung seiner Verbindlichkeit einher, die zur Verfestigung (Ikonisierung, Mythisierung) von Vergangenheit führt und für Formen politischer Instrumentalisierung in Anspruch genommen werden kann; der Holocaust als Gründungsmythos des Staates Israel, einer jüdisch-amerikanischen Identität oder auch eines deutschen ›negativen Nationalismus‹. Auf der Ebene dieses Gedächtnisses lösen sich die Frontlinien zwischen Opfern und Tätern nicht auf, sondern nehmen im Gegenteil an Schärfe zu. Anders gestalten sich die Beziehungen auf der Ebene des kulturellen Gedächtnisses. Es stützt sich auf das kulturelle Archiv, und das heißt: auf eine Vielfalt medialer Präsentationen und

---

16 Martin Walser, »Ein springender Brunnen«, Frankfurt a. M. 1998, 282.

künstlerischer Gestaltungen, die immer wieder neu gedeutet und angeeignet werden müssen. Hier herrscht weder die Idiosynkrasie und Zeitgebundenheit des individuellen Erfahrungsgedächtnisses, noch der zur Einheit verpflichtende Gruppenzwang des kollektiven Gedächtnisses, sondern die irreduzible Vielstimmigkeit heterogener Perspektiven, Ausdrucksformen und Deutungen.

Auf dieser Ebene kommt es zu Verschränkungen und Möglichkeiten eines Austauschs. Die Texte von Primo Levi und Ruth Klüger, Paul Celan und Nelly Sachs gehören ebenso zum deutschen kulturellen Gedächtnis wie die von Heinrich Böll und Martin Walser. Diese Texte und ihre Perspektive ins kulturelle Gedächtnis aufzunehmen heißt nicht, die Autorinnen und Autoren zu enteignen oder sich von der Seite der Beschuldigten auf die der Opfer zu stehlen. Historische Genealogien werden durch das kulturelle Gedächtnis nicht verwischt, aber sie öffnen sich und werden durchlässig für Fremderfahrungen, für die literarische Texte, Fiktionen, aber auch Filme privilegierte Medien sind. Obwohl sich die Basis dieses Gedächtnisses noch einmal wesentlich verbreitert, geht auch auf dieser Ebene die für das Gedächtnis charakteristische Standpunktbezogenheit nicht verloren. Der Begriff für diese existentielle und verbindliche Teilhabe am kulturellen Gedächtnis heißt ›Bildung‹. Bildung übersteigt die Prägungen, die durch Herkunft, Erfahrung und politische Gruppierungen empfangen werden. Sie bedeutet Teilhabe an gemeinsamer Identität unter Einschluss und Aktivierung individueller Spielräume. Auch wenn ihre Verbindlichkeit gesellschaftlichen Schwankungen unterliegt, werden die Koordinaten der Bildung – es gibt historische Bildung, literarisch-künstlerische Bildung und politische Bildung – von Generation zu Generation festgelegt. Diese Koordinaten werden über Sozialisationsagenturen wie die Familie und die Schule vermittelt. Doch handelt es sich dabei lediglich um ein Gerüst, um einen Rahmen, der der individuellen Auffüllung bedarf. Ihn zu ergänzen, mit neuem Leben zu erfüllen und zu verkörpern ist Sache subjektiver Auswahl, individuellen Geschmacks, Interesses und Studiums sowie persönlichen Engagements.

Hans-Klaus Jungheinrich

Andauernd unerhörte Augenblicke

Blick zurück nach vorn:
Musiktheater an der Schwelle des 21. Jahrhunderts

Eine Besinnung auf Oper verknüpft sich nicht allein mit einem beliebigen oder auch herausgehobenen musikalischen Genre der Geschichte, einem Segment musikologischer Betrachtung. Oper, so meine These, ist vielmehr gegenwärtig und in naher Zukunft ein Leitmedium der musikalischen Entwicklung. Oper markiert eine Tendenz zur Vermischung und Theatralisierung der Künste, vielleicht auch schon einen Ansatz zur Entkunstung und zur Überführung künstlerischer Potentiale in nachkünstlerische Formen des individuellen Lifestyles oder der Massenunterhaltung. Oper ist Grenzüberschreitung. Vergessen wir nicht, dass sie gerade in ihren Anfängen aus einer verfeinerten aristokratischen Lebenskultur und dem Eingedenken der Antike entsprang. Bildungseifer, Intellektualität und Lustgewinn, die drei Gottheiten des Opernwesens.

Worüber sprechen wir, wenn wir über Oper sprechen? Begriff und Sache verhalten sich unscharf und problematisch zueinander. Oper als eine Zweigform von Opus setzt empathisch das Werkhafte, und schon dabei gibt es Schwierigkeiten, denn exponierte neue Gattungsbeispiele wie *Votre Faust* von Henri Pousseur und Michael Butor oder die *Europeras* von John Cage sind kaum als in sich geschlossene und mit sich mehr oder weniger identische Werk-Entitäten wahrzunehmen, eher als der Intention nach offene Prozessverläufe. Freilich entkommen sie dem Werkhaften nicht ganz, sei es, dass, wie bei Pousseurs Stück, zumindest die bisherige Aufführungspraxis manipulativ die Öffnungstendenzen einschränkt, sei es, wie bei Cage, dass die rituelle Dimension des Konzeptes den Auswirkungen des Zufälligen und Überraschenden entgegenarbeitet. Das »Werk« ist überdies generell auch bei solchen Erscheinungen der Bezugs- und Abstoßungspunkt der konzeptionellen Strategien. Oper in all ihren möglichen Erscheinungsformen ist demnach als Werk nicht zureichend, aber doch provisorisch haltbar gekennzeichnet.

Terminologische Empfindlichkeit sorgte unlängst dafür, das Wort Oper zu ersetzen durch das frischer und unbelastet anmutende Wort »Musiktheater«. So ähnlich sprach man in der DDR nicht mehr von »Köchen« sondern von »Lebensmittelingenieuren«, und Gräber wurden apart in »Erdmöbel« umgetauft. Hierbei hatte sich an der Sache nichts geändert; die Begrifflichkeit des »Musiktheaters« meinte aber durchaus einen neuen Zugriff auf das Phänomen. Markant wurde dieser proklamiert im Umkreis der Ostberliner Komischen Oper in der Ära Walter Felsensteins, wo man sich radikal um das Ernstnehmen der Oper als einer dramatischen Kunst mit und aus Musik bekümmerte. Die Idiosynkrasie gegen Oper verband sich in diesem Kontext mit dem Ungenügen, das die vorherrschende Aufführungs- und Rezeptionspraxis auslöste. Diese wurde als zu oberflächlich erachtet. Die ästhetische Kreation des rigorosen Musiktheaters bezog sich freilich auf eine alte Konfliktlinie. Schon Gluck und danach vor allem Wagner sträubten sich gegen Oper als Tummelplatz sängerischer Eitelkeiten und darstellerischer Routine. Sie betonten das Gewicht des Dramatischen gegenüber dem Kulinarischen. Ihre Reformbestrebungen, ihre »Umwertung der Werte«, brachen sich immer wieder nicht nur an der Gravität der Operninstitutionen, sondern auch an dem Paradox, dass die Musik, das bestimmende Element der Opernkunst, dennoch dem Drama den Vorrang zu geben hätte, als sei es ihr Eigenstes und nicht doch so etwas wie eine Zutat oder ein bloßer Anlass musikalischer Imagination. Primo le parole, doppo la musica – oder Primo la musica, doppo le parole? Die erotisierte Alternative lässt auch Richard Strauss in seiner ingeniösen Selbstreflexion der Oper, dem späten *Capriccio*, scheinbar unbeantwortet, doch natürlich agiert er, der Musiker, insgeheim pro domo und hält die schwebende Waagschale nicht ganz genau in der Mitte, sondern lässt sie ein ganz klein wenig der Musik bzw. dem Musiker Flamand, seinem alter ego, zuneigen.

»Musiktheater« trat also als Begriff nicht an die Stelle von Oper, sondern wurde und wird als Synonym dafür benutzt, für eine sozusagen theatralisch bewusst gemachte und vom Theatralischen her akzentuierte Oper. Regiert in »Oper« die etymologische Fixierung an das Werkhafte und schafft damit eine Gefahr zur Verengung, so setzt sich auch der nun freilich schon in die Jahre gekommene Neologismus »Musiktheater«

ebenfalls einer allzu deutlichen Eingrenzung aus, indem er das Theatralische als Grundbedingung oder Essenz von Oper festschreibt.

»Theater« als Ort von Drama und Musik ist inzwischen aber keineswegs mehr eine selbstverständliche Prämisse. Eher könnte man dem Theater als Darbietungsform für Drama und Musik den Status des Antiquierten und Relikthaften zuweisen. Das Theater wurde seit gut hundert Jahren als »Kraftwerk der Gefühle« allmählich abgelöst und ersetzt durch das Kino, danach durch das Fernsehen, und manches spricht dafür, dass die anstehenden modernen Medientechnologien bis hin zum Internet viele der Bedürfnisse binden und kanalisieren werden, für die in früherer Zeit unter anderem das Theater zuständig war, aber auch Alltagsbühnen wie die Skatrunde im Wirtshaus oder der Klatsch mit dem Nachbarn.

Angesichts solcher Veränderungen tendieren die kulturellen Traditionalisten dazu, an der Superiorität der älteren Formen festzuhalten und etwa von einer »Theatralisierung des Lebens« überhaupt zu sprechen, als gelänge es der überkommenen Wahrnehmungsgestalt irgend noch, die auseinandertreibenden Kräfte zu bündeln und auf das Bekannte hin zu fokussieren. Solche Integrations- und Bemächtigungsversuche sind von Angst diktiert. Man kann behaupten, dass sich über die Wirklichkeit von heute nicht angstfrei theoretisieren lässt. So weit, so schlecht. Gleichwohl muss die Sorge »um das Theater«, um bedrohte Kulturwerte überhaupt, die Möglichkeiten eines Einspruchs realistisch ausloten und sich weder durch Zunftinteressen noch durch ideologische Scheuklappen allzu sehr leiten lassen. So ließe sich auch die Berufung auf das Theater im Begriff »Musiktheater« vielleicht dann am ehesten retten, wenn nicht zwanghaft am »Theater« festgehalten wird. Die Geschichte des Theaters selbst ist zugleich eine von dessen Überschreitung und tendenzieller Suspension, man braucht da nicht erst an Grotowski oder Artaud zu denken, sondern auch schon an Richard Wagners Stoßseufzer bei der Vorbereitung der ersten Bayreuther Festspiele, wo er im Angesicht der plunderhaften Scheinwelt des auf der Bühne sich Realisierenden äußerte, er hätte am besten nicht nur das unsichtbare Orchester, sondern gleich auch noch das unsichtbare Theater erfinden sollen. An der Vision des unsichtbaren Musiktheaters, also an konsequenter Enttheatralisierung als einem möglichen Modus von Theater, arbeiten heute Komponisten wie Beat Furrer, Walter Zimmermann oder Wolfgang Rihm, die sich dem Erbe der künstlerischen Avantgarde verpflichtet fühlen.

Zukunft und Erinnerung

Die aktuelle Lage ist skizziert. Treten wir also einen Schritt zurück, betrachten wir, wie sich die Oper oder das Musiktheater – ich verwende die beiden Begriffe fortan unbedenklich synonym – in den letzten 50 Jahren entwickelte und versuchen wir, aus dieser Erfahrung einige prognostische Hinweise auszufantasieren, immer im Bewusstsein, dass alles auch ganz anders kommen kann und jede dogmatische Behauptung einer prädestinierten Zukunft misslingen muss. Dabei behalten wir die eingangs aufgestellte These, Oper sei so etwas wie ein musikalisches Leitmedium, im Hinterkopf.

Oper, so eine erste Einschätzung, steht heute anders da als vor 50 Jahren. Sie galt damals als Ausdruck und Selbstfeier des gehobenen Bürgertums. Mit dessen geschichtlicher Liquidierung – etwa durch Entstehung einer kulturell homogenisierten Massengesellschaft – sei auch die Rolle der Oper ausgespielt. Als Beweis für die Operndämmerung wurde gerne angeführt, dass es seit dem *Rosenkavalier* keine Oper mehr gegeben habe, die ins Kernrepertoire der Institutionen eingegangen sei. Nun ist die Tatsache unbestritten, dass sich die Musik des 19. Jahrhunderts breiter Beliebtheit erfreut, die des 20. dagegen weitaus weniger Anklang findet. Gleichwohl geht auch sie nicht unter dem Ausschluss von Öffentlichkeit vonstatten. Der genauere Blick auf die Aufführungspraxis zeigt, summarisch gesprochen, eine eminente Diversifizierung. Das Opernrepertoire hat sich nicht verengt, sondern erweitert, nicht nur aufgrund des durch neu entstandene Opern ständig anwachsenden Fundus, sondern auch durch die Erschließung älterer, vergessener Opernepochen, Stichwort Monteverdi- und Händel-Renaissance. Richtig ist, dass die einzelnen Opernhäuser immer weniger Neuproduktionen anbieten. Eine Hauptursache dafür sind die gesteigerten künstlerischen Ansprüche, die auf verlängerte Probenzeiten hindrängen. Freilich sind wirkliche Opernliebhaber kaum noch auf die Bühnen ihrer Region angewiesen; die allgemein größere Mobilität macht auch weiter entfernte Orte erreichbar. Etwa von Köln oder Frankfurt aus lassen sich im Radius von 200 km Dutzende von Opernhäusern ohne viel Aufwand erreichen. Fast jedes davon präsentiert pro Jahr mindestens auch ein modernes Werk, so dass der Interessierte sich auch bezüglich der aktuellen Produktion auf dem Laufenden halten kann. Daneben gibt es einen weithin vollständigen Thesaurus von Opern auf Tonträgern. Henze, Britten, Janacek, Schostakowitsch, zentrale Erscheinungen der Oper im 20. Jahrhundert, sind nicht überall auf den Theatern präsent, aber sie stehen fast lückenlos in den CD-Katalogen. Die technisch reproduzierte Oper, nicht zuletzt auch das Radio gewährleisten eine im Prinzip kompendiöse Werkkenntnis und -verbreitung. Dass die allzeit verfügbare Warensammlung den Reiz des mühsamen Suchens und Findens auch wieder abzuflachen imstande ist, steht auf einem anderen Blatt.

Oper, ein Kulturgut von gestern – dieses Diktum lässt sich nicht aufrechterhalten. Vieles aus dem 20. Jahrhundert ist akzeptiert und lebt im Bewusstsein der Öffentlichkeit, darunter die Opern von Alban Berg, Janacek, Hindemiths *Mathis* und *Cardillac*, Busonis *Doktor Faust*. Schönbergs *Moses und Aron* genießt als herausragendes Werk der Moderne geradezu Kultstatus und zählt auch an kleineren Theatern wie Darmstadt und Graz zu den Ausverkauftheiten. Es bedurfte einer gewissen Insistenz der Theatermacher, dass radikale Stücke wie die *Soldaten* von Zimmermann oder *Intolleranza* und *Al gran sole carico d'amore* von Nono dem Publikum immer wieder in Erinnerung gebracht wurden, aber ohne starkes Publikumsinteresse gehen sie nicht über die Bühne. Sie dokumentieren die Erneuerungsfähigkeit des Phänomens Musiktheater, und davon bleiben auch die Opernbesucher nicht unberührt. Die Oper starb nicht 1945 und auch nicht 1955 durch den Bannspruch der kompositorischen Avantgarde. Sie erneuerte sich vor allem auch durch eine erfrischte szenographische und musikalische Triftigkeit. Das verdankt sie auch der Konkurrenz der musikverwertenden Industrie.

Diese präsentiert auf interpretatorisch je verschiedene Weise gewissermaßen ein Substrat, die rein-musikalische Ebene. Deren Perfektionierung wirkte sich auch auf die Live-Interpretation in den Theatern aus. Ungleich stärker fühlten sich diese aber zuständig für den Opernanteil, den keine Konserve vermitteln kann: vor allem die Szene. Es war vor allem die Szene, also die moderne Opernregie, die die Kunstform Oper wieder spannend und aktuell machte. Sie entschlüsselte hintergründige Motive und Subtexte, die beim eiligen Nachbuchstabieren der Opernhandlungen gewöhnlich unbeachtet blieben. Sie demonstrierte, dass kein musikdramatisches Meisterwerk jemals vollkommen auslotbar ist. Jede Interpretation, die diesen Namen verdient, fügt dem Werk Neues hinzu, besser gesagt, sie entdeckt in ihm verborgene Wirklichkeiten, Wahrheiten.

Jeder Umgang mit Kunst ist immer wieder von gesellschaftlichen Missverständnissen, ja von Atavismus und Barbarei durchsetzt. Atavistisch, ja barbarisch ist es, wenn reiche Privatleute Werke der Bildenden Kunst kaufen und horten, um damit zu spekulieren oder ihre Macht zu dekorieren. Wenn sie ihre Sammlungen in der Öffentlichkeit zugängliche Museen überführen, kann man dem Kunsterwerbstrieb nachträglich mildernde Umstände zumessen und ihm sogar Dank zollen. Die Operninstitute sind das teuerste Flaggschiff des zumindest hierzulande immer noch gut bis ausreichend subventionierten Kulturbetriebs. Bekanntlich rangiert gerade das Teuerste vom Teuren nicht nur als lästige Unzumutbarkeit, sondern auch, um ein etwas widersinniges Bild zu benutzen, als Krone des kultursinnigen Bürgerstolzes. Auch heute ist es oft noch so, dass eher in den unteren Etagen Kulturzuschüsse gestrichen werden, ehe man sich am Nimbus des Stadt- oder Staatstheaters vergreift. Die Oper als Prestigeobjekt – von diesem traditionellen Zauber profitieren auch Theatermacher und insbesondere Intendanten, die sich nicht selten als Herrgötter aufführen und sich verwundert die Augen reiben, wenn denn doch auch einmal die Entbehrlichkeit der Bühnenkunst in der modernen Gesellschaft am Horizont der Diskussion auftaucht, zumindest ihre Bezahlbarkeit. Theatermacher, man darf es annehmen, sind leidenschaftliche Künstler und Kunstfreunde, und sie können den Gedanken schwer ertragen, dass ihr Tun vielleicht nicht in erster Linie um der Kunst willen goutiert wird, sondern weil sie ein fragloser Bestandteil von urbaner Tradition und Repräsentation ist. Wer »Kultur« sagt, meint oft etwas anderes. Das gilt auch opernpolitisch. Die Fähigkeit, Kunst echt und tief zu empfinden, ist wahrscheinlich weniger verbreitet als die, ihren kulturpolitischen Stellenwert zu taxieren – insbesondere bei Politikern. Um so mehr ist es opportun, über Kunst als Kunst zu reden und künstlerische Gedanken in die politischen Debatten hineinzutragen.

Die Kunstgattung Oper genoss auch beim früheren Bildungsbürgertum keine ungeteilte Zustimmung. Primo le parole, senza musica oder umgekehrt primo la musica, senza parole, dieser Riss ging durch viele gebildete Köpfe. Eine spezifisch dem humanistischen Gymnasium verpflichtete, auch der Aufklärung oder der Weimarer Klassik zugeneigte Fraktion ergötzte sich zwar an Literatur und Schauspiel, perhorreszierte aber das Gemischte und vermeintlich Unreinliche des gesungenen, in Musik verfließenden Dramas. »Quatsch keene Opern«, pflegte der Berliner gesunde Menschenverstand ein ihm unsinnig erscheinendes Geschwätz zu quittieren, und das meinte doch wohl, dass in Operntexten nichts Belangvolles gesagt werde. Von daher verbreitete sich die Fama, dass Opernlibretti literarisch notorisch minderwertig seien. Oper, das ist schöne Musik, unterlegt mit lausigen und redundanten Wörtern, so die Volksmeinung, übernommen auch von vielen Gebildeten. Dagegen sprangen die Wagnerianer für den Eigenwert der Dichtungen ihres Idols in die Bresche, Wagner als die große Ausnahme des genialen Dichterkomponisten, wiederum ein Missverständnis. Richtig ist, dass Operntexte nicht allein nach ihren literarischen Qualitäten beurteilt werden können, sondern nur in ihrer Beziehung zum Theatralischen und Musikalischen, gewissermaßen als angewandte oder dienende Sprachkunst, wobei das »dienen« nicht im engen Sinne als inferiore Haltung gegenüber der Musik verstanden werden darf. Gewiss gibt es vor allem in der italienischen Operngeschichte viele Beispiele einer bescheidenen und sprachlich nicht sehr ausgefeilten Librettistik, doch gerade aus neuerer Zeit lassen sich auch Opernbücher benennen, die ohne weiteres als gesprochenes Schauspiel funktionieren könnten, etwa die Texte von Hofmannsthal für Strauss oder diejenigen von Bachmann, Auden und Bond für Henze, ganz abgesehen von Stücken wie *Salome* oder *Hamletmaschine*, die, bevor sie zu Opern wurden, bereits als fertige Dramentexte existierten.

Doch die flagrante Entwertung des Wortmaterials in der Oper scheint für bestimmte einseitig gebildete Rezipienten unausrottbar. In der kürzlich von der Oper Frankfurt veranstalteten kulturwissenschaftlichen Fachtagung über die »Ästhetik der Inszenierung« erlebte ich sie bei mehreren der Opernpraxis fernstehenden Referenten, die unverdrossen das neugeölte alte Geschütz wider die Opernlibretti, auf die es letztlich doch gar nicht ankäme, auffuhren. Sie wendeten das in den positiven Ratschlag, auf die Verrenkungen des modernen Regietheaters nicht zu achten und sich lieber dem ungestörten Genuss der Musik und, ein modisch runderneuertes Argument, der sich zur Evidenz bringenden singenden Körper hinzugeben. Welch eine Verkürzung der integralen Opernästhetik, welche Unberatenheit gegenüber der wegweisenden und unüberholbaren Felsensteinschen Konzeption des »Sängerdarstellers«, der gerade in dem Maße als Sänger überzeugt, wie er das Singen theatralisch motiviert und durchglüht. Natürlich ist der idealtypische Sängerdarsteller ein Desiderat und fast ein Abstraktum; in der Bühnenwirklichkeit bleibt die Doppelpräsenz des an der Darstellung zu sich selbst kommenden Sängers und des sich im Singen emanzipierenden Darstellers ein nicht eben häufiger Glücksfall.

Angefeuert auch von der modernen Opernregie, die dann auch ganz andere Wege ging als der einem peniblen Naturalismus verhaftete Felsenstein, schickte sich das Musiktheater in den letzten Jahrzehnten an, eine zeitgenössische Kunstform zu werden. Oper als intellektuelle und mentale Herausforderung. Wenn Hans Neuenfels *Aida* inszenierte, Ruth Berghaus *Die Zauberflöte* oder Peter Konwitschny den *Freischütz*, so war das, lapidar gesagt, ebenso modernes Theater wie eine Beckett-

oder Thomas-Bernhard-Aufführung. Nichts von diesen Ereignissen entsprach dem, was man im landläufigen Sinne als »Musealisierung« bezeichnet. Das Opernhaus wurde um so weniger ein Museum, als sich die Museen selbst »theatralisierend« verwandelten. »Museum« bedeutet im Verstand des 19. Jahrhunderts und seiner konservatorisch-historisierenden Haltung das Verfügbarmachen mit sich selbst identischen Exponaten. Die inszenatorisch und zum Teil auch in der musikalischen Interpretation in den Modernitätsstrudel hereingerissenen Opernwerke waren nicht mehr mit sich selbst identisch, sie waren oft kaum wiederzuerkennen, gleichsam offene Kunstwerke mit überraschenden Perspektiven und ungewissen Ausgängen. Damit, und diese Überlegung ist mir wichtig, wurde die Brücke zur zeitgenössischen produktiven Musiktheatralik geschlagen. Anders gesagt: Ohne die Kenntnis des zeitgenössischen Kunstmachens, insbesondere des Komponierens, hätte es auch keine dergestalt sich darstellende Opernszenographie gegeben.

Versuchen wir, uns an die ästhetischen Komponenten heranzutasten, die den modernisierten Innovationsschub der Operninterpretation ebenso bestimmten wie die Entwicklung des musiktheatralischen Komponierens in den letzten 50 Jahren. Als solche wären etwa namhaft zu machen: Short Cuts, also Montage- und Collagetechnik, der Umgang mit Zitaten oder Bricolagen, also Bastelei, Experiment. Fraglos von großem Gewicht war die bereits erwähnte Opernabstinenz, die im Lager der seriellen Avantgarde über mehr als zwei Jahrzehnte vorherrschte, bis weit nach 1960. Der serielle Rigorismus war im damaligen Musikbetrieb scheinbar zwar nur eine minoritäre Erscheinung, aber von ungeheurem geschichtsbildendem Einfluss als letzte Aufbäumung zu einer tonsetzerischen, durch Materialästhetik konstituierten Verbindlichkeit vor dem Zerbrechen aller Normen und der erleichterten oder resignativen Einmündung in den postmodernen Pluralismus.

Boulez, Nono und Stockhausen und ihre Darmstädter Adepten und Apologeten betrachteten mithin den Opernbetrieb und die Oper als Anathema. Dem Serialismus waren Strenge und Reinlichkeit inhärent. Es ging um totale Kontrolle. Der Tonsatz musste von allem nicht Bestimmbaren gesäubert werden. Oper als per se »unreinliche« Gattung kam schon deshalb nicht in Frage. Da sie nicht konsequent materialästhetisch determinierbar ist, wurde sie beiseite gelassen. Bereits die Unberechenbarkeit menschlicher Musikinterpreten schien ja tendenziell störend, man baute ernstlich darauf, durch Elektronik dieser Lästigkeit zu entgehen. Der Darmstädter Rigorismus,

Andauernd unerhörte Augenblicke

ästhetisch mitformuliert von Heinz-Klaus Metzger, der als jüdisch inspirierter Schriftgelehrter kaum einen primären emotionalen Zugang zu den Bühnenkünsten hatte, stieß vor allem den jungen Hans Werner Henze ab, der heillos zerrissen wurde zwischen dem Bedürfnis, sich einer künstlerischen Brüdergemeinde von Gleichaltrigen zugehörig zu fühlen, und seinem ausschweifenden Theatertemperament. Letzteres siegte, Henze isolierte sich von Darmstadt und wurde zugleich zum Erfolgskomponisten der Opernhäuser. War das eine billige Ausflucht oder nicht doch mehr eine bedeutsame alternative Entscheidung? Die maßgebliche Musikkritik jener Zeit mochte sich zwischen den kontroversen Einschätzungen nicht exponieren, glaubte aber dennoch eher an die Zukunftsmächtigkeit einer normativ auftretenden Musikrichtung als an die künstlerische Triftigkeit einzelner Antipoden wie Henze. Dessen Opernœuvre wurde – etwa auch von dem universalistischen Hans-Heinz Stuckenschmidt – gerne als eklektizistisch, als nicht ganz zeitgemäß, als Richard Strauss fortsetzend, also als überständige Prolongierung einer Überständigkeit, quittiert. Henzes Opern mochten noch so staunenswerte Qualitäten zeigen – sie konnten sperrig und inkommensurabel sein wie der in der Originalpartitur urwaldartig fünf Stunden Musik zum Wuchern bringende *König Hirsch*, mozartnah, ensembleselige Volksopernmeriten aufweisen wie der *Junge Lord* oder einen originellen und aufregenden Plot mit atmosphärischer musikalischer Treffsicherheit entfalten wie die *Elegie für junge Liebende* – diese Werke wurden allein schon deshalb ein wenig über die Achsel angeschaut, weil sie Opern waren und in normalen Opernhäusern gespielt wurden. Der wahre musikalische Zeitgeist schien woanders zu nisten, in Darmstadt und den elektronischen Studios der Rundfunkanstalten. Von hier erwartete man die wegweisenden Entwicklungen, und diese würden allemal an der Oper, am Musiktheater, vorbeigehen.

Pausen sind immer wohl auch schöpferische Pausen, und die dezidierte Darmstädter Opern-Enthaltsamkeit war demnach auch keine Endgültigkeit, sondern, ohne dass die beteiligten Protagonisten es schon wussten oder sich klarmachten, so etwas wie ein Sammeln von Kräften und Argumenten für eine spätere Neubelebung der theatralischen Imagination. Ich erinnere mich an Darmstädter Backstagegespräche um 1960, die bei mir eine ebenso diffuse wie radikale Opernvision entstehen ließen. Ihre unverrückbare Basis war Letzthinnigkeit, Unüberholbarkeit. Die in fantasmagorischer Gärung gehaltene »Oper aller Opern« und »Oper jenseits von Oper« sollte also grenzenlos und fließend sein, eine unendliche Fülle präsentieren, zugleich aber auch aufs penibelste durchstrukturiert und in all ihren Elementen bedacht und organisiert. Reichtum und Totalität brachen sich freilich von vornherein an den Prämissen, dass diese Oper nicht im Weltall oder auch nur in einer großräumigen offenen Landschaft stattfinden konnte, sondern an einem bestimmten Ort, wahrscheinlich in einem Gebäude, und zu einer bestimmten Zeit, etwa von 19.30 bis 22.00 Uhr. Die pragmatischen Einschränkungen führten das Projekt zwangsläufig einer galoppierenden Schrumpfdynamik zu. Schließlich sah ich mich zu der Erkenntnis genötigt, dass diese Oper, indem sie alles wollte, von nichts handeln, nichts enthalten würde, eine totale Nichtigkeit, und folgerichtig wurde sie von mir und einigen anderen zwar ein Stück weit in der Fantasie erwogen, blieb aber ungeschrieben. Oper, wie ich es heute sehe, erneuert sich nicht durch grenzenlose Radikalität, sondern durch ein fluktuierendes, dialektisch raffiniertes Spiel mit Entgrenzungen und Beschränkungen, mit Fülle und Leere und elektrisierenden Kontakten zwischen beidem, und sie muss dem Wiedererkennen und der Wiederholung, dem Klischee und der Reminiszenz ebenso Luft lassen wie dem Originellen und Unerhörten. Der Darmstädter Serialismus avisierte die komplette Ordnung und sah sich eines Tages mit dem totalen Chaos konfrontiert.

Mit dieser unausweichlichen Konsequenz gingen die Komponisten dann doch pragmatisch um, was ihnen denn auch von emphatisch anarchistischen Theoretikern wie Metzger angekreidet wurde. Und nach und nach geriet dabei auch das Musiktheater wieder ins Blickfeld als Experimentierfeld einer tendenziell entradikalisierten »gemischten« Praxis. Die zeitweilige Beliebtheit von Kompositionen für Interpreten und Tonbänder war bereits ein Schritt in diese Richtung. Freilich wurden ganz unterschiedliche Motivationen virulent. Unausrottbar schien vor allem die Affinität der Italiener zur Oper. Sylvano Bussotti, auch ein Pionier der grafischen Notation, verschrieb sich bereits in den späten fünfziger Jahren einer ritualhaften Musiktheatralik und schuf mit seiner *Passion selon Sade* ein erotisch getöntes privatmythologisches theatrum mundi. Luigi Nono avisierte in *Intolleranza* zur gleichen Zeit ein politisches Bekenntnistheater mit avanciertesten tonsprachlichen und szenischen Mitteln, exponiertes Beispiel einer ihrem Selbstverständnis nach ebenso fortschrittlichen ästhetischen wie politischen Praxis. Musiktheater als Reise ins Innere des Materials ohne den Appell der Massenaufklärung und -mobilisierung intendierte der früh verstorbene Franco Evangelisti mit seiner formal gedrängten Anti-Oper *Die Schachtel*. Und fast hinter dem Rücken der lautstarken Kollegen arbeitete Bruno Maderna, einer der ausdauerndsten und wichtigsten

Andauernd unerhörte Augenblicke

Darmstädter Mentoren, zugleich aber auch eine bescheidene anima candida, an seinem lyrischen und esoterischen Opernwerk, das ihn zum Schluss auch in die Sphäre Friedrich Hölderlins und seines *Hyperion* geleitete. Und was tat Pierre Boulez? Er kontaktierte Jean Genet wegen einer musiktheatralischen Zusammenarbeit. Nichts kam zustande, Jean Genet starb. Zwanzig Jahre später kontaktierte er in gleicher Angelegenheit Heiner Müller. Heiner Müller starb, nichts kam zustande. Warten wir also weitere zwanzig Jahre auf die nächsten Opernpläne von Pierre Boulez. Nicht zu warten brauchen wir auf die Musiktheaterwerke von Karlheinz Stockhausen, die Komposition des siebenteiligen monumentalen *Licht*-Zyklus nähert sich ihrem Ende. Wohl aber wird man geduldig darauf warten müssen, dass diese immense theatralische Herausforderung von den Bühnen angenommen und in die Aufführungspraxis integriert wird. Aufwand und Schwierigkeitsgrad dieser Werke steigern sich von Stück zu Stück, und es sieht so aus, als ob Stockhausen die Aufführungschancen seiner Hervorbringungen willentlich torpedieren würde. Verlässt er sich auf die Bühnenkünste des 23. Jahrhunderts oder einer höher entwickelten galaktischen Population, die sich bei einer eventuellen Machtübernahme auf der Erde ihrer verständig annähme? Stockhausen jedenfalls hat die pragmatischen Grenzpflöcke, von denen ich im Zusammenhang mit der seriellen Ästhetik sprach, sehr weit gezogen.

Die Diskrepanz zwischen irrealer Imagination und leicht zu begradigender theatralischer Praxis fiel mir in den sechziger Jahren in Darmstadt einmal besonders auf bei einem Vortrag, in dem György Ligeti seine eben fertiggestellten *Aventures/Nouvelles Aventures* vorstellte, eine Komposition, die in der Folgezeit zumeist konzertant aufgeführt und dabei als Paradebeispiel von instrumentalem bzw. vokalem Theater, also Theater ohne Szene oder Konzert als Szene, empfunden wurde. Ligeti versponn sein Stück mit aberwitzig krausen und umständlichen szenischen Fantasien, einem undurchdringlichen und absurden Handlungsgewirr, das schon bei der bloßen Erzählung, die überdies so nervös, umschweifig und zerfahren vonstatten ging, dass man den Referenten nah am Nervenzusammenbruch wähnte, beim Hörer Ratlosigkeit und Kopfschütteln erzeugte. Überfrachtung als neurotischer horror vacui: Der Springteufel der Fülle und der Leere, der Ordnung und des Chaos war da noch einmal drastisch am Werke. Von den Teufeleien des verlorenen Augenmaßes war Mauricio Kagel niemals angefochten; er blieb der Meister der akribisch eingetüteten und besonnen losgelassenen optischen und akustischen Absurditäten, die unter seinen Händen zu kompendiösen und wohlweislichen Etüden des sinnvoll zur Wirkung gebrachten Unsinns gerieten. Ähnlich wie Ligeti und Kagel siedelte auch Dieter Schnebel in den Grau- und Grenzzonen der Genres und der Gattungen, die dabei bald um sich selbst, bald auf rätselhafte Weise zu sich selbst gebracht wurden. Bei reicher ästhetischer Ausbeute, immer wieder auch im Theatralischen. Die Einflüsse des instrumentalen Theaters der Avantgarde berührten schließlich auch das Opernœuvre Henzes, der sich zwischen 1965 und 1975 eine individuelle Opernabstinenz auferlegte und mit der Edward Bond-Vertonung *We come to the river* anschließend ein für seine Verhältnisse erstaunlich avantgardistisches Werk vorlegte, das mit seiner Simultandramaturgie – drei Bühnen, drei selbstständig agierende Orchester – auch die Anregung der Zimmermannschen *Soldaten* weiterverfolgte. Als instrumentales Theater im Kammerformat waren u.a. das Recital *El Cimarron* und die Genet-Adaptation *Le Miracle de la Rose* konzipiert. Besonders interessant vielleicht der instrumentale Anteil des Henzeschen Singspiels *La Cubana*, bei dem das beteiligte Instrumentarium nicht als kommentierender Corpus separiert ist, sondern gewissermaßen als O-Ton der dramatis personae fungiert.

Aus dem »instrumentalen Theater« der Avantgarde gingen auch einige größer dimensionierte Bühnenwerke von Kagel und Schnebel hervor, in letzter Instanz auch ein Stück wie *Das Mädchen mit den Schwefelhölzern* von Helmut Lachenmann, das sich nicht unter die narrativen Literaturopern subsumieren lässt. Deren Sog entzog sich auch die Musikdramatik von Wolfgang Rihm, die sich ihre Stoffe mehr und mehr denn auch bei nichtdiskursiven Sujets suchte – etwa bei Artaud oder Heiner Müller. Mit Heiner Müller arbeitete auch Heiner Goebbels zusammen, einer der innovativsten Theatermusiker der mittleren Generation mit Neigung zu Free Jazz und Pop-Idiomen. Goebbels ist ein integraler und integrativer Theaterkünstler, der dem Ereignishaften der Bilder und Klänge nachspürt. Seine Dramaturgie versucht, dem Zeitpfeil zu entkommen und das Theater der Bildenden Kunst anzunähern, wobei in Grenzfällen dekorative Environments entstehen können, die jenen klingenden Skulpturen und Installationen nicht unähnlich sind, die Wolfgang Rihm einmal despektierlich als »tönende Gartenzwerge« apostrophierte. Rihm und Goebbels stehen für eine Abkehr von der »Literaturoper«, was nicht bedeutet, dass sie die modernen literarischen Traditionen ignorieren und Wortmaterial verschmähen würden, ganz im Gegenteil. Sie interessieren sich aber weniger für eine nacherzählbare Opernhandlung mit handfester Dramatik. Das überlassen sie, nicht ganz zu Unrecht, dem Film und den Fernsehserien. Doch bedeutet das, dass die »Literaturoper«, die Oper als eine packend musikalisierte Story, als aufrüttelndes Drama oder gelungene Komödie, tot und begraben sei? Durchaus nicht. Die postmoderne Situation gestattet ein Nebeneinander des wohlverträglich Verschiedenen. Oper als Handlung manifestiert sich nach wie vor glaubwürdig etwa in Werken von Aribert Reimann, Volker David Kirchner, Marc-Anthony Turnage, Peter Maxwell Davies, Luca Lombardi, aber auch bei einer so »wilden« Künstlerin wie der jungen Österreicherin Olga Neuwirth, die zusammen mit Elfriede Jelinek mit *Bählamms Fest* ein subversiv-springlebendiges Katastrophenstück komponierte. Und nach seiner mythologisch-intrikaten Spätoper *Venus und Adonis* schreibt Henze gegenwärtig an einer schlichten und komplex altersweisen Märchenoper, zu der er, nach einer syrischen Überlieferung, erstmals selbst ein Libretto verfasste.

Eine Henzesche Gründung, die Musiktheaterbiennale in München, zeigt in ihrer zwölfjährigen Geschichte so etwas wie ein Barometer oder einen Seismographen der diversifizierten musiktheatralischen Wege von heute und morgen. Die Biennale scheute sich von Anfang an nicht, die kontroversen Tendenzen des gegenwärtigen Opernkomponierens auszustellen. Sie brachte brave bis aufmüpfige Musikalisierungen bestehender Textvorlagen, etwa Gerd Kührs *Stallerhof* oder Ariana Hölszkys *Bremer Freiheit*. Daneben gab es radikale Grenzerkundungen wie das ausufernde oratorienartige *Patmos* von Wolfgang von Schweinitz, eine theatralische Darbietung des ungekürzten Textkorpus der johanneischen Apokalypse. Auch flink Modisches stellte sich zur Diskussion, ohne dass das auf Wirkung bedachte Rezept die Praxis überzeugt hätte: Hans-Jürgen von Boses *Dream Palace*. Das forcierte Liebäugeln mit der übermächtigen Pop-Ästhetik bringt's also auch nicht. Unter der neuen Ägide von Peter Ruzicka wird die »avantgardistische« Schraube der Biennale-Programmatik spürbar angezogen, ein Ergebnis davon war u.a. die diesjährige Walter-Benjamin-Arbeit *Angelus Novus* von Claus-Steffen Mahnkopf, eine imponierend kompromisslose und »komplexistische« Komposition, die freilich vergeblich nach einer adäquaten szenischen Entsprechung suchte. Subtiler und unprätentiöser funktioniert das in Wien uraufgeführte musikalische Traumspiel *Das Märchen der 672. Nacht* nach Hofmannsthal von Jan Müller-Wieland. Eine wichtige Erfahrung der Biennale-Jahre in München war die Tatsache, dass Opernkomponieren keine nur mehr europäische oder nordamerikanische Angelegenheit ist. Tendenziell einem weltweiten Opernrepertoire zugehörig ist sicherlich ein Stück wie *Marco Polo* von dem Chinesen Tan Dun, das überwiegend nonverbal und in eindringlichen Bildern die Berührung zweier Kulturen zeigt, das Fremde als das Eigene und das Eigene als Fremdes. Oper ist ein universales Medium. Musikalisches Theater gab es vielerorts und zu ganz verschiedenen Zeiten. Der kulturvergleichende Blick relativiert gewiss auch die Haltung zum traditionellen europäischen Musiktheater und seiner spezifischen Entwicklung, die nun aber gerade nicht als abgeschlossen und nicht mehr fortsetzbar betrachtet werden kann. Sie lässt sich vielmehr ausweiten, gerade auch dadurch, dass sie Einflüsse und Strömungen von weither – und alles Fremde wird heute zwangsläufig zu einem Nahen – einbezieht. Integratives Musiktheater setzt sich nicht zuletzt auch der popästhetischen Influenz aus. Es reagiert darauf womöglich in doppelter Weise: Indem es sich gegen den scheinbar unwiderstehlichen Zwang zur Kommerzialisierung und Banalisierung störrisch behauptet und dabei auch die sprödeste Isolation nicht meidet. Oder indem es Gemeinsamkeiten fruktifiziert und dabei vielleicht die Popästhetik radikalisierend sich einverleibt. Als gedankliche Konstruktion und programmatische Utopie wäre eine musiktheatralische Entgrenzung wünschenswert, die beides zugleich zu sinnlicher Evidenz und Harmonie/Disharmonie brächte: die sperrigste Esoterik und die subjektvergessenste Allgemeinheit. Love Parade als eine »Kugelgestalt der Zeit«, komponiert von einem kommenden Bernd-Alois Zimmermann. Einspruch? Aber selbstverständlich. Ich rufe mich zur Ordnung. Es gibt die zwei Welten. Sie sind berührbar, aber nicht beliebig durchmischungsfähig und bis zur Unkenntlichkeit verwischbar. Die künstlerische Moderne und das Musiktheater als einer ihrer vitalen Sektoren sind Werte, die festgehalten zu werden verdienen. Avantgarde ist konservativer Energie bedürftig. Dass ein Leben ohne Kunst kein gutes Leben wäre, gehört zu den Überzeugungen, die wir nicht aufgeben möchten. Doch diese Einsicht klammert sich nicht nur an Vergangenes, sondern hält sich offen für Künftiges. Musiktheater überschreitet die Kompetenzen der jeweils beteiligten Künste und gewinnt dabei gesteigerte synästhetische Qualitäten. Die Idee des »Gesamtkunstwerks«, wie auch immer sie zu realisieren und zu aktualisieren wäre, zielt letztlich auf: gelungenes, erfülltes Leben. Auch darin wäre Kunst als Kunst »aufgehoben« und paradoxopernhaft zu einem ganz Anderen und Neuen transzendiert, das koinzidiert mit uralter Traumerfahrung und Wunscherfüllung.

Eugen Blume

Infra-Mince. Ein Übergang

Die Rolle der bildnerischen Moderne im 20. Jahrhundert am Beispiel von Marcel Duchamp, John Cage und Joseph Beuys

Über Kunst reden zu wollen verlangt ein spezielles Energiefeld zu beschreiben, dessen Resonanzen uns nicht nur anhaltend berühren, sondern über uns hinausweisen. Jene Energien bündeln sich, und es mag heute antiquiert klingen, zu Richtkräften. Diesen Begriff hat der vielgeschmähte Rudolf Steiner 1920 in einem geisteswissenschaftlichen Vortrag einer jeden Kunst als wichtigstes Kriterium abverlangt, und er antwortete überraschend auf die Frage: »Wo wird man zuerst geisteswissenschaftliche Richtkräfte brauchen, wenn man die Bedürfnisse der Menschheit in der Gegenwart und in der nächsten Zukunft richtig versteht? Man wird sie brauchen gerade auf dem Boden des Wirtschaftslebens.« ▶01 Richtkräfte werden heute in einem geradezu erschreckenden Maße ausschließlich von der Wirtschaft diktiert. Wir leben unter dem Diktat einer Wirtschaftskultur, die immer weniger bereit ist, *geisteswissenschaftliche Richtkräfte* in den von ihr geführten Fortschrittsdiskurs aufzunehmen. Das Wort Richtkräfte, in einem Kontext außerhalb wirtschaftlicher Zusammenhänge gebraucht, wird oftmals totalitärer Gesellschaftsbilder verdächtigt. Das in ihm anklingende utopische Weltbild ist eine Vorstellung, von der man sich nach dem Ende der bipolaren Weltenteilung zu verabschieden gedenkt. Gerade deshalb aber möchte ich diesen Begriff als ein Seil auswerfen, an dem ich mich entlang zu hangeln versuche.

---

01 Rudolf Steiner, »Geisteswissenschaft als Erkenntnis der Grundimpulse sozialer Gestaltung«, sechzehn Vorträge, gehalten in Dornach vom 6. August bis 11. September 1920, und eine Ansprache und ein Vortrag in Berlin am 17. und 18. September 1920, Rudolf Steiner Verlag, Dornach/Schweiz 1985, S. 189. Den Hinweis verdanke ich Dieter Koepplin, Basel.

Zukunft und Erinnerung

Künstler unter dem Gesichtspunkt der von ihnen entwickelten Richtkräfte zu betrachten, führt uns wie von selbst zu der Frage des Zukünftigen, des unabgeschlossenen, des offenen Werkes, das sich mit der jeweiligen Gegenwart zu verbünden versteht. Dieses sich über Jahrzehnte und Jahrhunderte erneuernde Bündnis ist ein Geheimnis, das sich außerordentlich schwer beschreiben lässt, das in den von uns geschätzten Werken sichtbar vor uns steht, sich aber paradoxerweise im Moment gedanklicher Zuwendung zurückzuziehen scheint. Je mehr wir von unserem Verstand investieren, um so weniger ernten wir. Was wir zu mobilisieren haben, ist unser Empfindungssein, nicht unsere Rationalität, die uns zu schnell unserer Unschuld beraubt. Das heißt nicht, dass wir uns dem Diskurs entziehen können; erst durch ihn gelingt eine Annäherung, auch wenn sie sich, durch die der Kunst inhärenten Störungen aus der Bahn geworfen, mehr kreisförmig vollzieht. Scheinbar erfordert die Aufgabe, sich Kunst annähern zu wollen, von demjenigen, der sie übernommen hat, eine Art von Objektivität, sich also in eine Instanz zu verwandeln, die, wo immer sie es hernimmt, urteilt über einen Prozess, dessen Zeuge sie nur in dessen im Werk manifestierten späten Ausläufern ist, auf die sie retrospektiv schaut ohne ein Instrumentarium der Versachlichung. Die eigenen Empfindungen, auf die ich hier ausschließlich zurückgreife, führen zu nichts anderem als zu subjektiv vorgetragenen Behauptungen.

Diese Behauptungen will ich in gewisser Weise beziehen auf meine Praxis im Museum, deren Intention ideal gesprochen darin besteht, die Richtkräfte der Kunst sich wirksam entfalten zu lassen, was voraussetzt, dass man eine Diskussion über Richtkräfte beginnt. Nichts aber findet weniger statt als diese Diskussion. Die im ausgehenden letzten Jahrhundert von einer Arbeitsgruppe der Nationalgalerie, der ich angehörte, gewollte Ausstellung »Das Zwanzigste Jahrhundert. Ein Jahrhundert Kunst in Deutschland« stand vor der Aufgabe, die sich im Titel manifestierende geschichtliche Zeitspanne mit Werken hochangesehener Künstler zu erzählen, die zweifellos unterschiedlichste Richtkräfte entwickelt und verteidigt haben. Das Spektrum war so ungeheuer wie die Verwirrung, die bei genauer Sicht vergaß, danach zu fragen, welcher Legitimation wir dieser Kunst an der Wende zum kommenden Jahrhundert zuführen wollten außer der, Teil einer gehobenen Unterhaltungsindustrie zu sein.

Infra-Mince. Ein Übergang

Ich habe mir für diesen Vortrag vorgenommen, drei Künstler auszuwählen, die nach meiner Auffassung in dieses zwanzigste Jahrhundert etwas implantiert haben, das ein so starkes eigenes Energiefeld besitzt, dass es über alle Anfechtungen, inflationären Ausbreitungen und epigonalen Irrtümer hinweg bestehen bleibt. Meine Auswahl ist nicht sehr originell, und, beinahe würde ich sagen, sie fällt nach kurzem Überlegen fast jedem ein. Nach einer nicht aus dem Geburtsjahr, sondern aus dem geistigen Prozess heraus entwickelten Chronologie gehört der Franzose Marcel Duchamp zuerst besprochen. Er ist der geniale Quell all dessen, was uns heute mit Ausnahme der Traditionalisten als zeitgenössische Kunst umgibt. Duchamp, könnte man behaupten, hat es ermöglicht, dass sich das Instrumentarium einer sogenannten Avantgarde, deren Rädelsführerschaft ihm leichtfertig hingesagt wird, heute zu einer bloßen Salonkunst heruntergewirtschaftet oder, wie er selbst in seinen späten Jahren resigniert feststellte, mit dem assimilierten, den mit dem Betrieb kongruent auf schnellen Erfolg hin arbeitenden Künstler verbündet. Obgleich es inzwischen einen Duchamp-clan, eine ins Absurde hinein gesteigerte Interpretationswut, also nahezu eine Industrie gibt, in deren Vorständen diejenigen sitzen, die diesem Duchamp eine Replik verfertigen durften, bleibt der 1887 geborene Marcel Duchamp zweifellos die Hauptfigur, wenn wir das 20. Jahrhundert nach Künstlern durchforschen, die es vermocht haben, eine andauernde Erregung über die Zeit und den Raum hinweg zu spannen. Der zweite Künstler ist eine Person, die sich auf unterschiedlichsten Grenzlinien aufgehalten und die den von Duchamp hingeworfenen Stab in genialer Weise aufgehoben hat. Die Rede ist von dem Amerikaner John Cage, dem Freunde 1958 in der Town Hall in New York die erste Retrospektive ▶02 organisierten und der erst nach diesem Ereignis berühmt wurde, was heute in der Regel umgekehrt stattfindet. An Cage knüpfen sich nicht weniger Missverständnisse als an Duchamp. Cage, der den Klangraum für die bildende Kunst geöffnet und eine indeterminierte Kompositionsmethode entworfen hat, wird von seinen Nachahmern in seinem eigenen Namen zugrunde gerichtet. Duchamp und Cage haben in unterschiedlicher Weise einen deutschen Künstler in Erregung versetzt, der eine durch sein angebliches Schweigen, der andere durch seine spektakulären Auftritte, die ihn bereits seit 1954 regelmäßig nach Deutschland führten. Ich spreche von dem am Niederrhein geborenen Joseph Beuys, der explizit den von Steiner gefundenen Begriff Richtkräfte für

---

02 »The 25-Year Retrospective Concert of the Music of John Cage«, Town Hall, May 15, 1958.

sich in Anspruch nahm, dessen radikale Ideen Manager um
den Schlaf bringen müssten, die aber, ganz im Gegenteil, den
von Beuys entwickelten Begriff der sozialen Plastik im Munde
führen, ohne natürlich den Verursacher noch die Tragweite
des Begriffs zu kennen. Marcel Duchamp, John Cage und
Joseph Beuys also sind die Hauptfiguren meiner kleinen unzulänglichen Erzählung, die ich mir gestatte, Ihnen vorzutragen.

Was alle drei eint, ist ihr Vermögen, eine Strategie zu entwickeln, die mit dem und gegen den Zeitgeist und über den
Zeitgeist hinaus bereits den nächsten Schritt zu gehen verstand. 1912 zählte Duchamp zu den Begabtesten unter den
französischen Malern und versprach, durch sein kubistisches
Engagement zu dieser Bewegung Wichtiges beizutragen, was
Apollinaire veranlasste, diesen jungen Mann in seine neueste
Monographie des Kubismus aufzunehmen. Was Apollinaire
nicht ahnte, als er diesem Duchamp nach München eine Karte
mit der Aufforderung schickte, ihm für diese Schrift ein fotografisches Konterfei zu senden, war, dass gerade eben diese
Hoffnung im Kopf des Duchamp gründlich ausradiert wurde.
Am ehesten hätte man erwarten können, dass Duchamp
den Kubismus in die abstrakte Malerei überführen und damit
allein schon dem entgegen gehen würde, von dem der Blaue
Reiter, der eben in der Zeit seinen berühmten Almanach veröffentlichte, als Duchamp in München weilte, sentimental
träumte. Nichts von dem aber lässt sich in jenen damals entstandenen Skizzen finden, die zu dem elf Jahre später als
unvollendet abgebrochenen Werkverlauf führten, der sich unter
dem Namen *Das große Glas* folgenschwer in die Kunstgeschichte eintrug. Naiv schauen wir mit unserem Halbwissen aus
populären Kunstgeschichten zurück und meinen, eine gewisse
Logik zu erkennen, die zwangsläufig zu dieser Idee aus Glas –
wie Duchamp einmal sein berühmtestes Werk nannte – geführt
hat. Duchamps völlig autonom getroffene, von der Beschäftigung mit Mallarmé und Roussel beeinflusste Entscheidung,
nicht nur die Malerei aufzugeben, sondern die Grenzlinie
zwischen dem, was bis dahin unter dem Begriff Kunst gefasst
wurde und dem, was sich zwar auf Kunst beruft, aber aus
einer möglichen Einordnung heraustritt und zu etwas wird,
was indifferent bleibt, ist kaum nachvollziehbar. Wir sehen
diesen Weg von seinem Ende her und meinen, bezogen auf
seinen Erfolg, er sei risikolos gewesen. In Wirklichkeit war es
eine unglaubliche Manifestation von Freiheit, die sich auf
radikale Weise von allem löste, was bis dahin einen Weg, ein
kausales System suggerierte, innerhalb dessen das eine aus
dem anderen folgte. Hochtrabend könnte man sagen, dass
zum ersten Mal in der Geschichte der Menschheit eine radikal-

Infra-Mince. Ein Übergang

freiheitliche Handlung sich in einem ihr adäquaten Bild Ausdruck verschaffte, das natürlich mit dem höchsten Risiko belastet war, nämlich unverstanden und unerkannt aus der Geschichte auszutreten. Statt den retinalen Künsten eine weitere Variante hinzuzufügen, wie es sein Kollege Picasso bis ins hohe Alter hinein virtuos tat, arbeitete Duchamp an »Präzisionsmalerei und Indifferenzschönheit«. Mit diesem Entwurf ging zwangsläufig eine Lebensstrategie einher, die die Grenzen zwischen Werk und Biographie aufzulösen begann. Der hermetische Charakter seiner Gedankenkunst zwang ihn zu einer entsprechenden individuellen Lebenskultur, die bewusst das Risiko einging, durch Entzug den irdischen Weihen zu entgehen. Inzwischen scheint *Das Große Glas* eingebürgert. Es durchzieht sozusagen als Emblem, als Metapher für Avantgardismus die Kunstgeschichte und populäre Darstellungen der Moderne des 20. Jahrhunderts. Dies ist um so erstaunlicher, als nur eine verschwindend geringe Anzahl von Menschen das Werk im Original gesehen hat. ▶03 Was aber sieht man wirklich, wenn man vor diese Anstrengung oder, wie Duchamp sagte, Verspätung aus Glas hintritt? Ich kann an dieser Stelle natürlich nicht zusammenfassen, welche inzestuösen, esoterischen, wissenschaftstheoretischen, psychoanalytischen usw. Implikationen dem Glas bisher unterstellt worden sind. Interessant ist, dass die Voraussetzung dieser theoretischen Reibungen, dieser nichtendenwollenden Versuche, das Geheimnis des Großen Glases zu entschlüsseln, von Duchamp selbst sorgfältig vorbereitet worden sind. Ähnlich wie Joseph Beuys hat Duchamp eine Strategie entwickelt, die der paradoxen religiösen Strategie der rosenkreuzerischen Mystiker entspricht, nämlich durch dosierte Offenbarung von Geheimnissen eine bleibende Spannung, einen Mythos zu erzeugen. Duchamp, der sein Werk nicht affektiv, sondern aus einem genauen, alle Überlegungen aufeinander beziehenden Konzept heraus entwickelt hat, bezog die Verbreitung und den Auftritt seiner Kunst mit ein. Aus dem Bewusstsein heraus, ein Werk geschaffen zu haben, dessen Veröffentlichung äußerst überlegt vor sich gehen musste, um nicht seine Wirkung frühzeitig aufzuheben, entwarf er ein Zeitkonzept, in dessen Verlauf das Große Glas, dessen erste Überlegungen 1912 begannen und das 1923 unvollendet blieb, erstmals im Rahmen der International Exhibition of Art 1926 im Brooklyn Museum in New York ausgestellt wurde. Das in dieser Ausstellung gemachte

---

03 Von Marcel Duchamp wurde das ›Große Glas‹ im Philadelphia Museum of Art 1954 endgültig aufgestellt.

Marcel Duchamp
»Die Braut, von ihren keuschen
Freunden entschleiert«
(»La Mariée Mise à Nu par ser
Célibataires, Même«)
Malerei auf durchsichtigem Glas.
Man sieht hindurch auf neue
Gemälde von Léger und Mondrian.

Foto erschien in einem Buch von Amadee Ozenfant ▸04 und war das einzige Dokument, welches einem breiteren Publikum zugänglich war. Duchamp selbst machte es fürderhin zur Bedingung, nicht mehr an Ausstellungen teilnehmen zu müssen und verbot es seinen Sammlern, Werke von ihm zu Ausstellungen auszuleihen. Gleichwohl blieb Duchamp anwesend und wurde von den Dadaisten wie von den Surrealisten verehrt, obwohl nur wenige Duchamp als Künstler kannten. Sie sahen in Duchamp eher eine exemplarische Biographie. Duchamps Ökonomie bei der Veröffentlichung seiner Werke geht davon aus, dass Kunst eine rare Ressource innerhalb der menschlichen Kultur ist, deren Förderung man äußerst sorgfältig bedenken muss. Das Vorkommen Kunst sah er bereits in seiner Zeit durch Kunsthandel und Kunstbetrieb extrem gefährdet, und er war nicht bereit, auch nur im Geringsten an deren oberflächlicher Zerstreuung mitzuwirken. Innerhalb unseres Geisteslebens sind Mythen durch ihre Indifferenz die beständigsten Erzählungen und verbreiten sich nach eigenen Gesetzen. Das Große Glas ist, wie der Schriftsteller Octavio Paz formulierte, ein kritischer Mythos, aber zugleich auch der Mythos der Kritik: Kritik des religiösen und erotischen Mythos der Braut-Jungfrau in Begriffen der modernen Technik und zugleich burlesker Mythos unseres Bildes von der Wissenschaft und der Technik. ▸05

Infra-Mince. Ein Übergang

Zukunftsweisend ist für mich im Werk Duchamps eine grundsätzliche Erweiterung unseres Denkens, eine Aufgabe, der sich, wie wir sehen werden, alle drei Künstler in unterschiedlicher Weise verschrieben haben. An dieser Stelle möchte ich auf den von Duchamp initiierten Denkprozess selbst zu sprechen kommen. Duchamp hat sich in seinen künstlerischen Anfängen intensiv mit der Vorstellung einer vierten Dimension auseinandergesetzt, wobei er besonders die Schriften des französischen Naturwissenschaftlers und Philosophen Henri Poincaré gelesen hat. Poincaré stellte 1904 noch vor Albert Einstein die Vermutung auf, dass Naturgesetze invariant sind. Was Duchamp in den Anfangsjahren versuchte, waren Experimente, die zwar auf wissenschaftlichen Erkenntnissen beruhten, die aber, künstlerisch aufgefasst, zu vollkommen anderen Ergebnissen kamen. Die Auseinandersetzung mit Wissenschaftsproblemen, die das Denken selbst revolutionierten, bot ihm die Möglichkeit, adäquat in die Kunst den Intellektualismus einzuführen und ihn mit der schwer zu definierenden Dimension von Kunst zu vereinen. Die Vorstellung einer vierten Dimension, eines Raumes, der durch mehr als drei Dimensionen aufgespannt wird, übersetzte Duchamp in ein, sagen wir, unzulänglich poetisches Modell. Um Kunst mit der Vorstellung von einer vierten Dimension zu verbinden, erfand Duchamp einen Begriff, der es sprachlich ermöglichte, sich dieser Vorstellung anzunähern. Im März 1945 veröffentlichte Duchamp auf der Rückseite der amerikanischen Zeitschrift View einen seltsamen Text, der mit einer Worterfindung, mit dem Wort Infra-Mince endet, das lange Zeit ohne Beachtung blieb. Das Wort Infra-Mince, das mit Infra-Dünn nur unzureichend übersetzt ist, ist ein zentraler Begriff, nicht ein Schlüssel, aber der entscheidende Vorschlag, wie man sich dem Œuvre von Duchamp erfolgreich annähern und gleichzeitig die Erfahrung eines erweiterten Denkens machen kann. Im Grunde geht dieser Begriff über Duchamp hinaus und ist eine Definition von Kunst schlechthin. In ihm verbirgt sich die Behauptung, dass ein Ding, ein Vorgang etc., der sich selbst als Kunst definiert, nicht ohne Infra-Mince auskommt. Nun ist der Begriff aber keine Messlatte, die einfach anzulegen wäre. Duchamp selbst hat seine sprachlichen Notizen zu dem

---

04 Deutsche Ausgabe: Amadee Ozenfant, »Leben und Gestaltung«, I »Bilanz des 20. Jahrhunderts«, II »Aufbau eines neuen Geistes«, Müller & Kiepenheuer, Potsdam 1931.
05 Octavio Paz, »Nackte Erscheinung, Das Werk von Marcel Duchamp«, suhrkamp-taschenbuch, Frankfurt a. M. 1991, S. 79.

Begriff, wie vieles andere, taktisch zurückgehalten. Die Kommentare zu Infra-Mince, die Duchamp in seinen zahlreichen Notizen hinterlassen hat, finden sich nicht in den von ihm veröffentlichten Texten, weder in der sogenannten Grünen, noch in der Weißen Schachtel, sie sind erst sehr spät, in den achtziger Jahren in den nachgelassenen, von seinem Schwiegersohn Paul Matisse herausgegebenen Notizen, veröffentlicht worden, und aus diesem Grunde spielt Infra-Mince bei den vielen Interpretationen seines Werkes keine entscheidende Rolle.

Was meint Infra-Mince? Einfach gesagt bezeichnet es einen Zustand, der an einer Stelle, in einer Situation so dünn wird, dass er sich bereits mit etwas anderem verbündet und für einen kurzen Moment den Blick, das Empfinden in eine Situation hinein öffnet, die weder das eine noch das andere ist, die uns ahnen lässt, dass wir bisher nur in einem beschränktem Maße zu denken fähig sind. Dieses Ereignis muss nicht spektakulär sein, sondern kann sich in solch banalen Momenten abspielen, wie sie Duchamp beschreibt, wenn er etwa Infra-Mince in dem Augenblick als gegeben sieht, wenn sich jemand auf einen Sitz setzt, auf dem vor kurzem ein anderer gesessen hat und dessen Wärme noch wahrnehmbar ist. Oder das Geräusch und das Empfinden selbst, was beim Reiben der Hand über den Stoff einer Kordhose entsteht. ▶06 Infra-Mince beschreibt Zustände, die unserem intellektuellen, unserem Sprachvermögen entzogen sind. Sie alle kennen den Zustand kurz nach dem Erwachen aus einem intensiven Traum, der uns durch seine extreme Irrationalität überrascht und schockiert hat. Für einen Moment haben Sie das Gefühl, diesen Traum in allen Details nacherzählen zu können, aber im nächsten Augenblick ist er verschwunden, als hätte ihn das Ansinnen verschreckt, ihn durch Sprache rationalisieren zu wollen. Dieser Augenblick, würde ich meinen, ist Infra-Mince.

Um das Große Glas »verstehen« zu können, und ich gebrauche verstehen in Anführungszeichen, benötigt man Infra-Mince. Die beiden Bildwelten der Junggesellen unten und der Braut oben sind im Grunde Denk-Fallen. Das interpretatorische Denken kreist mühsam von unten nach oben, ohne aus dieser Kreisbewegung herauszukommen, weil die dem Denken angebotene Nahrung in die beiden Felder geordnet ist. Infra-Mince ist der Moment, wo es gelingt, aus der intellektuellen, kreisenden Anstrengung auszubrechen und zu begreifen, dass die Lösung außerhalb des Glases und darin überhaupt der Grund liegt, weshalb Duchamp die voneinander getrennten Bildwelten auf Glas gesetzt hat. Die durch das Bild selbst

Infra-Mince. Ein Übergang

initiierte assoziative Interpretation entspricht dem positivistischen westlichen Denken, der materialistisch-mechanistischen Weltvorstellung, die als Denkvorgang selbst wie eine Maschine in sich kreist. Indem Duchamp den Betrachter in diese kreisende Bewegung der Gedanken eintreten lässt und ihm in den konkreten Modellen von Maschinen eine rationale Lösung verspricht, die im oberen Teil im wahrsten Sinne des Wortes verpufft, kritisiert und ironisiert er das herkömmliche Denken, unsere Fixierung auf den Ingenieur, heute würde man sagen den Programmierer, als Erlöser. Das Große Glas funktioniert wie ein Koan, das japanische Zen-Meister ihren Schülern aufgeben. Ein Koan ist ein verrätselter Text, den zu lösen unmöglich ist, solange man das Denken nicht aus ihm hinausführt. Der Text ist wie eine Krücke, an der sich der rationale Verstand abarbeitet, bis er endlich durch die Worte hindurch zu einer höheren Einsicht befähigt wird. Infra-Mince hat etwas von dem, was die östlichen religiösen Philosophien Erleuchtung nennen und was die westlichen Mystiker als Initiation bezeichnen. Es ist aber vollkommen frei von einem System von der Kunst her gedacht und gelangt auf diese Weise auf eine nicht mehr in den Dienst von irgend etwas zu stellende Weltsicht. Infra-Mince bedeutet gewissermaßen, die Essenz mythischen Denkens in die Gegenwart zu überführen und damit einen neuen Freiheitsbegriff zu begründen. Leider muss ich mir an dieser Stelle einen Ausflug in die sexuellen Obsessionen Duchamps ersparen, die aber, und soviel sei hier vermerkt, in die Bildwelten auf Glas eine wichtige Energie, die Liebesenergie oder, wie Duchamp sagt, das Liebesbenzin als eine weitere Bewegungsform einführen, deren Ziel die Vereinigung mit der Braut, also der Orgasmus, ist, als der einzige Moment, in dem die männliche Maschinenwelt den Verstand verliert. Die kümmerlichen Gestalten aber, die sich im Kreis vor ihren Maschinen beraten, bleiben letztendlich unfähig, diese Art der Verschmelzung, diesen hellen Blitz über die Fortpflanzungsidee hinaus auf das Denken zu münzen, ihr rationaler Verstand weigert sich, die mystische Dimension auf sich wirken zu lassen. Der Orgasmus sprengt das Denken aus dem Glas, aus der kristallinen Erstarrung, aus dem ausweglosen Diskurs, aus dem gläsernen Denken hinaus. Duchamp hatte bewusst in die Wand des Museums in Philadelphia, in dem er das Glas endgültig aufstellte, eine Nische schlagen lassen, die den Blick auf eine im Hof stehende traditionell gearbeitete weibliche Aktfigur mit Namen Yara freigibt, deren Schöpferin Maria Martins Duchamps große Leidenschaft und Liebe war.

06 Marcel Duchamp, »Notes«, Paul Matisse (Hg.), Paris 1980.

Zukunft und Erinnerung

Verlassen wir aber an dieser Stelle den Künstler Duchamp und wenden uns einem Freund zu, der Duchamp vieles zu verdanken hat, dem 1912 in Los Angeles geborenen Amerikaner John Cage. Schon Cages Vater, ein etwas schräger Ingenieur und Erfinder, hat dafür gesorgt, dass etwas Maschinengeist in Cages Blut gelangte, zumindest die Neigung, Gegebenes durch Erfindungen zu erweitern. Cage hat nach Versuchen in der Architektur Musik studiert, am nachhaltigsten ab 1934 bei Arnold Schönberg. 1942 lernt Cage schließlich Marcel Duchamp kennen, dessen Kunstauffassung er in vielen Gesprächen diskutiert und die einen entscheidenden Einfluss auf seine eigene künstlerische Arbeit hatte. Cage, der Arnold Schönberg versprechen musste, sein ganzes Leben der Musik zu widmen, sah sich außerstande, Harmonien zu komponieren, was Schönberg überhaupt als Unfähigkeit, komponieren zu können, auffasste. Cage ging bewusst einen anderen Weg, und das berühmte Erratum musical von Duchamp hat ihm wahrscheinlich überhaupt den Weg gewiesen oder war der Punkt auf dem I seiner Überlegungen. Erratum musical besteht aus einem Hut, der mit Noten gefüllt ist, die, blind herausgezogen, ein Musikstück ergeben, eine Komposition, die sich dem Zufall verdankt. Die Akzeptanz des Zufalls, das heißt das absolute Hinnehmen eines indeterminierten Ereignisses, ohne es im Nachhinein kritisch nachzubessern, ist der Versuch, eine naturadäquate Methode zu entwickeln, die das Subjekt mit seinem dem Künstlichen verfallenen Geschmack weitgehendst ausklammert. Diese Kompositionsmethode musste zwangsläufig den allgemeinen, uns umgebenden, sich auf verschiedene Weisen herstellenden Klang und die ebenso entstehende Stille als Musik akzeptieren. In einer seiner radikalsten Kompositionen von 1952, 4'33", sitzt der Pianist vor dem geöffneten Flügel, ohne zu spielen. Das Publikum sieht einen Konzertpianisten vor einem Flügel, eine Konvention bürgerlicher Kultur also, ein dem Publikum vertrautes Bild, das bis dahin mit dem sich zunehmend verfeinernden Klang des Instruments einherging. Diese provozierende Komposition funktioniert nach demselben Prinzip wie das Große Glas von Duchamp. Möglicherweise hat die Mehrzahl nur den Pianisten gesehen und sich irgendeine Musik vorgestellt, deren Ausbleiben sie immer wieder zu dem durch den Pianisten und den Flügel verkörperten Bild der Musik, zu dem konventionellen Zeichen für Musik hinsehen ließ, bald verärgert darüber, dass der Musiker ganz offensichtlich seiner Aufgabe nicht nachkam. Die wenigsten werden begriffen haben, dass dieses Bild der konventionellen Musik gleichsam synchronisiert wurde durch die zahlreichen Geräusche, Klänge, die von den Zuschauern selbst oder von der Straße her von ferne sich zu einer Zufallsmusik mischten. Erst in dem

Infra-Mince. Ein Übergang

Moment, wo es möglich wurde, die eigenen Konventionen aufzuheben und an dem Bild vorbei zu hören, stellte sich der Effekt ein, den Cage sich erhoffte. In der Akzeptanz der sich zufällig in 4'33" begegnenden Geräusche und Klänge, die nicht der Vorgabe einer Komposition gehorchten, liegt einer der wichtigsten Denkansätze von Cage, nämlich die bedingungslose Annahme des Seins. In der Gestalt des nichts tuenden Pianisten verkörpert sich auch die Vorstellung vom Sein als Nichts. Die Bewegung ergibt sich aus dem, was sich ereignet, und was sich ereignen wird, ist nicht vorauszusehen. Es wird auch nichts getan, um ein Ergebnis zu erzielen, das etwa in der Partitur vor der Aufführung abzulesen und dessen Gestalt schon zu erahnen ist. Es ist die Akzeptanz des sich im Augenblick, in der unmittelbaren Gegenwart Fügenden. Notwendig dafür ist lediglich die vorurteilsfreie Akzeptanz

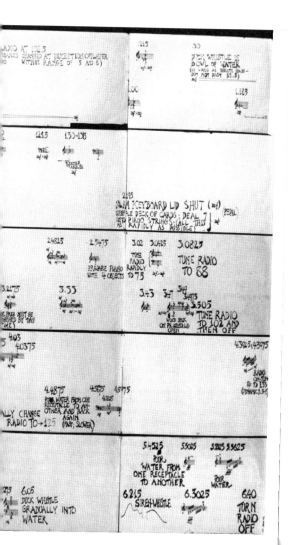

John Cage
Partitur zu »Water Music«
1952

dessen, was sich ereignet. Diese Auffassung ist dem westlichen Menschen, der westlichen Kultur fremd. Sie will das Sein strukturieren, das gegebene Verändern im Sinne eines Fortschrittsbegriffs, der daran glaubt, dass sich der Mensch zu Höherem zu transzendieren habe. Cage versuchte, adäquate Methoden zu entwickeln, die die Spielregeln des Seins sichtbar oder vielmehr hörbar machen. Natürlich profitierte er von den östlichen religiösen Philosophien, besonders vom Zen-Buddhismus, obwohl sich Cage mit unterschiedlichsten östlichen Religionen, dem Hinduismus, Shintoismus, Taoismus usw., auseinandergesetzt hatte. Sein wichtigster Lehrer war der Zen-Philosoph Daisetz T. Suzuki, der ihn in die Denkweise des Zen einführte. Cage ist als Künstler einer der wichtigsten Mittler zwischen den gegensätzlichen Kulturen des Westens und Ostens deshalb, weil es ihm als einem der ersten gelungen ist, die östliche Kultur überzeugend auf die Werke eines westlichen Künstlers anzuwenden. Jahrelang hat er bei allen anstehenden Entscheidungen das *I Ging*, das älteste Buch der Menschheit, befragt und die Antworten nach dem Zufallsprinzip ausgewürfelt, später hat er das *I Ging* sogar in ein Computerprogramm übersetzt. Das *I Ging* erschien ihm besonders geeignet, weil es nach in zwei verschiedenen Sequenzen geordneten Hexagrammen funktioniert, die übrigens Wilhelm Leibniz im siebzehnten Jahrhundert zur Entdeckung des Binärsystems führten. Die Struktur des *I Ging* glich auffällig der Partitur eines Musikstückes, aber auch der Ordnung der DNS und der Galaxis. Im *I Ging* scheint sich also das Sein selbst zu spiegeln. Cage hat die rätselhafte Ordnung in berühmten japanischen Zen-Gärten als eine Zufallsordnung interpretiert und die Anordnung der 15 Steine des berühmten Ryoán-ji-Gartens in Kyoto in zeichnerischen und malerischen Zufallsoperationen wiederholt. Die sanfte Anarchie von John Cage operierte ausdauernd gegen das erstarrte ich-fixierte Menschenbild der westlichen Konsumgesellschaft, in der der Handlungsrahmen und der Freiheitsbegriff nach den Maßstäben einer profitorientierten Industrie ausgerichtet werden. Cage dachte keinesfalls regressiv, sondern glaubte etwa an die technologischen Visionen von Buckminster Fuller in der Hoffnung, dass sie die Menschheit aus entfremdeter Arbeit heraus zu wirklicher Freiheit führen könnten.

Ansicht des
»Ryoán-ji-Gartens« in Kyoto

Cornelius Cardew,
David Tudor und John Cage
in der Galerie 22
Düsseldorf 1958

Cage ist früh nach Deutschland gereist, das erste Mal in den 30er Jahren, als Komponist 1954 und mit seinem kongenialen Pianisten David Tudor zu einer Uraufführung und Vorträgen 1958 nach Köln, Donaueschingen und Düsseldorf. Die Stadt Düsseldorf gibt mir das Stichwort, um auf den 1921 in Krefeld geborenen Joseph Beuys zu sprechen zu kommen. ▶07 Das Werk von Duchamp war erst seit der Monographie von Robert Lebel, die 1962 auf deutsch erschienen war, ▶08 der jüngeren Künstlergeneration bekannt geworden. Einige von ihnen hatten zwei Jahre zuvor die erste von Max Bill zusammengestellte und eingerichtete Duchamp-Ausstellung in Europa, im Kunstgewerbemuseum in Zürich, sehen können. ▶09 Duchamp hatte vieles von dem angeregt und erfunden, was zumindest den Fluxus-Künstlern als Bewegungsform unabdingbar war, vor allem das sogenannte und oftmals missverstandene Readymade. Nur sein radikaler Rückzug aus dem Kunstbetrieb, sein angeblich demonstratives Schweigen, erschien ihnen als eine Haltung, gegen die sie sich schon aus Gründen der Selbstbehauptung wehren mussten. Wolf Vostell überreichte dem anwesenden Duchamp 1965 bei der Eröffnung seiner Ausstellung in der Kestner-Gesellschaft in Hannover eine Zahnbürste. ▶10 Eine ironische Geste, die auf Vostells Formel »Kunst gleich Leben« zurückverweisen und sich über den angeblich elitären Ready-made-Begriff von Duchamp erheben wollte.

07 Der nachfolgende Text über Joseph Beuys ist eine gekürzte und leicht veränderte Fassung.
08 Robert Lebel, »Sur Marcel Duchamp«, Paris 1959, deutsche Übersetzung: »Marcel Duchamp«, Köln 1962.
09 »Dokumentation über Marcel Duchamp«, 30.6. bis 28.8.1960, Kunstgewerbemuseum Zürich, Zürich 1960.

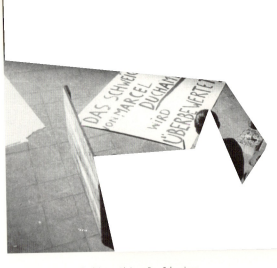

Joseph Beuys während der im ZDF aufgeführten Aktion »Das Schweigen von Marcel Duchamp wird überbewertet«, Düsseldorf 1964

Bereits 1964 behauptete Joseph Beuys öffentlich in einer im Fernsehen übertragenen Fluxus-Demonstration: »Das Schweigen von Marcel Duchamp wird überbewertet.« ▸11 Die Geschichte hat Beuys auf diese Herausforderung mit einem bemerkenswerten Zufall geantwortet. Ausgerechnet in seiner Geburtsstadt Krefeld fand ein Jahr später die erste Duchamp-Ausstellung in Deutschland statt. ▸12 Auf dem Umschlag des Katalogs, der ein Selbstbildnis Duchamps von 1958 zeigt, steht das Zitat: »Ich glaube, die Kunst ist die einzige Tätigkeitsform, durch die der Mensch sich als wahres Individuum manifestieren kann. Durch sie allein vermag er das animalische Stadium zu überwinden, denn die Kunst ist ein Ausweg in Regionen, wo weder Raum noch Zeit herrschen. Leben heißt Glauben, wenigstens glaube ich das.« ▸13 Die Nähe zu Beuys' eigenen Vorstellungen ist unüberhörbar. Doch während Beuys glaubte, dass diese Tätigkeitsform in jedem Menschen potentiell vorhanden ist und er gerade das Ready-made-Prinzip in dieser Weise auslegte, lehnte dies Duchamp ab. 1945 hatte er Denis de Rougemont gegenüber geäußert: »Die Massen sind unerziehbar (...) Es sind die Dummköpfe, die sich gegen die freien und erfinderischen Individuen verschwören und damit das verfestigen, was sie Realität nennen – die ›materielle Welt‹, so wie wir sie erdulden. Das kommt ihnen sehr gelegen. Es ist die gleiche Welt, die die Wissenschaft dann beobachtet und über die sie die vorgeblichen Gesetze verfügt. Aber die ganze Anstrengung der Zukunft wird es sein, gegen das, was jetzt passiert, das Schweigen, die Langsamkeit und die Einsamkeit

Infra-Mince. Ein Übergang

zu erfinden.« ▶14 Beuys, der dieses Zitat nicht kennen konnte, revoltierte gerade gegen diese Art des Schweigens. Offenbar im Zusammenhang mit der Ausstellung im Haus Lange in Krefeld notierte Beuys 1965 in sein Notizbuch: »Am 12.5.1963 stürzt sich Marcel Duchamp ins Schwert«. ▶15 Der 12. Mai ist Beuys' Geburtstag, also ein Hinweis auf seine Geburtsstadt, und 1963 ist nicht das Geburts-, aber das Veröffentlichungsjahr des sich lange vorher anbahnenden erweiterten Kunstbegriffs. ▶16 Im Sinne der von Beuys gedachten evolutionären Entwicklung der Kunst war damit das Schweigen von Duchamp überwunden.

Dass Joseph Beuys Duchamp in einer Aktion namentlich nennt, die im Fernsehen ausgestrahlt wurde und also ein großes Publikum zu erreichen versprach, ist kennzeichnend genug. Beuys benannte die Person, die sich durch eine Radikalität auszeichnete, die er für sich selbst zum Ziel erhoben hatte, wenn auch seine Intentionen denen Duchamps in gewisser Weise konträr entgegenstanden. Duchamp war wenige Jahre vor seinem Tod nochmals zu einer Herausforderung, zum anachronistischen Konkurrenten der gerade im Aufbruch begriffenen Generation geworden. Er ist der einzige bildende Künstler, auf den Joseph Beuys sich in dieser Weise bezogen hat.

---

10 Vgl. Peter Schmieder, »Unlimitiert. Der Vice-Versand von Wolfgang Feelisch, Unlimitierte Multiples in Deutschland«. Kommentiertes Editionsverzeichnis der Multiples von 1967 bis zur Gegenwart, Köln 1998, S. 34. Die Duchamp-Ausstellung wurde 1965 von der Kestner-Gesellschaft Hannover mit Hilfe von Robert Lebel organisiert. Der Text im Katalog stammt von Wieland Schmied. Die Ausstellung wurde zuerst von Paul Wember im Haus Lange in Krefeld gezeigt, vgl. Anm. 12.

11 Joseph Beuys, »Das Schweigen von Marcel Duchamp wird überbewertet«, 11. Dezember 1964. Landesstudio Nordrhein-Westfalen des Zweiten Deutschen Fernsehens, Düsseldorf, vgl. Uwe M. Schneede, Joseph Beuys, »Die Aktionen«, Ostfildern-Ruit bei Stuttgart 1994, S. 80, Nr. 6.

12 Der Katalog und die Ausstellung wurden von Paul Wember konzipiert. Die Ausstellung wurde vom 19.6.–1.8.1965 im Haus Lange gezeigt. Davor war sie in Bern, London, Den Haag, Eindhoven zu sehen.

13 Wember gibt weder die Quelle noch das Jahr dieses Zitats an. Es stammt aus: »Entretien Marcel Duchamp – James Johnson Sweeny«, in: »Marchand du Sel – écrits de Marcel Duchamp«, Ed. Le Terrain Vague, Paris 1958, zit. n.: Zürich 1960, a.a.O. (wie Anm. 9), S. 26.

14 Serge Stauffer, »Marcel Duchamp, Interviews und Statements«, Stuttgart 1992, S. 30.

15 Schneede, a.a.O. (wie Anm.11), S. 82.

16 Joseph Beuys: »Lebenslauf/Werklauf«: »1963 An einem warmen Juliabend stellt Beuys anläßlich eines Vortrages von Allan Kaprow in der Galerie Zwirner in Köln Kolumbiakirchhof sein warmes Fett aus. 1963 2. und 3. Februar: ›Festum Fluxorum-Fluxus‹, Staatliche Kunstakademie, Düsseldorf« , zit. n.: Götz Adriani, Winfried Konnertz, Karin Thoms, Joseph Beuys, »Leben und Werk«, Köln 1981, S.102.

Beuys, der beabsichtigte, Werke herzustellen, die stellvertretend für ihren Produzenten Zeugnis ablegten für eine komplexe Ideenwelt, die sich in die Geschichte einschreiben und das geistige Klima verändern sollte, hatte Figuren im Blick, die aufgrund ihrer bleibenden Bedeutung für dieses Prinzip standen. Namentlich führen sie von Jesus Christus, Anarcharsis Cloots, Rudolf Steiner, James Joyce bis zu Marcel Duchamp.

Beuys gehörte einer Generation an, die durch die Todeserfahrungen des Krieges gegangen ist, die gleichsam aus dem Dunkeln kommt. Die frühe Begegnung mit dem Tod und die nachfolgende tiefe psychische Krise verliehen Beuys die seltene Fähigkeit, im Grenzbereich zwischen sinnlicher und übersinnlicher Welt zu operieren. Das sich zufällig in der posthum erschienenen letzten Ausgabe des Werkverzeichnisses der Multiples einstellende Begriffspaar Tod und Kontinuum bezeichnet zwei Gegensätze, die das Leben/Werk des Künstlers bestimmt haben. Aus der Erstarrung oder, wie Beuys sagt, aus dem Todesprinzip heraus hat er eine fortlaufende Bewegung, ein Kontinuum mit einer bestimmten Zielvorstellung entwickelt. Um die Vielzahl seiner Bildwelten verstehen zu können, soll zunächst untersucht werden, wie diese fortlaufende Bewegung strukturiert ist.

Die Eingemeindung von Beuys in die allgemeine Kunstgeschichte darf nicht darüber hinwegtäuschen, dass wir es mit einem Ansatz zu tun haben, dessen Absichten mit den Verlaufsformen der modernen Kunst nur wenig gemein haben. Der Versuch, formale und geistige Näherungen aufzuzeigen, ist deshalb sehr schwierig, weil der Ansatz von Beuys, obwohl er sich für »die Kunst« entschieden hat, nur im allgemeinsten Sinne, nämlich im Sinne der Begriffe Bild und Kunst, mit der bildenden Kunst der sogenannten Moderne zu tun hat.

Wie Beuys selbst immer wieder behauptete, galt sein ursprüngliches Interesse zunächst allein der Naturwissenschaft, nicht der Kunst. Die Kenntnisse naturwissenschaftlicher Zusammenhänge und besonders die Begegnung mit den Texten von Rudolf Steiner, die ihn in ein erweitertes Denken einführten, das sich auf die Naturwissenschaften ▶17 bezog, haben es Beuys ermöglicht, eine Form zu finden, die sich auf der Grenzlinie zwischen Wissenschaft und Kunst aufhält. Beuys war von dem Versuch Steiners fasziniert, für den Westmenschen eine ganzheitliche Weltsicht zu entwickeln, die auf der für den Westen verlorenen Vorstellung des »absoluten Wissens« beruht, wie es die östlichen religiösen Philosophien kennen. Beuys war überzeugt, »daß in Steiners Vorstellungen ein

Infra-Mince. Ein Übergang

Ansatz vorliegt, der sich direkt und praktisch auf die Wirklichkeit bezieht, und daß demgegenüber alle Formen wissenschaftstheoretischer Erörterung ohne unmittelbaren Bezug zu den Kräften in der Zeit bleiben«. ▸ 18 Steiners anthroposophisches Weltgebäude, das auf eine grundlegende Veränderung des westlichen Denkens abzielte, erhielt eine gewisse Bestätigung, freilich ohne dass er diesen Zusammenhang noch bewusst herstellen konnte, durch die bahnbrechenden Entdeckungen der Physik. Der Ausgangspunkt waren die 1905 von Albert Einstein entwickelte spezielle Relativitätstheorie, die Einstein 1914 bis 1916 in der allgemeinen Relativitätstheorie erweiterte, und die wenig später von einem Forscherteam entwickelte Quantentheorie. Beide Entdeckungen revolutionierten das bis dahin herrschende Weltbild nicht nur in der Naturwissenschaft. Werner Heisenberg ist der erste Naturwissenschaftler, der in seiner Schrift *Physik und Philosphie* von 1959 weiterreichende Gedankengänge diskutiert. Erst 1975 greift Fritjof Capra in seinem Buch *Das Tao der Physik* das Thema wieder auf. Naturwissenschaftler wie der englisch/amerikanische Biologe, Anthropologe Gregory Bateson (1904 – 1980) und der englische Biologe Rupert Sheldrake vertiefen diese auf die Gesellschaft erweiterten Gedanken.

Joseph Beuys hat noch im Krieg die philosophische Schrift *Ergebnisse und Probleme der Naturwissenschaften. Eine Einleitung in die heutige Naturphilosophie* von Bernhard Bavink ▸ 19 gelesen, in der unter anderem die Bedeutung der modernen Physik für das menschliche Denken entwickelt wird. Bavink gibt deutlich zu verstehen, dass mit den Entdeckungen von Einstein das Zeitalter von Isaac Newton und René Descartes überwunden ist. Die Erkenntnisse aus diesem Buch, das für Beuys sicherlich zum ersten Mal die Problematik des aus der Naturwissenschaft kommenden materialistisch/mechanistischen Weltbildes deutlich werden lässt, werden später wesentlich erweitert durch die Begegnung mit den Schriften von Rudolf Steiner.

---

17 So schreibt Steiner beispielsweise: »In den Anschauungen, die ich über die physikalische Optik gewann, schien sich mir die Brücke zu bauen von den Einsichten in die geistige Welt zu denen, die aus der naturwissenschaftlichen Forschung kommen.« Rudolf Steiner, »Gesamtausgabe«, Band 28, S. 98, zit. n.: Christoph Lindenberg, »Rudolf Steiner«, rowohlts monographien, Reinbek bei Hamburg 1992, S. 34.

18 Adriani, 1981, a.a.O. (wie Anm.16), S. 32–33.

19 B. Bavink (1879–1947), Naturwissenschaftler und Naturphilosoph. Bavink versuchte, die Kluft zwischen Naturwissenschaft und Religion zu überbrücken. Das erwähnte Buch erschien 1915. Die 8. Auflage von 1944 befindet sich im Nachlass, vgl. auch: Schneede (wie Anm.11), S. 89–90.

In den Texten zu einer der frühen Aktionen und *in uns ... unter uns ... landunter* von 1965 ▶20 zitiert Beuys den Physiker Ernst Pascual Jordan mit den Worten: »Wirklich ist für den Physiker nur das, was gemessen werden kann!« und fügt als Frage hinzu: »Hirschführergebrüll von rechts: ›Wie lange wollen Sie noch beim ersten Schritt bleiben?‹«

Auch die Forderungen »... die Formeln von Planck und Einstein bedurften dringend der Erweiterung, da sie ohne diese auch nur Raumhypertrophie zu erzeugen in der Lage sind«, die Fragen »Wer ist der Krümmer des Raumes? Wer ist der Krümmer der Zeit?« verweisen auf Beuys' Auseinandersetzung mit der modernen Physik und sein Bestreben, diesen naturwissenschaftlichen Erkenntnissen eine auf den Menschen bezogene ganzheitliche Theorie von der Kunst her an die Seite zu stellen. (Beuys: »Im sogenannten Atomzeitalter sieht manches so aus, als wäre der Anfang mit der Einsicht in diese Zusammenhänge gemacht.« ▶21) Der Weg der Naturwissenschaften schien für Beuys von dieser Seite her nicht nur ergänzungsbedürftig, sondern er sah die Kunst als die einzige Möglichkeit, notwendige Begriffserweiterungen zu erreichen. Wenn er in seiner Partitur zu der Aktion und *in uns ... unter uns ... landunter* scheinbar absurd antwortet, »Krümmer des Raumes: der Mensch (h) Krümmer der Zeit: der Mensch (h)«, so versucht er klarzustellen, dass die Konsequenzen aus den Erkenntnissen der modernen Physik den Menschen nicht erreichen, wenn der Mensch selbst nicht zum Wirkungsquantum wird. ▶22 Das von ihm entwickelte plastische Prinzip verhieß eine Lösung, denn »Der BEGRIFF PLASTIK konnte bisher weder in die Physik noch in die Biologie eingeführt werden. So aber geschah es durch IHN. Das neue Prinzip ist in der Lage, alles zu infiltrieren.« ▶23 Beuys hat das Prinzip Plastik als Bindeglied zwischen Kunst, Wissenschaft und Religion verstanden. Seine Definition von Plastik forderte die Erweiterung und Zusammenführung der drei Disziplinen, die seit dem Beginn der Moderne zunehmend getrennt voneinander und ohne Rückbezüglichkeit existieren.

Sicher hat Beuys über Bavink hinaus auch Heisenbergs Bemühungen wahrgenommen, einen Zusammenhang zwischen den Erkenntnissen der modernen Physik und Philosophie herzustellen. Er war sich aber vollkommen bewusst, dass diese Bemühungen erst ganz am Anfang standen. Auch Steiners bis zur völligen Verausgabung unternommener Versuch, ein neues Bewusstsein zu erzeugen, ist im Grunde trotz einer großen zeitgenössischen Anhängerschaft folgenlos geblieben.

Infra-Mince. Ein Übergang

Beuys fühlte sich berufen, die im Nationalsozialismus scheinbar endgültig erloschene Fackel wieder anzuzünden. Trotz der verheerenden Folgen eines ins Reaktionäre umgeschlagenen materialistischen Denkens ist der kartesianische Dualismus weiterhin die Standardtheorie unserer Kultur geblieben. Wenn man sich das optimistische »Continuum« und den Zusatz »erweiterte Produktion« auf Beuys' letztem Multiple ins Gedächtnis ruft, entsteht die Frage nach der Wirksamkeit des Prinzips der Multiplizität von Ideen, nach der Wirksamkeit der »Kondensationskerne«, wie er seine Werke bezeichnete, und deren Anlagerungen. In der Kunst ist Beuys scheinbar ein erratischer Endpunkt, um den sich höchstens formalästhetische Annäherungen als Missverständnisse ansetzen. Sein radikaler Ansatz ist aber bisher weder wirklich von der Kunstgeschichte angenommen noch von der Wissenschaft wahrgenommen worden.

Beuys hat unter Kunst ein fortwährendes kommunikatives Band verstanden, das, einmal erzeugt, in der Geschichte oder in der Evolution seine Eigendynamik entwickelt. Also ein Prinzip, auf dem nahezu alle Naturprozesse basieren. Jede Frage an das konkrete Bild eines beliebigen Werkes prüft dessen Fähigkeit, eine Erregung, Ahnung oder Resonanz zu erzeugen, die auf den von Beuys gemeinten Gesamtzusammenhang hinführt. Wie aber funktionieren solche Werke, wenn sie nicht vollends der Kunst, aber auch nicht der Wissenschaft zugehören. Um diese Frage zu beantworten, muss man an den Ausgangspunkt der modernen Gesellschaft zurückgehen.

Die von Galilei begründete moderne Wissenschaft hatte begonnen, das mittelalterliche, auf Aristoteles fußende Weltbild zu überwinden, die Wahrheit der Welt zu errechnen und in Experimenten zu beweisen. Sie war aus dem irrationalen, spirituellen Gefüge der Kunst und Religion ausgetreten. Im siebzehnten Jahrhundert entwickelte nicht nur Newton sein mechanistisches Weltmodell, sondern René Descartes formulierte seine

---

20 Aktion im Rahmen von 24 Stunden in der Galerie Parnass, Wuppertal, am 5. Juni 1965, vgl. Schneede, a.a.O. (wie Anm. 11), Nr. 7 (Publikation, 24 Stunden, Itzehoe 1965).

21 »Krawall in Aachen«. Interview mit Joseph Beuys, in: »Kunst, Magazin für moderne Malerei – Grafik – Plastik«, Hefte 4–5, Mainz, Oktober-Dezember 1964, zit. n.: »Joseph Beuys. Werke aus der Sammlung Ströher«, Kunstmuseum Basel, Basel 1969/70, S. 12.

22 Beuys übersetzt das Plancksche Wirkungsquantum h mit Mensch. Damit fügt er das geistige, das erkennende Prinzip hinzu.

23 »Texte«, Itzehoe 1965, (wie Anm. 20).

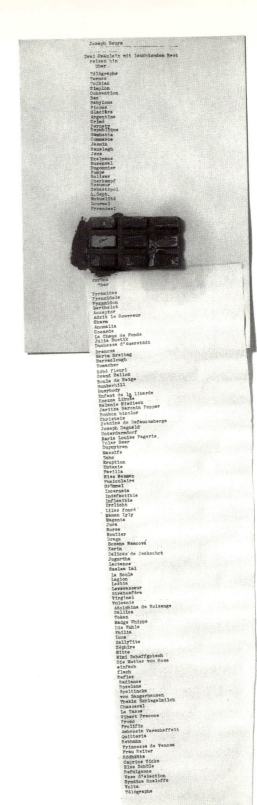

Joseph Beuys
»Zwei Fräulein mit leuchtendem Brot« 1966

Infra-Mince. Ein Übergang

Ansicht, dass Materie und Geist getrennt voneinander existieren. Was von hier aus beginnt, ist das Betrachten der Welt als ein unzusammenhängendes Gebilde, dessen metaphysisches Gebinde hinter der Wirklichkeit existiert.

Bezogen auf sein Werk *Zwei Fräulein mit leuchtendem Brot* antwortete Beuys in einem Gespräch auf die Frage »Warum leuchtet das Brot?« mit der Antithese zu diesem kartesianischen Weltbild »Das ist (...) ein direkter Hinweis auf die Geistigkeit von Materie.« ▸ 24

Nach der Vorstellung der noch immer herrschenden mechanistischen Wissenschaft ist Materie unbelebt. Nun ist das Objekt von Beuys scheinbar kaum geeignet, einen rational denkenden Wissenschaftler zu überzeugen, dass Materie und Geist untrennbar verbunden sind. Auch der Philosoph und der Kunsthistoriker mögen dieses Werk als ein nicht zu lösendes Rätsel empfinden. Nur sein Auftreten im Kunstkontext verweist es in den Bereich der Kunst. Die Form selbst ist ambivalent. Sie oszilliert zwischen Sprache (gedrucktem Wort) und einem Gegenstand (Schokolade/Farbe), dessen Bedeutung wir nicht sprachlich zu erfassen vermögen. Die Tradition eines solchen Werkes und eigentlich aller Arbeiten von Beuys lässt sich nicht ohne weiteres bestimmen.

Beuys hat in einem Gespräch, was bei ihm sehr selten vorkommt, das Bild *Zwei Fräulein mit leuchtendem Brot* ansatzweise erklärt. Das im Titel benannte Brot erscheint nur als Wort, seine Rolle übernimmt die mit brauner Farbe überstrichene Schokolade. Sie ist das bereits ins Geistige hinein verwandelte Brot, das leuchtende oder erleuchtete Brot oder, wie Beuys sagt: »Eigentlich in derselben Weise wie die Transsubstantiation, Wandlung einer Hostie im alten Kirchenbrauch. Da wird formuliert: Dies ist nur scheinbar, äußerlich, Brot, aber in Wirklichkeit ist es Christus, das heißt also Transsubstantiation von Materie.« ▸ 25 Beuys setzt an dieser Stelle das wesentlich von der klassischen Physik hervorgerufene materialistisch-mechanistische Weltbild in Beziehung zu dem spirituellen Weltbild von Christus. Er geht also geistesgeschichtlich zurück zu den Wurzeln der spirituellen Seite unserer Kultur. Die im Laufe der Entwicklung der westlichen Gesellschaft verloren

24 Jörg Schellman (Hg.), Joseph Beuys, »Die Multiples 1965–1986«. Werkverzeichnis der Auflagenobjekte und Druckgraphik, München 1992, S. 12.
25 Ebenda.

gegangene Grundlehre dieses Weltbildes ist die von der grundsätzlichen Einheit des Universums. Dieses Wissen, das nun im 20. Jahrhundert von der Physik seine wissenschaftliche Bestätigung erfährt, ist aber als Kontinuum in den östlichen religiösen Philosophien und der westlichen Mystik bis in die Gegenwart existent. Beuys versuchte, die in der westlichen Welt verschütteten mystischen Fähigkeiten durch seine Bildwelten und rituellen Aktionen in den gegenwärtigen Kulturbegriff zurückzuführen. Die Linie, die Beuys verfolgt, ist nicht besser zu beschreiben als mit dem von Friedrich von Schlegel gefundenen Begriff einer poetischen Physik. Physik ist hier in seiner ursprünglichen Bedeutung zu lesen, als Bemühen, den Urgrund aller Dinge zu erkennen. Am Ursprung der Physik, in der sogenannten Milesischen Schule in Ionien im sechsten Jahrhundert v. Chr., waren Naturwissenschaften, Kunst, Philosophie und Religion, aber auch Geist und Materie im Denken und Empfinden der Menschen noch nicht getrennt.

Wenn Friedrich Wilhelm Joseph von Schelling noch die Kunst als Vorbild der Wissenschaft sieht und meint »... wo Kunst sei, soll die Wissenschaft erst hinkommen«, spricht Friedrich von Schlegel in seinem Programm der Romantik im *Gespräch über die Poesie* bereits 1800 davon, »wenn erst die Mysterien und die Mythologie ›durch den Geist der Physik verjüngt‹ sein würden, könne es möglich werden, Tragödien zu dichten, ›in denen alles antik, und die dennoch gewiß wären durch die Bedeutung, den Sinn des Zeitalters zu fesseln‹. Verjüngung durch den Geist der Physik – das ist nicht die Unterwerfung der Poesie unter den wissenschaftlichen Geist der Neuzeit, sondern eher die Erwartung einer andersartigen Physik, die gegenseitige Einflußverhältnisse möglich machen könnte ...« ▸26 Hierin ist ausgesprochen, was man als eine der wichtigsten Intentionen des Werkes von Joseph Beuys sehen könnte. Schlegel hatte daran gearbeitet, dem, wie er an Schleiermacher schrieb, mageren Gottesbild des Pantheismus, das nicht der Fülle des Universums gerecht werden könne, eine »poetische Physik« entgegenzustellen. ▸27 Beuys hat unter der im ausgehenden 20. Jahrhundert gesteigerten Allmacht des Materialismus den Versuch unternommen, genau an dieser Stelle fortzufahren, im Wissen um den letzten Erkenntnisstand der Physik. Die meisten seiner Aktionen, skulpturalen und zeichnerischen Werke sind Versuchsanordnungen, die einem in die Naturwissenschaft hineingedachten Kunstbegriff das »poetische« Material in einem spirituellen Sinne bereitstellen. Auch Marcel Duchamp beschäftigte sich mit einer neuen Sprache, einer neuen Physik. Während der Arbeit an dem Großen Glas dachte Duchamp, wie Paul Wember in dem Katalog der er-

Infra-Mince. Ein Übergang

wähnten Krefelder Ausstellung schreibt, an »eine Maßeinheit der neuen Physik«, ▸28 durchaus im Sinne einer poetischen Physik. Beuys formuliert in seiner Kunst, und darin ist das Besondere seines Wirkens zu sehen, ein zusammenhängendes Gebilde, das bis ins letzte Detail innerlich verbunden ist. Nichts existiert getrennt voneinander, etwa als Sujet oder Thema einer Werkgruppe. Wie der Biologe und Anthropologe Gregory Bateson sah Beuys die Metapher als die logische Beschreibung des Lebendigen. ▸29 Bateson war als Naturwissenschaftler auf eine metaphorische Sprache angewiesen. Beuys entwickelte seine Vorstellungen mit Hilfe eines weitgefassten Bildbegriffs, der sich durchaus auch auf Sprache beziehen lässt.

Abgesehen von biographischen Ereignissen, die Beuys 1964 am Beginn seiner öffentlichen Auftritte retrospektiv zu künstlerischen Handlungen erklärt hatte, sind die Aktionen als rituelle Einübung oder, um mit der zeitgenössischen Begrifflichkeit von Rupert Sheldrake zu sprechen, als Eintritt in morphische Felder ▸30 der Versuch, durch morphische Resonanzen ▸31 »absolutes« Wissen zu aktivieren, das in der westlichen Kultur des 20. Jahrhunderts nur noch in der Vergangenheit zu finden ist. Die Gegenwart dieses Wissens ist nur in den Künsten, nicht in den Wissenschaften und den erstarrten kon-

---

26 Hans Blumenberg, »Arbeit am Mythos«, Frankfurt a. M. 1996, S. 617.
27 Ebenda.
28 Wember, a.a.O. (wie Anm. 7), o.P.
29 Gregory Bateson, »Ökologie des Geistes«, Frankfurt a. M. 1983.
30 Sheldrake definiert das morphische Feld als »Feld in und um eine morphische Einheit, das deren charakteristische Strukturen und Aktivitätsmuster organisiert. (…) Der Begriff ›morphisches Feld‹ bezieht sich (…) auch auf Verhaltensfelder, soziale Felder, kulturelle Felder und mentale Felder. Morphische Felder werden durch morphische Resonanz mit früheren morphischen Einheiten einer ähnlichen Art (…) geformt und stabilisiert. Sie enthalten daher eine Art kumulative Erinnerung und haben eine Tendenz zu fortschreitender Habitualisierung.«
Rupert Sheldrake, »Das Gedächtnis der Natur. Das Geheimnis der Entstehung der Formen in der Natur«, Bern, München, Wien 1993, S. 436.
31 Unter morphischer Resonanz versteht Sheldrake »den Einfluß, den vergangene Aktivitätsstrukturen auf spätere, von morphischen Feldern organisierte Aktivitätsstrukturen ähnlicher Art ausüben. Aufgrund von morphischer Resonanz können formative Kausaleinflüsse über Raum und Zeit wirksam werden; sie können nur aus der Vergangenheit kommen, und ihre Wirkung verringert sich nicht mit wachsender räumlicher oder zeitlicher Entfernung. Je größer die Ähnlichkeit, desto stärker der Einfluß der morphischen Resonanz. In der Regel besteht eine große Ähnlichkeit zwischen einer morphischen Einheit und ihren eigenen vergangenen Zuständen, so daß sie in Resonanz mit ihrer eigenen Vergangenheit steht.« Ebenda.

fessionellen Kirchen vorhanden, und das kunstinteressierte Publikum nähert sich ihm unbewusst, gleichsam rituell in dem Versuch, Kunst zu verstehen. Von der Kunst aus war es also am ehesten möglich, diese Resonanzen zu verstärken und zu multiplizieren.

Beuys selbst hat den Feldbegriff mehrfach verwendet und davon gesprochen, dass er Feldcharakter untersuche (bei Beuys gibt es die Gleichung: Feld = Mensch). Sheldrake definiert Felder in der Physik als nichtmaterielle Einflusszonen. Diesen Feldbegriff weitet er wie Beuys auf menschliche Gesellschaften und Kulturen aus. Der Feldbegriff in diesem Sinne erlaubt es nach Sheldrake, »die Strukturen sozialer und kultureller Organisation in einem viel breiteren Kontext zu sehen als sonst, denn die sozialen und kulturellen morphischen Felder sind von derselben Natur wie die morphogenetischen Felder von Proteinmolekülen oder Weidenbäumen oder Hühnerküken, wie die Verhaltensfelder von Spinnen oder Blaumeisen, wie die sozialen Felder von Termiten oder Vogelschwärmen und wie die mentalen Felder, die das Rechnen und andere Fähigkeiten dieser Art organisieren«. ▶32

In einer der frühesten Aktionen *Kukei, akopee-Nein!, Braunkreuz, Fettecken, Modellfettecken* ▶33 im Rahmen des Festivals der neuen Kunst in Aachen 1964 verknüpfte Beuys erstmals mystische und physikalische Bilder. ▶34 Mehrere Aktionssequenzen, auf die hier nicht eingegangen werden kann, simulieren physikalische und chemische Versuchsanordnungen, die gleichzeitig mit den Haupt-Symbolen eines mystischen Geheimbundes und Geheimwissens, der Theosophie der Rosenkreuzer, in Verbindung gebracht werden. Die Rose kommt hier erstmals bei Beuys als wirkliche Pflanze vor, konkret bezogen auf Christian Rosenkreuz, der vier rote Rosen als Zeichen seines Bundes am Hut getragen hat. Jener Rosenkreuz begann im 15. Jahrhundert mit naturwissenschaftlichen Studien, besonders mit Physik und Mathematik, ehe er seine geheime Philosophie entwickelte.

Eine frühe Zeichnung von 1948 aus dem *Secret Block for a Secret Person in Ireland* trägt den Titel *Tempel der Rose* und zeigt wahrscheinlich das geheimnisvolle Grab von Christian Rosenkreuz mit dem siebeneckigen Gewölbe, aus dessen Grunde eine Rose zum Licht, zum lumen naturae der Rosenkreuzer, emporwächst.

Joseph Beuys
»Kukei, akopee-Nein!, Braunkreuz,
Fettecken, Modellfettecken«
20. Juli 1964, 20 Uhr,
rechts unten ein Strauß Rosen

Erst 1972 taucht die Rose in einem Multiple mit dem Satz auf: »Ohne die Rose tun wir's nicht, da können wir gar nicht mehr denken«. Rose und Kreuz sind nicht nur im Namen von Christian Rosenkreuz vereint, sondern im alchimistischen und christlichen Kontext zwei aufeinander bezogene Symbole. Die Rose ist eine Metamorphose des Kreuzes, sie ist das rotierende Kreuz.

In ihr vereinen sich die beiden Gegensätze von Mann und Frau, von Mutter und Sohn. Die frühe Rückbesinnung auf die Rosenkreuzer, die Beuys sicherlich über Rudolf Steiner vollzogen hat, ▶35 ist für das Verständnis seines Bildbegriffs außerordentlich wichtig. Die Rosenkreuzer bewegen sich im Paradox des Offenbarens von Geheimnissen, das Beuys mehrfach u.a. besonders in seinen Aktionen, aber auch in der Veröffentlichung des erwähnten Konvoluts von Zeichnungen im *Secret Block for a Secret Person in Ireland* praktiziert hat, ▶36 das aber grundsätzlich allen seinen Werken zugrunde liegt. Auch Marcel Duchamp hatte diesem Prinzip mit seinem berühmten Objekt *With hidden noise*, 1916, eine wunderbare Anschauung verschafft. Das Geheimnis des von seinem Freund Arensberg eingeschlossenen Gegenstandes, der den Klang erzeugt, kannte selbst Duchamp nicht.

32 Ebenda, S. 293.
33 Vgl. Schneede, a.a.O. (wie Anm. 11), Nr. 4, S. 42 ff.
34 Spätere Aktionen verwenden nicht nur im Titel physikalische Begriffe wie »Hauptstrom«, 1967, »Vakuum, Masse«, 1968, »Celtic+~~~«, 1971, sondern operieren auch im Handlungsablauf »physikalisch«. In besonderer Weise in der Aktion »Manresa«, 1966.
35 Vgl. Rudolf Steiner, »Die Theosophie der Rosenkreuzer«, vierzehn Vorträge, gehalten in München vom 22. Mai bis 6. Juni 1907, Dornach 1985.
36 Auf einer der drei aufgestellten Tafeln der »Richtkräfte«, 1974 (Nationalgalerie, Staatliche Museen zu Berlin), hat Beuys den Satz geschrieben: »make the secrets productiv«.

Joseph Beuys
»Ohne die Rose tun wir's nicht«
1972

Es zu erfahren, hätte die Zerstörung des Objekts bedeutet. Das Paradoxon des Offenbarens von Geheimnissen beschreibt Nikolaus von Cues in seinem Buch *De docta ignorantia (Vom wissenden Nichtwissen)* als ein Grundprinzip des Anschauens der sichtbaren Dinge, die in Wahrheit Bilder der unsichtbaren Welt seien. Beuys forderte in seinen Aktionen im übertragenen Sinne auf, Geheimgesellschaften zu gründen, deren Zweck nach Eliade darin besteht, »an der Heiligkeit durch eine Einweihung teilzuhaben. Diese Initiation ist zugleich eine Wiedergeburt und die Erkenntnis eines bewußtseinstranszendenten Mysteriums, das sich durch das sprachliche Medium des Mythos und durch die rituelle Gestik ausdrückt.« ▸37 Erst daraus entsteht eine Bewegung, die sich ausbreiten und fortpflanzen kann oder, wie Beuys sagt: »Die Bewegung kommt zustande durch eine Provokation, durch eine Einweihung, durch eine Initiation zum Zwecke der Bewegung.« ▸38 Auch diese Geheimgesellschaft, die auf der Grundlage von Mysterien existiert, hatte bei Beuys gleichzeitig einen öffentlichen Status, der bis zur Gründung von Parteien reichte. Deren Ziel ist aber nicht im Sinne traditioneller Parteidisziplin der subalterne, sondern der freie kreative Mensch, der homo maximus, der höhere Mensch, der für Beuys real in der Gestalt von Jesus Christus anwesend ist. Erst nach dem Golgatha-Ereignis ist es, nach seinem Verständnis, der Menschheit möglich, zum Materialismus durchzudringen. Denn »Christus ist der Erfinder der Gravitationskonstante, des 3. thermodynamischen Hauptsatzes, der Elektrizität«. ▸39 Beuys versteht Christus als den großen Physiker, der sich als spirituelle Kraft in die physischen Verhältnisse der Erde hineinbegeben hat. Von hier aus beginnt für die Menschheit der lange Weg der Befreiung von metaphysischen Abhängigkeiten durch den Materialismus hindurch. »In der Tiefe der Nacht, in der Tiefe der Isolation, in der völligen Abgeschiedenheit von jedem Spirituellen vollzieht sich ein Mysterium im Menschen, welches in Gang gebracht wird durch die Wissenschaften und nicht durch die tradierten Institutio-

---

37 Roland Edighoff, »Die Rosenkreuzer«, München 1995, S.137.
38 Gespräch mit Joseph Beuys, in: Friedhelm Mennekes, »Joseph Beuys: Christus denken«, Stuttgart 1996, S. 73.
39 Titel von drei Zeichnungen von 1971, die Titel hat Beuys über italienische Votivbildchen, die Jesus Christus zeigen, geschrieben. Abb. in: Mennekes, a.a.O. (wie Anm. 38).

nen des Christentums.« ▶40 Steiner hatte bereits 1907, bezogen auf die Rosenkreuzer, behauptet: »Ein richtiges Verständnis der modernen Wissenschaft, (...) das frei von allen den abstrakten Theorien und materialistischen Phantasien arbeitet (...), liefert Stück für Stück gerade aus der Wissenschaft heraus die Beweise für die rosenkreuzerischen spirituellen Wahrheiten.« ▶41 und: »Es kann keine spirituelle Erkenntnis geben, die nicht einfließen würde in das werktätige Leben« ▶42, was im Sinne von Beuys nichts anderes heißt als jeder Mensch ist ein Künstler.

Die spirituelle Seite der Werke von Beuys ist also eng verbunden mit ihrer politischen. Spirituelle Erkenntnis »werktätig« umzusetzen ist eine Aufforderung, die Beuys' Begriff des Politischen definiert. Seine Vorstellungen von einer solidarischen Gesellschaft (Freiheit, Gleichheit, Brüderlichkeit) sind gerade heute unter den Bedingungen des sogenannten Neoliberalismus von außerordentlicher Bedeutung. Der französische Philosoph Pierre Bourdieu sieht in der aktuellen Entwicklung eine Rückkehr zu einer Art Raubkapitalismus, der die unserer Kultur zugehörigen Solidargemeinschaften auflöst: »Und schließlich erleben wir eine Zerstörung der wirtschaftlichen und gesellschaftlichen Grundlagen unserer kostbarsten kulturellen Erwerbungen. Die Unabhängigkeit der Welt der Kulturerzeugnisse gegenüber dem Markt, die dank der Kämpfe und Opfer von Schriftstellern, Künstlern und Wissenschaftlern beständig angewachsen ist, wird heute immer mehr bedroht. Die Herrschaft des ›Kommerzes‹ und des ›Kommerziellen‹ setzt sich jeden Tag weiter durch.« Bourdieu fordert, »dieser verengten und kurzsichtigen Ökonomie eine ›Ökonomie des Glücks‹ entgegenzustellen, in der alle individuellen und kollektiven, materiellen und symbolischen Gewinne angerechnet werden«, und »es ist höchste Zeit, die Voraussetzungen für den kollektiven Entwurf einer sozialen Utopie zu schaffen«. ▶43

Bourdieus »Ökonomie des Glücks« erinnert an die Neuformulierung des Kapitalbegriffs von Joseph Beuys, der, bezogen auf die menschliche Kreativität, eine hohe Auffassung von Glück beinhaltet.

Die menschlichen Gesellschaften sind, wie Bateson schreibt, in eine evolutionäre Sackgasse geraten. Als wesentliche Ursache der ökologischen Krisen sieht er eine Interaktion zwischen dem Bevölkerungswachstum, dem technologischen Fortschritt und »bestimmte(n) Irrtümer(n) im Denken und in den Haltungen der abendländischen Kultur. Unsere ›Werte‹ sind falsch.« ▶44 Wenn die unsere Zivilisation beherrschenden Werte falsch

Infra-Mince. Ein Übergang

sind, ist es ein existentielles Erfordernis, andere Ideen zu entwickeln, die in der Lage sind, Einfluss auf das herrschende Denken und Handeln zu gewinnen. Erst die Verbreitung von Ideen verwandelt sie in eine wirksame Kraft und sichert ihr Fortbestehen, denn, wie Bateson schreibt, »(...) die Häufigkeit der Verwendung einer gegebenen Idee wird zu einer Determinante ihres Überlebens in der Ökologie von Ideen, die wir als Geist bezeichnen ...«▶45 In diesem Sinne habe ich meinen Versuch verstanden, die Ideen dieser drei Künstler zu skizzieren.

Marcel Duchamp
»With Hidden Noise«
1916

40 Gespräch mit Joseph Beuys, in: Mennekes, a.a.O. (wie Anm. 38), S. 39.
41 Steiner, a.a.O. (wie Anm. 35), S. 16.
42 Ebenda.
43 Pierre Bourdieu, »Gegenfeuer. Wortmeldungen im Dienste des Widerstands gegen die neoliberale Invasion«, Konstanz 1998, S. 46 u. S. 49.
44 Bateson, a.a.O. (wie Anm. 29), S. 629.
45 Bateson, a.a.O. (wie Anm. 29), S. 643.

Hannes Böhringer

Braunschweiger Barock

Der Mythos beschwört die ewige Wiederkehr, den Kreislauf gegen die Unumkehrbarkeit des Geschehens. Soweit es irgend geht, lässt er die Zeit sich drehen, wenn sie schon nicht still steht. Doch die Zeit läuft nicht rückwärts und kommt auch nicht wieder. Sie selbst hat ein Ende, ist befristet, aufgeschobener Tod. Endlichkeit und Unumkehrbarkeit schärfen das Geschehen erst zum Ereignis. Es sprengt den mythischen Zeitraum ▶01, der gleichmütig die Naissancen und Renaissancen, den Wechsel der Generationen, Leben und Tod, Glanz und Elend, das ewige Auf und Ab umfasst. ▶02 Das Ereignis befreit aus der Qual der Wiederholung um den Preis der Unvorhersehbarkeit und Abkürzung, des ernstgenommenen Todes. Der Mythos hingegen bannt und dehnt das Ereignis des Endes in einen Kreislauf. Auch der Alltag bahnt zur Bewältigung der Dauer Kreisläufe der Wiederholung, Gewohnheiten, in denen alles, was passiert, kanalisiert wird. Doch ein kleines Ereignis stürzt alles um, und nichts ist mehr wie früher. Der Mythos selbst kann die Unumkehrbarkeit des Ereignisses nicht ganz ignorieren: Zeus entmannt seinen eigenen Vater: Chronos, die quälende Zeit, und schneidet damit eine neue an. Das biblische Denken rafft diese neue Zeit in die Intensität des Welt- und Zeitenendes zusammen. Die Geschichtsphilosophie remythisiert dieses Ende der Zeit, indem sie es wiederum zu einem gewundenen, weltgeschichtlichen Prozess ausdehnt.

Zwar ist die Zeit unumkehrbar, und die Geschichte wiederholt sich nicht, aber man hat nie aufgehört, aus ihr lernen zu wollen, Wiederholungen in ihr zu erkennen, um Wiederholungen

---

01 Zur Räumlichkeit des mythischen Denkens, Ernst Cassirer: »Philosophie der symbolischen Formen«, Bd. 2: »Das mythische Denken«, Darmstadt 1969.
02 Jacob Taubes: »Abendländische Eschatologie«, München 1991.

zu vermeiden, einen Kreislauf von Verfassungen etwa, den man dadurch aufzuhalten versucht, dass man die besten Elemente der verschiedenen Verfassungen zusammensetzt (Polybios). ▶03 Die Wiederholung hört auf, ein mythisches Verhängnis zu sein. Macchiavell liest Livius, um aus dessen römischer Geschichte die Klugheit politischen Handelns zu lernen. Selbst in die heutige Gegenwart noch lassen sich seine Erkenntnisse oder die des Thukydides nutzbringend übersetzen. Und doch kommt alles anders als geplant und klug bedacht. Die Geschichte markiert die unaufhebbare Differenz zwischen Intention und Resultat. Nicht die List des Odysseus, der Ratschluss der Götter haben Troja zu Fall gebracht. In der Lücke zwischen Absicht und Ergebnis des Handelns sieht der Mythos das Wirken der Götter. Geschichte ist das Handeln des biblischen Gottes oder des Weltgeistes, der ihn ersetzt. Die großen Individuen, die Heroen der Weltgeschichte, sind, so Hegel, ohne es zu wissen, seine Geschäftsträger. Sie spielen nur Rollen auf der Bühne des Geschehens. ▶04

Ohne die Figur eines lenkenden Gottes muß der Historiker auf das Bild der Natur zurückgreifen, wenn er die Übermacht der Geschichte gegenüber dem Handeln der Menschen verdeutlichen will. Die Macht der Geschichte erscheint als eine Naturgewalt, gegen die sich zu stemmen vergeblich ist. Wer kann das Fallen der Blätter im Herbst aufhalten? Unweigerlich drängt sich den Historikern das Bild des Jahreskreises auf: Weltreiche, Epochen, Kulturen blühen auf und verwelken. Das Pathos des Historikers ist der Untergang, das Ende, seine Tätigkeit, das Ende in der Zeitlupe seiner Forschung aufzuheben.

Kulturen blühen auf und vergehen, aber zumindest die »höheren« haben, sagt Jacob Burckhardt, die Fähigkeit zur Renaissance. ▶05 Sie können wiedergeboren werden. Eine scheinbar längst verdorrte Wurzel treibt plötzlich kräftig wieder aus. ▶06 Kulturen sind Naissancen und Renaissancen. Sie entstehen »spontan« und werden nicht gemacht. Die für Burckhardt einzig echte Renaissance, die italienische, bildete eine Alternative zur Reformation für den ereignishaften Beginn und Ursprung der Neuzeit. Paulus oder Platon. Denn auch die Reformation verstand sich als Renaissance: Wiedergeburt des Christen als gerechtfertigter Sünder aus dem Geist der Heiligen Schrift. Eine solche Renaissance ist keine quälende Wiederholung. Das verschüttete, verloren geglaubte Alte und Ursprüngliche ereignet sich neu: Neuzeit, »Jetztzeit« ▶07 der klassischen Antike, des Schönen, Wahren und Guten; Neuzeit, Erneuerung des biblischen Christentums.

Braunschweiger Barock

Hegel und Burckhardt markieren das bipolare Selbstverständnis des neuzeitlichen Europas. Ist die Neuzeit das zu einem Zeitraum erstarrte Ereignis der Reformation oder der Renaissance? Von der Reformation aus gesehen ist sie die Säkularisierung des christlichen Geistes, die sich selbst bewusst gewordene Freiheit (Subjektivität) des Einzelnen, vorgeformt im christlichen Gewissen vor Gott. ▶08 Von der Renaissance aus hingegen wird die Neuzeit als humanistische Befreiung vom Christentum verstanden, als Selbstermächtigung des Menschen, der die Natürlichkeit der Welt und seiner selbst entdeckt. ▶09 Georg Simmel fasst Hegel und Burckhardt zusammen, wenn er eine südliche, soziale, renaissancehafte Subjektivität von einer nördlichen, religiös-metaphysischen, innerlichen unterscheidet. ▶10

Mit der Säkularisierung des Christentums und der damit einhergehenden Erhebung der Kunst im 19. Jahrhundert zu einer Ersatzreligion institutionalisiert sich die Kunstgeschichte als Wissenschaft und stellt sich in den Dienst des Renaissancekultes. Die klassische Antike und ihre Renaissance als die unüberbietbar hohe Zeit der Kunst bleiben der mythische Kern der Kunstgeschichte, an de sie sich wissenschaftlich abarbeitet. Sie rechtfertigt und entmythologisiert ihn in einem. So erweist sich die Renaissance als abergläubig, ziemlich mittelalterlich und längst nicht so modern wie vermutet. ▶11 Diese Entmythologisierung relativiert die Renaissance und rehabilitiert, was vorher und nachher kam: Gotik und Barock. Das Gotische gewinnt Interesse als Stil einer germanisch-deutschen Nationalkunst. ▶12 Mit der Entdeckung und Wertschätzung der Barock-

---

03 Reinhard Koselleck: Historia Magistra Vitae, in: Ders.: Vergangene Zukunft. Zur Semantik geschichtlicher Zeiten, Frankfurt a. M. 1979, S. 38–66.
04 Hegel, »Vorlesungen über die Philosophie der Geschichte, Werke Bd. 12«, Frankfurt a. M. 1970.
05 »Weltgeschichtliche Betrachtungen«, München 1978, S. 49.
06 Jost Trier: »Holz. Etymologien aus dem Niederwald«, Münster 1952.
07 Walter Benjamin: »Über den Begriff der Geschichte«, in: »Illuminationen«, Frankfurt a. M. 1977.
08 Hegel: »Glauben und Wissen«, in: »Jenaer Schriften 1801–1807, Werke Bd. 2«, Frankfurt a. M. 1970.
09 Jacob Burckhardt: »Die Kultur der Renaissance in Italien«, Frankfurt a. M. 1989.
10 Georg Simmel: »Rembrandt. Ein kunstphilosophischer Versuch«, Leipzig 1916.
11 Aby Warburg: Kulturwissenschaftliche Beiträge zur Geschichte der europäischen Renaissance, Gesammelte Schriften, 2 Bde, Leipzig und Berlin 1932.
Edgar Wind: Heidnische Mysterien in der Renaissance, Frankfurt a. M. 1981.
12 Gabi Dolff-Bonekämper: »Wem gehört die Gotik? Wissenszuwachs und nationale Mythenbildung in der Architekturgeschichtsforschung des 18. und 19. Jahrhunderts«, in: »L'Art et les Révolutions«, Strasbourg 1992, S. 5–14.

kunst Italiens, Spaniens, der spanischen Niederlande, Süddeutschlands und Österreichs findet die gegenreformatorische Kultur Europas Anerkennung. Über die Rehabilitierung von Gotik und Barock hinaus ruft der forcierte Renaissancekult einen antiklassischen Affekt hervor, eine Hinwendung zur vorklassischen Archaik (Herder, Nietzsche), eine romantisch-nazarenische, präraffaelitische Neigung zum Mittelalter, zum Handwerk (Ruskin) und über das Barbarisch-Gotische zum Nomadisch-Primitiven als dem selbstgewählten Ursprung der modernen Kunst. ▶13 Der antiklassische Affekt rückt den Barock und seinen Manierismus neben Gotik, Romantik und Primitivismus in das Blickfeld moderner künstlerischer Selbstbestimmung. »Die Barockbaukunst spricht dieselbe Sprache wie die Renaissance, aber einen verwilderten Dialekt davon«, schreibt Burckhardt in seinem Kunstführer durch Italien. ▶14 Von der Architektur wird der Barock als Stil auf die Plastik und Malerei übertragen. Hier knüpft Wölfflin an: Barock ist der malerische Stil, malerische Architektur, malerische Zeichnung. Burckhardt hatte noch deutlich eine humanistische Distanz zur Wildheit des Barocks zu erkennen gegeben. Er versteht ihn als Verfall. Es schwingt noch der Ausdruck »Schwulst« nach – Wölfflin spricht von Wulst –, mit dem das 18. Jahrhundert den Barockstil verabscheute. Das Geschwulst deutet auf Entartung, bedeutet Verlust von Form und Maß. Noch für Focillon ist der Barock die Verfallsform jedes Stils, der archaisch-primitiv beginnt und klassisch wird, bevor er barock verendet. ▶15

Bei Wölfflin sind Renaissance und Barock zwei verschiedene Sprachen, Weltanschauungen, zwei konträre »kunstgeschichtliche Grundbegriffe« geworden: das Lineare und das Malerische. Fläche gegen Tiefe, geschlossene gegen offene Form, Einheit gegen Vielheit, Klarheit gegen Dunkelheit. Schon in Wölfflins Barockbuch sind die vom zeitgenössischen Vitalismus affizierten Schlüsselworte, mit denen das Malerische des Barockstils charakterisiert wird: Bewegung der Massen, das Unbestimmte der aufgelösten Kontur, die Unruhe des Werdens gegenüber dem stillen Sein der Renaissance und das Aus-dem-Gleichgewicht-gerückt-sein, die barocke Exzentrizität. ▶16 Im Barock ist die Geschichte des Sehens, die ihren Anfang im Taktilen nimmt, beim rein Visuellen des Malerischen angekommen, aber die Stärke des Barocks ist es, das geschichtlich zurückgelassene Taktile trotz der Distanz, die das Visuelle aufreißt, in der affektiven Berührung aufgehoben zu haben.

Wilhelm Hausensteins Buch *Vom Geist des Barocks* ▶17 aktualisiert den Wölfflinschen Barockbegriff für die zeitgenössische

Braunschweiger Barock

Malerei, besonders den Impressionismus und den Expressionismus. Sogar noch *Das offene Kunstwerk* von Umberto Eco bezieht seinen Begriff der Offenheit und der Vieldeutigkeit auf Wölfflin und den Barock ▸18 und zeigt so, dass Wölfflin mit den Kategorien der Unbestimmtheit, Offenheit und Vielheit zentrale Begriffe der modernen Kunst schlechthin angesprochen hat. Zugleich liefert Wölfflin im Begriff des Malerischen, der malerischen Unbestimmtheit, ein Schlüsselwort der condition postmoderne. Für Gehlen trifft die moderne Malerei gerade in ihrer »Gegenstandsundeutlichkeit« diese »objektive Unbestimmtheit« der posthistoire. ▸19

Von der Kunstgeschichte ausgehend, sickert der Barockbegriff in die Literatur- und Musikwissenschaft. Man beginnt von Barockliteratur und Barockmusik zu reden. Schließlich spricht man sogar von Barockphilosophie. Ein Zeitalter zeichnet sich ab: das 17. Jahrhundert, das im 16. beginnt und im 18. endet. Jahrhunderte: saecula waren immer schon mehr als hundert Jahre: Zeitalter. Die aber halten sich nicht an das Dezimalsystem. Und uns fällt es schwer, die Willkür der Jahrezahlen und Jahrhundertwenden hinzunehmen. Wenn ein Stil wie der barocke in den Augen der Historiker eine ganze Epoche zu bestimmen beginnt, fängt er an, das Zeitalter von allem zu säubern, was zu diesem Stil nicht passt. Es muss uminterpretiert und für unwesentlich erklärt werden. Die Komplexität und Heterogenität einer Zeit drohen verloren zu gehen, je deutlicher das Bild wird, das man sich von ihr macht. Ein Epochenbegriff braucht den Widerstand seines Gegenstands. In Frankreich hat im Gegensatz zu anderen europäischen Ländern der Barockbegriff die akademisch oktroyierte Epoche des Klassizismus aufgebrochen und die von ihr unterdrückte Literatur freigelegt (Rousset). Der Barock scheint Raum lassen zu können für das, was er nicht in sich begreifen kann. Womöglich ist er deshalb faltenreich und an seinen Grenzen malerisch unbestimmt.

---

13 Wilhelm Worringer: »Abstraktion und Einfühlung«, München 1908; Carl Einstein: »Negerplastik (1915)«, Berlin 1992.

14 »Der Cicerone«, Stuttgart 1986, S. 348.

15 Henri Focillon: »La vie des formes«, Paris 1939.

16 »Renaissance und Barock. Eine Untersuchung über Wesen und Entstehung des Barockstils in Italien« (1888), Stuttgart, Basel 1986, S. 28, 33 f., 50, 63, 71, 157 f.

17 München (2. Aufl.) 1924.

18 Frankfurt a. M. 1977, S. 34 f., 47, 163.

19 Arnold Gehlen: »Die Seele im technischen Zeitalter«, Hamburg 1957, S. 89.

Zukunft und Erinnerung

Stil- und Epochenbegriffe sind widerspenstig. Sie fügen sich nicht in einen Zeitraum. Versucht man sie zum vorherrschenden Signum (Gestalt, Struktur, Episteme, Paradigma) einer Zeit, eines Zeitalters zu machen, widersetzen sie sich durch Blässe und Allgemeinheit. Oder sie springen unversehens in andere Jahrhunderte, lösen sich von jeder zeitlichen Beschränkung und erscheinen als Potenzen oder Äonen, die jederzeit in die Geschichte einbrechen können. So sehen Eugenio d'Ors, Buci-Glucksmann oder auch Deleuze den Barock. Er mag zwar seinen Schwerpunkt im 17. Jahrhundert haben, chronologisch aber ist er völlig ungebunden. Auf diese Weise nähert er sich dem Asianismus an, dem ewigen Widersacher des »klassischen« Attizismus. Das aus Asien einbrechende Dionysische (Nietzsche), Gegenspieler des Klassisch-Apollinischen, kann ebenso dem Barock zugerechnet werden wie die im Dionysischen sich andeutende Bisexualität und Feminität, das »Ewig-Weibliche« als unbestimmte Andersheit (d'Ors, Buci-Glucksmann). Für Deleuze ist barock, an Leibniz' Philosophie exemplarisch expliziert, ein Denken, das Gegensätze nicht dialektisch, sondern durch unendliche Falten und Kurven vermittelt.

Die strittigen Etymologien des Wortes Barock spiegeln diese Schwierigkeiten, Stil- und Epochenbegriff in einem zu sein. Barock wird von toskanisch baròc: Wucher, Betrug hergeleitet. ▸20 Der Schwulst ist eine Wucherung. Zugleich wuchert der Begriff und betrügt durch die Illusion der Evidenz. »Täuschung und Enttäuschung« gelten als eins der großen Themen des Barocks. Am häufigsten genannt wird die Herleitung des Wortes aus dem portugiesischen barocco, die unregelmäßig gebildete, »schiefrunde« Perle: barocke Steigerung der Vollkommenheit der Kugel ins exzessiv Bombastische, Zerdehnung des Kreises zur Ellipse. Unmöglich, ein abgerundetes Bild des Barocken zu bekommen. Schließlich bezeichnet barocco eine scholastische Form des Syllogismus, die den französischen Cartesianern absonderlich, extravagant, »gotisch« und »bizarr« vorkam. ▸21 Hier findet die These von der »geheimen Gotik« (Worringer), vom Fortleben der Gotik und des Mittelalters, des Überständigen im Barock, ihren etymologischen Ausdruck.

Das Bizarre, Absonderliche leitet über zum Spitzfindigen. Neben Schwulst und Bombast war es die Spitzfindigkeit, die das 18. Jahrhundert dem Barock vorwarf. ▸22 Der Vorwurf zielt auf die barocke Rhetorik und ihre Kategorie der argutia: Scharfsinnigkeit. Sie war auch die Lieblingsfigur des Manierismus. Mit ihm taucht eine Alternative zum Barockbegriff auf. Auch der Manierismus gilt als Vorläufer und Wurzel der modernen Kunst (Hauser, Hocke). Auch der Manierismus wird als zeitloser Gegenpart der Klassik verstanden und auf den Asianismus zurückgeführt (Curtius). Ist der Manierismus eine Übergangsphase zwischen Renaissance und Barock, oder ist er selbst ein barockes Phänomen? Durchläuft das Barockzeitalter selbst eine innere Entwicklung vom Früh- zum Spätbarock, von einem manieristischen Beginn zu einem klassizistischen Ende, von scharfsinnig-manieristischer Freigeisterei über das Erbaulich-Pompöse ins frivole Rokoko? Diese Fragen interessieren hier nur insoweit, als in ihnen die innere Dynamik des Barockbegriffs, seine schwülstige, wuchernde Natur zum Ausdruck kommt. Hier geht es vor allem um das zunehmende Interesse am Barock(begriff) und den von ihm hervorgerufenen, beschriebenen und beschreibbaren Phänomenen, die verstärkte Zuwendung zum 17. Jahrhundert, dem Zeitalter des Absolutismus, des Rationalismus und des Irrationalismus, der Gegenreformation und Voraufklärung unter dem Leitmotiv Barock und um den Widerschein, den diese Zuwendung auf die jeweilige Gegenwart wirft, insbesondere die jetzige. Es geht um die unverkennbare Renaissance des Barocks. (Vielleicht hat die Gegenwart monadischen Charakter und spiegelt in sich alle Zeiten, Epochen und Stile. Wir aber können immer nur wenige, im Moment vorscheinende Aspekte, die besonders einleuchtenden Seiten wahrnehmen, und das auch meist nur indirekt in der Beschäftigung mit der Vergangenheit.)

Barock ist ein Stil, der als Gestalt (Goethe, Wertheimer) oder Struktur (Goldstein, Foucault) die Lebensäußerungen einer Epoche zu beschreiben und zugleich ihre Bedingungen und inneren Grenzen zu bestimmen versucht. Der gestalttheoretisch und strukturalistisch aufgeladene Stilbegriff verweist zurück auf die Rhetorik mit ihrer Lehre vom großen, mittleren und niedrigen Stil. Der Redeschmuck (decorum) oder das Ornament kennzeichnet einen Stil. Schon Burckhardt und Wölfflin sehen die barocke Vorliebe für den hohen, heroischen Stil. In steigernder Umkehrung gesellt sich zur Figur des Helden der Schelm (picaro). Der Barock liebt den Antagonismus, den Kontrapost, das Paradox und Clair-Obscur, die Periphrase, das Hyperbaton, die Accumulatio und Rätselrede und überhaupt die Metaphern. Barock (oder manieristisch) ist die Vorliebe für das Spitzfindige: argutia und ingenium (Gracián).

[20] Bruno Migliorini: »Etymologie und Geschichte des Terminus ›Barock‹«, in: Wilfried Barner (Hg.): »Der literarische Barockbegriff«, Darmstadt 1975, S. 410.
[21] Werner Krauss: »Probleme und Problematik der Barockforschung«, in: »Das wissenschaftliche Werk«, Bd. 3, Berlin, New York 1997, S. 316 f.
[22] Herbert Jaumann: »Die deutsche Barockliteratur. Wertung – Umwertung«, Bonn 1975.

Barock ist Rhetorik (Nietzsche): Schwulst, geschwollene Rede, An- und Abschwellen (Wölfflin), Bombast: stark ausgefütterte Kleidung, hyperbolische Steigerung ins Exzessive: Übertreibung. Barock ist sich selbst bewusste Rhetorik. Die Sprache, das unsichtbare Medium der Wirklichkeitsvergewisserung, ist nicht mehr selbstverständlich, natürlich. Sie findet darum auch kein klassisches Maß mehr. Ist schuld daran die Krise des Übergangs vom Laut- zum Leiselesen, von der Oralität zur modernen Buchkultur (McLuhan), die Geburt der modernen Wissenschaften aus der Beunruhigung durch die Theologie des Nominalismus (Blumenberg), die Entstehung des modernen Kapitalismus (Hauser), die Verstädterung und Verbürgerlichung der Kultur (Maravall)? Wirklichkeitsentfremdung und Weltverlust müssen mit gesteigerter Künstlichkeit überspielt werden. Das mystisch erfahrene Nichts, die »dunkle Nacht« des Juan de la Cruz, der »Abgrund« Jacob Böhmes, die unendliche Leere des Weltraums (Pascal), die »Höhle des Nichts« in Graciáns Criticón tauchen mathematisch, rhetorisch und gesellschaftlich als ein infinitesimal kleines Presque-Rien auf, mit dem man rechnen muss, da es unverhältnismäßig viel: fast alles bewirkt. Schon der Barock fühlt den »Verlust der Mitte« und versucht, ihn durch Exzentrik und Künstlichkeit zu kompensieren und das Nichts, nada, durch Aufteilung in kleinste Portionen zu minimalisieren. So wird der Abgrund überbrückt und nistet elliptisch als ein Fastnichts in jeder Falte der überbrückenden Hyperbel. Der immer drohende Weltverlust und Wirklichkeitszerfall werden durch einen affektiven nexus universalis aufgefangen. Nur in Bewegung, im Fließgleichgewicht eines allseitigen Ergreifens und Ergriffenseins, hält alles zusammen. Deshalb muss der Affekt ständig gesteigert werden: künstlich, mechanisch, rhetorisch. Das Universum kann nur affektiv als Schwulst hervorgerufen werden. Der Zwang zum Schwulst deutet auf Aufpolsterungen, Hilfskonstruktionen, auf Ordnungsverlust. Zum Barock gehören immer auch eine Restauration, Reparatur der Defekte mit modernen Mitteln, Restitution verlorener Ordnung unter den Bedingungen moderner Kontingenzerfahrung. Dieser Aspekt hat den Barock sicherlich für den Expressionismus interessant gemacht bei dessen Versuch, den von Nietzsche suggestiv formulierten Nihilismus des 19. Jahrhunderts zu verwinden.

Der Schwulst ist mehrdeutig: überschwenglicher Exzess des Klassisch-Schlanken, anschwellende, sentimentalische Sehnsucht nach dem Naiv-Natürlichen, das eine erste Lösung im Rokoko findet, und der unvermeidliche Bombast unendlicher Faltung, die nötig wird, um einander ausschließende Gegensätze wie Glauben und Wissen, Tradition und Moderne, Antike und Christentum, Helden, Schelme und Heilige, Raffinesse und Einfalt des Herzens, Erfahrung und Spekulation, Transzendenz und Immanenz, Täuschung und Enttäuschung, Größe und Elend des irdischen Lebens anzuerkennen und zugleich durch unendlich kleine Abstufungen und spitzfindig-scharfsinnige Gedankenschleifen ineinander übergehen zu lassen. Das ist das Malerische des Barock, das Clair-Obscur seiner Kontur, die nach außen hin durchlässig ist und deshalb heterogene Elemente in sich tolerieren kann.

Mit den malerisch fließenden Grenzen und der Dominanz des Rhetorischen gewinnt der Barock Aktualität für die Postmoderne. Auch die moderne Kunst, die Avantgarde, war eine überraschende Renaissance – nicht der klassischen Antike, sondern einer vorklassischen Archaik, des Primitivismus, einer ornamentalen Abstraktion, begleitet von einem Umbruch naturwissenschaftlichen Denkens (Relativitätstheorie, Quanten-Physik), von politischen Umwälzungen (Erster Weltkrieg, russische Revolution) und religiös-eschatologischen Hoffnungen: Morgenröte einer neuen Zeit (Sozialismus, Kommunismus). Auch wenn die Kunst der Avantgarde sich im Einzelfall längst nicht immer politisch-geschichtsphilosophisch verstand, zehrt ihre Aura des Neuen und Revolutionären von dieser Gesamtatmosphäre. Die reformatorische Seite dieser Renaissance ist revolutionär radikalisiert. Luther tritt hinter Thomas Münzer zurück. Im hohen Selbstverständnis der Avantgarde entsteht die moderne Kunst nicht in der Fortsetzung der Kunstgeschichte, sondern im Bruch mit der Tradition, im Rückgriff auf die Urgeschichte der Kunst als Wiedergeburt der Figuration (und damit auch der menschlichen Gestalt) aus dem Geist der Abstraktion. Die Geburt des Neuen ereignet sich als Wiedergeburt des Uralten (Worringer, Einstein).

Doch das Leben in seinem Helldunkel geht weiter. Die neuen Zeiten erscheinen bald wieder als die altbekannten. Die Postmoderne ist die Abenddämmerung der Geschichtsphilosophie. Mit dem Schwinden der Hoffnung auf eine neue Zeit fügt sich auch die moderne Kunst mehr und mehr in die Kunstgeschichte, in das Grau in Grau der Kontinuität. Mit der Historisierung wird die nun klassisch genannte moderne Kunst zugleich in ihren Ausdrucksmitteln verfügbar. Die Postmoderne ist darum das Rhetorischwerden der Moderne. Bruchstücke von ihr werden funktionalisiert, Zeichen und rhetorische Figuren mit bestimmten Bedeutungen. Die moderne Kunst wird allegorisch: eine »andere Rede« (das heißt »Allegorie«) über sie entsteht. Gegen ihr eigenes primitivistisches und geschichtsphilosophisches Selbstverständnis wird sie nun in ihrer Rhetorik erforscht. Der geschichtsphilosophische Sinn ihrer zentralen Technik der Montage, befreiender Zusammenprall, Überschneidung der Zeiten (querelle des anciens et des modernes), in der die neue Zeit überhaupt erst Kontur gewinnen kann, verflüchtigt sich in einer allegorischen Auslegung als Verschiebung und Überlagerung verschiedener Texte.

Ein Indiz für die historische Lage ist die Benjamin-Rezeption. Sie geht vom späten marxistischen Benjamin auf den jungen zurück, den Autor des *Trauerspielbuches*. Barock ist hier mythologisch renaturalisierte Geschichte, saturnverhangen, todesverfallen, melancholisch, in Trauer über ihre Stillgestelltheit, in der die allegorischen Bedeutungen ohne befreiendes Ereignis endlos in sich zirkulieren. Die Hoffnungen von 1968 haben getrogen. Die revolutionär-typologische Geschichtsauffassung (Neuzeit als Erfüllung aller Zeiten) weicht einer allegorischen. Das Andere löst das Neue ab. Heterotopien statt Utopien (Foucault). Die Geschichte ist abgenutzt. Barock steht schon früh für posthistoire. ▸23

Maravall sieht im spanischen siglo d'oro die erste neuzeitliche Epoche einer von Landflucht, Verstädterung und Verbürgerlichung geprägten Gesellschaft, deren auseinanderstrebende Kräfte durch Massen- und Eventkultur zusammengehalten werden müssen, eine Kultur, die zum ersten Mal seit der Spätantike schlechte Kunst zulässt, eine Kultur des Kitsches im Sinne Greenbergs: Während die Avantgarde die Verfahrensweise der Kunst nachzuahmen sucht, ahmt der Kitsch ihre Wirkung nach. ▸24 Die Mimesis der Wirkung aber ist Rhetorik. In diesem Sinne ist die Postmoderne die Barockisierung der Avantgarde. Das bedeutet nicht nur Verkitschung, sondern zugleich auch ihre Pädagogisierung und Moralisierung. Ähnlich wie die Scharfsinnigkeit des Renaissance-Emblems im Barock von einer belehrenden suscriptio beherrscht wird ▸25, so verwandelt sich die moderne konzeptistische Kunst (peinture conceptuelle) zu einer concept art, die immer illustrativer, pädagogischer und moralischer wird. In diese Entwicklung passt auch, dass die moderne Kunst heute nicht mehr nach dem Vorbild des Manierismus aufgefasst wird (Curtius, Hauser, Hocke), sondern nach Analogie des Barocks. Der Barockbegriff scheint im Moment am ehesten in der Lage, die Dynamik der modernen Kunst in ihre postmodernen Verwandlungen hinein nach einer historischen Analogie beschreiben zu können.

Küpper fasst den historischen Barock als eine Rekolonialisierung des in der Renaissance chaotisch gewordenen mittelalterlichen ordo unter den Bedingungen des Nominalismus und moderner Kontingenzerfahrung. Damit wird Weisbachs Buch von 1921 wieder aktuell: *Der Barock als Kunst der Gegenreformation*, als Jesuitenkunst. War die Gegenreformation ein strategisches Unternehmen der katholischen Mächte, so ist die sozusagen neobarocke Rekolonialisierung der modernen Kunst der ungerichtete Prozess einer industriell gewordenen Kultur, die moralisch-politsch dringliche Themen mit den Ausdrucksmitteln der modernen Kunst aufgreift und abhandelt. Die Avantgarde, die sich selbst als Gegenkultur verstand, war längst schon Teil des Kulturbetriebs geworden. Diese kulturelle Einebnung von Moderne und Tradition wird auch daran sichtbar, dass die Moderne entgegen ihrem Selbstverständnis als Stil oder als Abfolge von Stilen begriffen wird. Die Geschichte als Kontinuum (Benjamin) hat das geschichtliche Jetztzeitbewusstsein der Moderne überlagert. Die Gegenwart gibt wieder stärker der Verbildlichungs- und Verräumlichungsneigung des Mythos nach. Die Intensität des Ereignisses wird zur Extension einer Bildfläche oder eines Raums gedehnt. Hier trifft sich der postmoderne Geist in Kunst und Wissenschaft mit dem barocken.

Behemoth löst sich aus der Umklammerung durch den mythischen Leviathan (Hobbes). Die Macht des souveränen Staates schwindet wie die der Religion in der westlichen Welt. Doch die dritte der weltgeschichtlichen Potenzen, von denen Burckhardt sprach, die Kultur, erlebt als Massenkultur einen neuen Aufschwung. Sie selbst wird barock, schwillt an. Indem sie mehr und mehr vereinnahmt, nimmt sie sozusagen katholische Züge an. Hatte Burckhardt gerade noch der höheren Kultur Renaissancen zugetraut, so erlebt heute parallel zu dem aus der Ächtung entlassene Kulturbegriff Kultur überhaupt eine Renaissance. Mit dem zeitgenössischen Event steht die barocke Festkultur als Massenunterhaltung wieder auf. Und hinter dem zeitgenössischen Erlebnisbegriff verbirgt sich der barocke Affekt. Denn das Erlebnis entsteht nicht mehr, wie noch in der Lebensphilosophie gedacht, spontan, sondern wird wie der Affekt künstlich, rhetorisch, mechanisch, chemisch hervorgerufen.

---

23 Eugenio d'Ors: »Du Baroque«, Paris 1968, S. 44 (Text von 1923).

24 »Avantgarde und Kitsch« (1939), in: Clement Greenberg: »Die Essenz der Moderne«, Dresden 1997, S. 47.

25 Maria Moog-Grünewald: »Zwischen Kontingenz und Ordo. Das Emblem in Renaissance und Barock«, in: Joachim Küpper / Friedrich Wolfzettel (Hg.): »Diskurse des Barock«, München 2000, S. 187–216.

Affekte werden in einer »Gesellschaft des Spektakels« (Debord) industriell mittels Bilder produziert. Sie dienen der Zerstreuung und Ablenkung (Pascals divertissement), schaffen aber auch vorübergehende Kohäsionen der Massen, ephemere Gefühle der Gemeinschaft, die unablässig durch Abwechslung erneuert werden müssen. Die ständig gesteigerte Bildproduktion aber entlarvt sich immer auch selbst als eine Produktion von Scheinbildern (simulacra). Was aber ist wirklich? Es bleibt am Ende der eigene Körper mit seiner zum kruden Schmerz gesteigerten Empfindung. Auch hier zeigt sich Weisbachs Barockbuch – vor allem im Blick auf die Filmindustrie – als immer noch aktuell. Es hatte die Psychologie des Barocks mit den Stichworten Heroismus, Mystik, Erotik und Grausamkeit umrissen, eine Psychologie des Exzessiven. Das Grausame: »Krude«, nicht nur letzter Wirklichkeitsbeweis, sondern mit dem Erotischen zugleich auch stärkster Affekt, muss durch das Erbaulich-Heroische opernhaft ausgewogen werden. Aus der Mystik ist in der hohen Kunst ein erhabenes, ungreifbares, religiös unverbindliches Je-ne-sais-quoi geworden, in der Trivialkunst wird aus Mystik Mystery. – Doch abgesehen von diesen Aspekten der Wiederkehr eines trivialisierten Barocks gilt es, den genuin künstlerischen Bezugnahmen auf den Barock von Klee bis Koons nachzuforschen.

Burckhardts Entdeckung des Barocks war das, was der deutsche Kulturprotestantismus vom neuzeitlichen Katholizismus gelten lassen konnte. Man kann den Barock nicht auf die Gegenreformation und die romanischen Länder einschränken, noch weniger kann man aber die katholische Welt von der Betrachtung des Barocks ausschließen. Nun scheint die Nachmoderne, besser gesagt: das Gefühl, nach- oder spätmodern zu sein, eine Affinität zu dem zu gewinnen, was vormodern zu sein schien.

Die Neuzeit wurde, wenn sie als Säkularisierung begriffen wurde, protestantisch bestimmt. Die moderne Subjektivität und Innerlichkeit werden vom protestantischen Gewissensbegriff abgeleitet (Hegel), der moderne Kapitalismus aus der calvinistischen Prädestinationslehre. ▸26 Im Ringen um die neuzeitliche Vorherrschaft unterliegen die katholischen Mächte Spanien, Frankreich den protestantischen Mächten Holland, England. Der welthistorische Vorgang der Rationalisierung wird als Entzauberung (Weber) verstanden. Entzauberung und Entmythologisierung ▸27 sind Prozesse der Ausschließung bis zu einem reinen Kern (Rationalität oder Kerygma). Demgegenüber verfolgt die katholische Theologie eher eine Linie der Inklusion und Inkulturation, der Einverleibung des Anderen. ▸28 Steht im Hintergrund der philosophischen Hermeneutik

Braunschweiger Barock

eher die protestantische Theologie des Sola-Scriptura-Prinzips und der Deutung der Heiligen Schrift aus sich selbst, so kommt die Dekonstruktion wieder auf das von der protestantischen Theologie wegen der Gefahr der Beliebigkeit verworfene Prinzip der Allegorie zurück, womit der Katholizismus die heidnische Mythologie der Antike nicht ausschließen, sondern umdeuten und einbeziehen konnte. So fängt auch das Tridentinische Konzil in der Bilderfrage den von Renaissance und Humanismus verstärkten Paganisierungs- und Säkularisierungsschub ab. Barock erscheint als eine Politik der Vernunft, die das Unvernünftige (den Affekt, den Mythos, den Leib, die Illusion, das Vergangene und Überholte) nicht auszugrenzen versucht, sondern in kluger Selbsteinschätzung zulässt. In seinem Schwulst steckt Bescheidenheit.

Der Barock ist die Kunst der Gegenreformation und der (spanisch-portugiesischen) Kolonialisierung. Der barocke Kolonialstil wird nun in der zeitgenössischen poetischen Kulturtheorie Lateinamerikas (Lezama Lima, Carpentier, de Campos) als Ursprung einer contraconquista (Lezama Lima) verstanden, einer Kultur der großen Einverleibung: Der Barock hat trotz seiner kolonialistischen Absicht genug Falten und Höhlungen in seinem Schwulst, die fast alles aufnehmen können. Auf die Europäisierung der Welt folgt die Indianisierung, Afrikanisierung und Asianisierung dieser europäisierten Welt. Die Herdplatte dieses globalen Synkretismus ist (Latein-) Amerika. Die Amerikanisierung der Welt ist ihre Barockisierung (Maffesoli). Diese postkolonialistische Debatte um einen amerikanischen Barock führt im Westen weiter, was nach Osten hin Asianismus, Morgenländerei und Orientalismus genannt wird, und reflektiert die Globalisierung einer Kultur, die in der Geste der Einverleibung »katholische« Züge erkennen lässt. Der calvinistische Ikonoklasmus als geistesgeschichtlicher Hintergrund der klassischen Moderne wird überlagert von einer barocken, den Leib und die Sinne einschließenden Ikonodulie. Auch dieser Schwulst, die Anschwellung des Leibes, ist doppeldeutig: Geht es nur um die schwere Verdauung in einer Zeit, da die Weltkulturen zusammenwachsen, oder verbirgt sich dahinter eine unverhoffte Schwangerschaft? Stecken hinter der malerischen Unbestimmtheit eine neue »Konzeption«, eine neue »Prägnanz«?

---

26 Max Weber: »Die protestantische Ethik« (1904–1906), Gütersloh 1979.
27 Rudolf Bultmann: »Neues Testament und Mythologie« (1941), München 1985.
28 Hugo Rahner: »Griechische Mythen in christlicher Deutung«, Darmstadt 1957.

Peter Rautmann, Nicolas Schalz

Von Greifswald nach Italien

Reale und fiktive Reisen in Bildender Kunst, Fotografie, Film und Musik

1 Einleitung

2 Ein Anfang, kein Aufbruch
2.1 Ausgangspunkt Greifswald
   Caspar David Friedrich: Ruine Eldena im Riesengebirge, um 1830/34
2.2 Ausgangspunkt Wien
   Franz Schubert: Die Winterreise, 1827

3 Ankunft in der Katastrophe
3.1 Eismeer und Titanic
   Caspar David Friedrich, Das Eismeer, 1823/24
   Fabrizio Plessi, Der Untergang der Titanic, 1992
3.2 Das Wirtshaus im Winter
   Heinz Holliger, Die Jahreszeiten für Chor (nach Hölderlin) aus dem Scardanelli-Zyklus, 1975–1985, daraus das Gedicht: Winter II

4 Aufbrüche? Aufbruch!
4.1 Concorde
   Wolfgang Tillmans, Concorde, 1997 / Puerto Rico, 1995 / Uckermark, 1997
4.2 An Irish Circus on Finnegans Wake
   John Cage, Roaratorio, 1977–1979

5 Ankunft bei den Sirenen
5.1 Ferne Küsten
   Karl Heinz Hödicke, Ferne Küsten oder Über dem Horizont.
   Sirene 1, 1981
5.2. Das Brüllen der Stille
   Rolf Riehm, Das Schweigen der Sirenen, 1987

6 Kein Ithaka, keine Heimat, kein Ende
6.1 Nostalghia
   Andrej Tarkowskij: Stalker, 1979 / Nostalghia, 1983
6.2 Hay que caminar
   Luigi Nono: No hay caminos, hay que caminar ...
   Andrej Tarkowskij, 1987

7 Conclusio

1 Einleitung

Unser Titel suggeriert eine geographisch räumliche Passage vom Norden in den Süden: von Greifswald (bzw. Wien) nach Italien. Zugleich, wie der Untertitel belegt, ist damit auch eine Passage zwischen den Künsten: zwischen Bildender Kunst, Fotografie, Film und Musik intendiert. Indem wir mit dem frühen 19. Jahrhundert, mit Caspar David Friedrich und Franz Schubert, beginnen und unsere Reise uns bis ans Ende des 20. Jahrhunderts führt, durchlaufen wir auch eine Zeitpassage von zwei Jahrhunderten. In diesen Passagen mischen sich reale Wanderungen, z.B. durch konkrete Landschaften, mit solchen, die sich einer ideellen Konstruktion verdanken.

Wir greifen damit ein Denkmodell auf, wie es Walter Benjamin in seinem *Passagen-Werk* verwirklicht hat. In dieser geschichtsphilosophischen Arbeit trug Benjamin ein immenses Material zusammen, um an der Beschreibung unterschiedlichster Phänomene des 19. Jahrhunderts eine Grundlage und einen Schlüssel zum Verstehen des 20. Jahrhunderts zu finden. In den Mittelpunkt seiner Überlegungen rückt Benjamin die um 1830 erfundene neue Architekturform der Passage. Ihr Charakter einer »Bewegungs-Architektur« ist für ihn entscheidend. In ihr spiegelt sich die neue Dynamik einer Gesellschaft mit ihrem Doppelcharakter: hier die Unrast der Warenzirkulation, dort die Schaulust derjenigen, die durch die Fantasmagorie der Warenwelt flanieren.

Benjamins Methode besteht darin, vom Sinnlich-Anschaulichen auf geistige Zusammenhänge zu schließen – so in der Architektur der Passage ein Sinnbild der Welt bzw. in deren Durchschreiten die zeitliche Konfiguration einer ganzen Epoche zu entdecken.

Wir möchten, über den geschichtsphilosophischen Gebrauch hinaus, die Idee bzw. das Bild der Passage auch als ästhetische Kategorie nutzen. Grundsätzlich geht es dabei um ein Denken in Bildern, um Denkbilder.

Zukunft und Erinnerung

2 Ein Anfang, kein Aufbruch

2.1 Ausgangspunkt Greifswald

Im Greifswalder Museum befindet sich als wichtigstes künstlerisches Zeugnis von Capar David Friedrich das nach 1830 gemalte Bild *Ruine Eldena im Riesengebirge* ▶ **Bild 01**. Ein Vortrag, der das Moment der Wanderung und Passage in den Künsten zum Thema hat, würde sich einer wichtigen Chance der Darstellung berauben, verzichtete er auf diesen naheliegenden Ausgangspunkt. Der wichtigste deutsche Landschaftsmaler der Frühromantik ist 1774 in Greifswald geboren; von hier aus wagte er die ersten künstlerischen Versuche, ging er an die Kopenhagener Akademie zum Studium, um danach über Greifswald und Berlin nach Dresden zu ziehen, wo er bis zu seinem Tod 1840 lebte und arbeitete. Dresden war der Ausgangspunkt für zahlreiche künstlerische Wanderungen nach Norden, in seine Heimat nach Greifswald und vor allem an die Ostseeküste um Rügen, in den Süden, ins Erzgebirge, nach Böhmen und vor allem ins Riesengebirge in Schlesien, das von Dresden aus leicht erreichbar war und bereits einem Hochgebirgscharakter entsprach. Auf diesen Wanderungen nahm Friedrich Papier, Kohle und Zeichenstift sowie den Aquarellkasten mit. Die auf diesen Wanderungen entstandenen Zeichnungen

Bild 01
Caspar David Friedrich, »Ruine Eldena im Riesengebirge«
um 1830/34, Öl auf Leinwand

Von Greifswald nach Italien

und Aquarelle bilden die Grundlage für sein malerisches Œuvre; denn die Bilder sind nicht, wie man vielleicht von der späteren Praxis der Impressionisten und Pleinair-Maler vermuten könnte, auf diesen Wanderungen entstanden, sondern im Dresdener Atelier. Die Landschaftsbilder sind Erinnerungen und Kombinationen von Landschaftseindrücken. Was also zeigt das Greifswalder Bild?

Wir sehen eine Mittelgebirgslandschaft am Abend. Im Vordergrund führt in einem breiten Bogen ein halbversandeter Flusslauf auf ein Bauernhaus zu, das im Bildzentrum steht und von einer Architekturruine hinterfangen wird. Vor dem Bauernhaus stehen zwei Männer und unterhalten sich; ein kleiner schwarzer Hund sitzt neben ihnen. Ein langgezogener Gebirgszug zieht sich über die ganze Breite des Bildes. Die Dunkelheit hat bereits von der Erde Besitz ergriffen, während der bewölkte Himmel noch im gelben Abendlicht erstrahlt und die verschatteten Wolkenbänder im komplementären Blauviolett leuchten. Das Bild strahlt Ruhe, aber auch Kühle und Leere aus. Die schnell zunehmende Dunkelheit wird bald alles Licht aufzehren, nur ein schwacher Kerzenschein dringt aus dem Bauernhaus.

Es hat sich eine Reihe Zeichnungen zu dem Bild erhalten. Das Zentralmotiv geht auf eine Zeichnung um 1815 zurück ▸ **Bild 02**, die die heute noch sichtbare Klosterruine Eldena in der Nähe von Greifswald zeigt mit dem damals in ihrem Schutz gebauten schilfgedeckten Bauernhaus. Friedrich hat sehr genau das Ensemble in sein Bild gesetzt, einschließlich des Baumbestands. Im Vordergrund der Zeichnung steht »Wasser«, und Friedrich macht daraus den Wasserlauf im Bild. Der Gebirgszug des Hintergrunds ist aus einer Wanderung ins Riesengebirge aus dem für Friedrich wichtigen Jahr 1810 genommen ▸ **Bild 03**, das Jahr, das mit dem *Mönch am Meer* seinen zeitgenössischen Ruhm begründete. Allerdings erscheint die Gebirgsformation – hier in einer späteren Fassung – im Bild spiegelverkehrt. – Schließlich stammt der bizarr geformte abgestorbene Ast, der auf dem Heidegelände links im Vordergrund sich wie ein Tier im Todesschmerz krümmt, von einer Zeichnung, die zwischen April 1808 und März 1812 (Dresdener Skizzenbuch, ▸ **Bild 04**) entstanden ist. Die linke Figur des Paares vor dem Bauernhaus findet sich, allerdings wieder seitenverkehrt, auf einer Zeichnung vom September 1824 ▸ **Bild 05**. Von dieser Zeichnung hat sich Friedrich auch für den Himmel anregen lassen. Aufschlussreich ist der Vermerk am Blattrand: »des Abends gezeichnet am Morgen gewandert« – das heißt, Ankunft und Aufbruch?

Bild 02
»Ruine Eldena«, 1815
Bleistift auf Papier

Bild 03
»Riesengebirgslandschaft«, 1810
Bleistift auf Papier

Bild 04
»Abgebrochener Ast«
Bleistift auf Papier

Bild 05
»Mann mit Hund in Landschaft«, 1824

Das Bild ist eine Montage von unterschiedlichen landschaftlichen Situationen aus unterschiedlichen Zeiten. Jeder einzelne Gegenstand ist in sich isoliert, ist ein einzelnes Zeichen oder ein einzelner Buchstabe, der im Bild in einen neuen strukturellen »Wort«-Zusammenhang gebracht wird. Die bewusste Zusammenführung von Einzelmotiven weist darauf hin, dass ein »Sinn« in der Kombination von Bildzeichen angestrebt ist. Erst die fiktive Landschaft wird zur Bedeutungslandschaft, in der sich künstlerische und Lebenssituationen mischen. Es handelt sich um ein Erinnerungsbild, ein Rückbild auf das eigene Leben und die eigene Kunst, Wanderungen in unterschiedlichen Räumen und Zeiten. Indem Friedrich die Klosterruine ins Riesengebirge versetzt, vereint er im Landschaftsbild die Pole seines Lebens – von der Kindheit, Jugend und der Familie in Greifswald und des Riesengebirges als Repräsentant eines künstlerischen Schwerpunkts, den er sich von Dresden aus erschlossen hatte. Das menschliche Leben ist dem unendlichen Raum der Natur ausgesetzt. Die vertrauten Zeichen, wie Eldena, werden aus ihrem ursprünglichen Zusammenhang gerissen und in die Fremde, in das ganz Andere versetzt. Der Mensch ist in der Natur der Fremdling, nur in der schmalen Mitte findet sich ein Zufluchtsort, ein möglicher Bereich vertrauten Lebens. Das Paar verharrt an der Schwelle – ist das Tor ihm verschlossen? Ein kleines, wie verloren wirkendes Licht schimmert im dunklen Fenster, im Kontrast stehend zu der Unendlichkeit des lichterfüllten Himmels.

Das Bild spannt aber auch eine fiktive Reise von den eigenen Lebensdaten des Künstlers in historische und geologische Fernen. Der Abend – Friedrich ist um 60 Jahre alt – ist auch Symbol des eigenen Lebensabends, in dem der frühe Ruhm schon wieder verebbte und einer Isolation gewichen war. Das Bild ist aber auch Traum von historischer Vergangenheit und Größe; als Zisterzienserabtei verweist die Ruine auf das frühe Mittelalter, auf die Reformbewegungen dieser Zeit, auf die Christianisierung ganz Europas. Von dieser Zeit ist eben nur noch eine Ruine als Mahnmal erhalten. Die Ruine signalisiert aber auch eine räumliche Grenze. Der abgeschlossene Raum des Klosters ist zerfallen (und mit ihm auch eine Stufe der Religion und Geschichte). Der Hintergrund ist, zeitlich gesehen, somit ein Doppeltes: Vergangenheit (Ruine, frühe Erdepoche) und – in der räumlichen Wahrnehmungsperspektive – Zukunft. Dem ist die Jetztzeit im Vordergrund mit dem Paar als Zeit der Stille, des Wartens entgegengesetzt. Sie steht im Zeichen des Todes.

Zukunft und Erinnerung

Bei dem Paar vor dem Bauernhaus handelt es sich um einen Bauern und einen Städter: Die dem Betrachter zugewandte rechte Figur mit Barett und Umhang trägt die sogenannte altdeutsche Tracht – eine Bekenntniskleidung im frühen 19. Jahrhundert, getragen von der studentischen Jugend, von bürgerlichen Intellektuellen und Künstlern, die nach den Napoleonischen und den Befreiungskriegen ein demokratischliberales Deutschland erhofft hatten und dafür im Metternichschen Restaurationssystem nach 1815 bis 1848 mit Repressalien, Veröffentlichungs- und Berufsverbot zu rechnen hatten. Das Paar signalisiert also ein Doppeltes: den an seinen Ort gefesselten Bauer und den Städter, der auf seiner Wanderung am Abend bei ihm einkehrt – zu einer vorübergehenden Rast, denn sein Reitpferd, das rechts, kaum sichtbar, weggeführt wird, deutet auf einen Aufbruch am nächsten Morgen hin. Wird es wirklich einen Aufbruch geben? Der Reiter ist bei seinem Ritt längs des Flusses an dem abgestorbenen Ast vorbeigeritten, der ihm als ein Todeszeichen warnend vor Augen lag. So wird der Abend der Ankunft auch ein endgültiger sein, indem es der Abend des Todes ist. Alle Dinge scheinen zu erstarren: Das Paar verharrt regungslos, der Flusslauf wird zum stehenden Tümpel, Haus und Ruine rücken zusammen.

Die Ruine ist doppeltes Zeichen: als emporragender Pfeiler verweist sie auf den Himmel, als Fragment mit dem lanzettartigen gotischen Fenster wird sie zum Tor, das man durchschreiten muss, um in die Gebirgsnatur zu gelangen und dem Himmel näher zu kommen. So wird das leere Fenster auch zum Tor in einen Bereich jenseits des irdischen Lebens. Jenseits des schmalen Bereichs menschlichen Lebens und geschichtlicher Vergänglichkeitszeichen lagert das unbewohnte Gebirge, das auf ferne geologische Zeiten verweist, wie ein Ewigkeitszeichen, in seiner blauvioletten Farbigkeit den Wolkenschatten des Himmels korrespondierend. Die horizontale Mittelachse fungiert darüber hinaus als spiegelsymmetrische Achse: Die von rechts unten nach links in den Mittelgrund strebenden Gebüschzonen entsprechen dem langgezogenen Wolkenband im Himmel. Sind Himmel und Erde hinsichtlich ihrer farblichen Erscheinung und ihres Hell-Dunkel-Gegensatzes getrennt, so arbeitet die lineare Konstruktion mit formalen Entsprechungen. Motivliche, räumliche und zeitliche Montage und Zusammenschau wie die formale Konstruktion sprechen von der real nicht anwesenden oder existenten Einheit im Sinne einer Heimat. Die Kunst visualisiert sie als Ideal, als Utopie.

Von Greifswald nach Italien

So beginnt diese Kunstreise in Greifswald, und doch führt kein Weg dorthin zurück. Indem Friedrich Eldena ins Riesengebirge versetzt, entfremdet er sie einem naturalistischen Bilddenken und wählt sie als Zeichen einer gedanklichen Zusammenschau im Gewand der Landschaft und im Zeichen des Todes.

2.2 Ausgangspunkt Wien

In Friedrichs Ästhetik sind ästhetische Kategorien wichtig wie: Verlust der Organizität, Aufgabe dialektischer Entwicklung und Ersatz durch Montagekonstruktion, additive Schichtung, Techniken unterschiedlicher Beleuchtung usw. Sie kennzeichnen auch die Ästhetik Schuberts, insbesondere die der Lieder aus dem letzten großen Liederzyklus *Die Winterreise*. Wir stellen sie hier in Parallele zu Friedrichs Malerei, insbesondere zu seinem *Eismeer*, auf das anschließend noch eingegangen wird. Eine Reise durch den Winter, das ist – metaphorisch gesprochen und an einem subjektiven Bericht festgemacht – die Reise durch eine Zeit und Gesellschaft, über die nach der als Frühling geträumten Französischen Revolution der Winter der Restauration hereingebrochen ist; sie berührt sich inhaltlich, über Friedrichs *Eismeer* hinaus, mit Heinrich Heines *Deutschland – ein Wintermärchen* – in den Worten von Wolfgang Hufschmidt: »Kalt ist es geworden – und das nicht nur wegen der allgegenwärtigen Zensur – erfroren sind die zarten Keime einer fortschrittlichen gesellschaftlichen Veränderung, der eisige Wind der Restauration [Metternichs] weht über das Land, die Ewig-Gestrigen haben sich etabliert und ihre ›Wende‹ herbeigeführt.« ▸01 Wir brauchen nicht weit in das vergangene 20. Jahrhundert zurückzudenken, um analoge Begriffe zu finden: In den 70er und 80er Jahren sprachen wir von »Deutschland im Herbst« oder, im Rückgriff auf Hölderlin, von einer »bleiernen Zeit«.

Das Hauptthema von Schuberts *Winterreise* ist die Flucht in die Ferne, hinaus aus der Gesellschaft, in die Einsamkeit; es ist ein Weg des resignierenden Rückzugs, der eingeschlagen wird, es ist kein Aufbruch, keine Offensive. Wir wissen nicht, wer der im Winter, durch den Winter Reisende ist: vielleicht ein anonymer fahrender Geselle, ein dienstenthobener aufmüpfiger Beamter, ein in das Exil flüchtender aktiver Revolutionär?

---

01 Wolfgang Hufschmidt, »Willst zu meinen Liedern deine Leier drehn? Zur Semantik der musikalischen Sprache in Schuberts WINTERREISE und Eislers HOLLYWOOD-LIEDERBUCH«, pläne-Verlag, Dortmund 1986, S. 86.

Zukunft und Erinnerung

Mit Sicherheit ist es nicht primär einer wie der Wanderer aus dem vorausgehenden Zyklus von Wilhelm Müller und Franz Schubert, der arme Müllerbursche, der seine schöne Braut an den reichen Jäger verloren hat und sich am Ende das Leben nimmt, auch wenn ein ähnliches Motiv des Liebesverrats im ersten Lied der *Winterreise* angedeutet wird und flüchtig an einigen anderen Stellen wiederkehrt, also in den Kranz der Fluchtmotive mit hineinspielt. Doch der hier auf der Flucht ist, ist zuerst einer, der dem insgesamt nicht mehr lebenswerten Leben enteilen, seine Existenz aufgeben möchte und ihr doch nicht entkommt. Die Tragik, die er erlebt, ist die eines unentrinnbaren Verhängnisses, die eines ausweglosen Wegs in schwärzeste Einsamkeit.

Seit den frühesten Liedern taucht bei Schubert ein Motiv bevorzugt auf, das Motiv des »Wanderns«. In der *Winterreise* wird es, so Frieder Reininghaus, »in großer Dimension ›durchgeführt‹«. ▶02 Es ist unser Anliegen, die »Durchführung« dieses Motivs aufzuzeigen – mehr als ein Andeuten kann es nicht sein. Der Begriff »Durchführung« darf des weiteren nicht dazu verleiten, in den einzelnen 24 Liedern des Zyklus die Variationen des gleichen Motivs zu sehen. Es gibt nicht eine einzige oder »Grundbewegung« im Zyklus, nicht eine einzige oder

Notenbeispiel 01 »Gute Nacht«

Von Greifswald nach Italien

»Grundstimmung«. Vor solcher Einseitigkeit hat Peter Gülke in seinem herausragenden Schubert-Buch zu Recht gewarnt: »Von einem bestimmten Rhythmus als Träger einer ›Grundbefindlichkeit‹ lässt sich kaum sprechen, wie sehr auch die [sog.] Schrittlieder als Äußerungen des Unbehausten vornan stehen mögen – [aber] nicht in einem Maße, welches Prägungen wie die ruhenden Lieder im Dreivierteltakt oder die unterschiedlichen im Sechsachteltakt nur als Aussparungen erscheinen ließe. Eine Systematik der Bewegungscharaktere lässt sich nicht erkennen [...].« ▶03

Wir greifen im folgenden nur einige der von Gülke genannten quantitativ »vornan stehenden« »Schrittlieder« heraus, Lieder, in denen in der Tat ein bestimmter Rhythmus, eben dieses »Motiv des Wanderns«, zum Ausdruck kommt, und zwar so unterschiedlich zwischen den ausgewählten Liedern gestaltet, dass man, gegen Gülkes prinzipiell berechtigte Skrupel, von einer »Durchführung« dieses Motivs reden kann. Wenn man den Versuch macht, nur die unmittelbaren Anfänge dieser »Schrittlieder« – oder Lieder mit dem »Wander-Rhythmus« – aneinanderzureihen (auf Kassette beispielsweise, dabei jedes Lied nur etwa 30 Sekunden lang anklingen lassen), so wird die Hypothese plausibel, dass sich allein an einer solchen rhythmischen Figur und ihren Variationen die wichtigsten psychologischen Facetten bzw. Stationen im Unterwegs des namenlosen Wanderes in die unausweichlich definitive Einsamkeit erkennen lassen.

1. Lied Gute Nacht / Fremd bin ich eingezogen, fremd zieh ich wieder aus ▶ Notenbeispiel 01

Ein ununterbrochener Ostinato aus Achteln trägt die Bewegung des Liedes, die hier als normaler Wander- oder Marschier-Rhythmus eingeführt wird. Vom Ende her gesehen, mutet er wirklich wie eine Art Grundrhythmus an, der hier so neutral wie möglich exponiert wird; zugleich wird damit aber auch die psychische »Haupttonart«, der »Haupttonfall« des Zyklus, exponiert: Er hat natürlich mit dem ununterbrochenen Achtelrhythmus zu tun, über den Schubert im Autograph die Tempobezeichnung schrieb: »Mäßig, in gehender Bewegung«. Hufschmidt interpretiert dies folgendermaßen: »Hier bei Schubert geht es um das, was unaufhaltsam ist, was nicht

---

02 Frieder Reininghaus, »Schubert und das Wirtshaus. Musik unter Metternich«, Oberbaum-Verlag, Nr. 1012, o.J., S. 213.

03 Peter Gülke, »Franz Schubert und seine Zeit«, Laaber-Verlag, Laaber 1991, S. 251 f.

Notenbeispiel 02 »Erstarrung«

unterbrochen werden kann« (nur an einer einzigen Stelle, für einen einzigen Takt lang, steht ein »un poco ritardando«) – »das hat etwas zu tun mit einem Sich-abfinden-müssen.« ▸04 Solche Haltung wird also von Anfang an deutlich gemacht, wird zu einer Art »Grundstimmung« für alles, was noch kommt.

4. Lied: Erstarrung / Ich such im Schnee vergebens ▸Notenbeispiel 02
Der Titel ist nur hintergründig zu verstehen; vordergründig ist das »vergebliche Suchen im Schnee« komponiert, eine hocherregte Unrast, ein Pulsieren ohne Unterlass, eine nach außen tobende Verzweiflung aus der inneren Erstarrung heraus, dass die Geliebte für immer verloren und das Leben sinnlos geworden sind, ein ostinater Wirbel der Sinnlosigkeit, ein dem Wahnsinn verfallender Bewegungsrausch.

Notenbeispiel 03 »Rückblick«

8. Lied Rückblick / Es brennt mir unter beiden Sohlen
▸Notenbeispiel 03

Ein ganz ähnlicher Affekt wie in Lied Nr. 4: ein atemloses Weitereilen, und doch möchte der, der da panisch davonstiebt, zurückkehren und verweilen, dort verweilen, wo er für einen Augenblick glücklich war; nun aber ist das Glück verflogen, er muss weiter, unerbittlich – je schneller er sich von seinen Erinnerungen löst, um so besser.

12. Lied Einsamkeit / Wie eine trübe Wolke durch heitre Lüfte geht
▸Notenbeispiel 04

»Das Lied nimmt den Gleichschritt des Eingangsliedes auf, freilich ohne dessen intaktes Gegenüber von Melodie und Begleitung, beides nun verflochten und [zugleich] fragmentiert«; ▸05 das Ganze: ein Sich-Vergewissern völliger, tödlicher Einsamkeit. »Der einzige Fortschritt des Wanderers«, schreibt Peter Gülke, »ist ein Fortschritt der Erkenntnis«, nämlich die »Ablösung« von den illusionierenden »Erinnerungen« ▸06

04 Hufschmidt, a.a.O., S. 77.
05 Gülke, a.a.O., S. 242.
06 Ebd., S. 237.

Notenbeispiel 04 »Einsamkeit«

zugunsten der »Gewißheit«, dass es für ihn keine Hoffnung mehr gibt; dieses Lied war in der ersten Serie von zwölf Liedern, die Schubert im Frühjahr von 1827 schrieb, das Schlusslied. Wilhelm Müllers Ausgabe einer neuen Folge von *Winterreise*-Gedichten bedingt dann, als Schubert auch diese im Herbst 1827 zu vertonen beginnt, einen Neuanfang des Bisherigen aus einer positiven Stimmung heraus, wie sie in der Tat im neuen Lied Nr. 13 *Die Post* umgesetzt wird. Wir brauchen, um der Wiederaufnahme der Schrittlieder aus der ersten Zwölferserie von Müller-Gedichten von Anfang 1827 in der zweiten, im Herbst 1827 vertonten Zwölferfolge, wiederzubegegnen, bis zum Lied Nr. 20 *Der Wegweiser* – wobei auch das Lied Nr. 15 *Die Krähe* mit seiner monotonen Achtelfolge schon auf diese Gestik weist.

Von Greifswald nach Italien

20. Lied Der Wegweiser / Was vermeid ich denn die Wege, wo die andern Wandrer gehn ▶ Notenbeispiel 05

Der Schritt-Rhythmus dieses außergewöhnlichen und langen Stückes erinnert an den des ersten Liedes, meint hier jedoch rastloses, vergebliches Suchen, das Sich-Verirren in den »Wüsteneien« und dann – das ist die Quintessenz des Schlusses – das unerbittliche Auf-den-Tod-zugehen, symbolisiert in den erstarrenden Schlusstakten, die im langen Klavierschlussklang dieses Todesgesicht unmissverständlich zeigen; doch vorher schon durchwanderten die auf schlichte Tonrepetitionen zurückgebogenen Parlando-Strecken des Textes eine Fülle von chromatisch changierenden Akkorden, letztlich von Figuren des barocken »passus duriusculus«, der rhetorischen Figur des Durchgangs durch den Tod.

Für das Hören sollte man an diesen Liedschluss unmittelbar die ersten Takte des folgenden Liedes (Nr. 21) *Das Wirtshaus / Auf einen Totenacker hat mich mein Weg gebracht* anschließen.

Notenbeispiel 05 »Der Wegweiser«

links: **Notenbeispiel 06** Schluss von »Der Wegweiser« und Anfang von »Das Wirtshaus«
oben: **Notenbeispiel 07** »Der Leiermann«

21. Lied Das Wirtshaus / Auf einen Totenacker hat mich mein Weg gebracht ▸ Notenbeispiel 06
Das Motiv des Wanderns ist zur »Prozessionsmusik« ▸ 07 mutiert: Indem der erste rhythmische Wert lang ist und die beiden folgenden kurz, entsteht, im vorgeschriebenen »sehr langsamen« Tempo, die Musik einer Totenprozession, eines ritualisierten Totenmarsches, wobei gerade der Dur-Charakter des Stückes noch gespenstischer als ein Moll die Fahlheit der Musik reflektiert.

24. und letztes Lied Der Leiermann ▸ Notenbeispiel 07
Der Tod hat kein Erbarmen gezeigt: Er lässt den Wanderer leben, weiterleben mit dem Leiermann, der existentiell allein als Compagnon übrig geblieben ist: Es ist sein »Doppelgänger«, sein gesellschaftlich »deklassierter Bruder, den keiner hören will«. ▸ 08 In den monotonen Klängen der Drehleier, die kein Leben mehr haben, keinen Atem, die klingen wie die eingefrorenen Klänge eines Musikautomaten, vollzieht sich das Endprotokoll eines Ausgestoßenen; er hat »nichts mehr, nicht einmal mehr seine Trostbedürftigkeit, zu verlieren«. ▸ 09

07 Ebd., S. 255.
08 Ebd., S. 261.
09 Ebd., S. 261.

Zukunft und Erinnerung

Schubert hat mit seiner *Winterreise*, aber auch mit den im Todesjahr 1828 noch folgenden *Heine-Liedern* einen »Rückzug ins Schweigen« ▸10 komponiert, der so erst wieder am Ende des 20. Jahrhunderts aufgenommen wird. Was nach seinem Tod entsteht, gleicht vielfach Versuchen einer Heimkehr in den von ihm ausgesparten Frieden oder in eine Transzendenz, die ebenso bei ihm fehlt wie die Versöhnung mit der politischen Realität. Was vom späten Schubert bleibt, ist die Vereinsamung eines Randgängers. Ästhetisch ist sie ein Ausgangspunkt, eine dunkle Prophetie, existentiell ist sie alles andere als ein Aufbruch: Sie ist ein Gang ins Leere, in die Katastrophe.

Bild 06
Caspar David Friedrich, »Das Eismeer«
1823/24, Öl auf Leinwand

Bild 07
Frédéric Flammand, Fabrizio Plessi
»Titanic«, 1992 (Programmheft)

3 Ankunft in der Katastrophe

3.1 Eismeer und Titanic

Zeitlich näher an Schuberts *Winterreise* führt das *Eismeer* von Caspar David Friedrich, 1823/24 entstanden ▸**Bild 06**. Der Melancholie-Haltung im Eldena-Bild, ein Jahrzehnt später, steht hier der absolute Schrecken einer Extremlandschaft, des Eises im Norden, gegenüber. Im Zentrum des Bildes türmt sich ein klippenartiger Berg aufeinander und gegeneinander geschichteter scharfkantiger Eisschollen. Sie haben sich so weit aufgestellt, dass sie im nächsten Augenblick umzustürzen drohen. Offenbar ist das Segelschiff, dessen Heck man erst im zweiten Blick rechts unter den Eisschollen entdeckt, im Eispanzer erdrückt worden. Nachfolgende Eisschollen schieben sich über den Schiffsrumpf; die abgebrochene Spitze eines Mastes und ein Stück Segel sind noch zu sehen. Während im Vordergrund das Eis sich mit Erdresten zu schmutzig-braunen

10 Ebd., S. 261.

und gelblich-grünen Tönen mischt, scheinen im Hintergrund das Meer, das zu Eis erstarrte Wasser und die nebelhaltige Luft des Himmels mit dem kühlen, diffusen Licht zu einer durchsichtigen, blaufarbigen Gesamtmaterie zu verschmelzen. Das Bild zeigt Tod und Zerstörung: Die Erde als Lebensraum ist im ewigen Winter begraben, sie ist ein Grabfeld. Das Meer ist zu Eis erstarrt, die wenige organische Natur – einige dünne Baumäste links im Bild – zerdrückt; das Schiff als Sarg und Totenschiff deutet auf das Ende menschlichen Lebens. Dieses Bild des Todes wird durch die Anhebung über die Stufen des Vordergrunds zum Monument erhoben und vor dem Farbraum des Hintergrunds wie auf einem Bühnenraum präsentiert.

Friedrich malte das *Eismeer* des Nordens. Unsere Reise von Greifswald in den Süden führt uns daher zunächst wieder in die entgegengesetzte Richtung, als eine Reise in die Katastrophe: Der *Winterreise* Schuberts entspricht die Winterreise Friedrichs. Allerdings handelt es sich um eine erdachte, denn Friedrich war nie in der Polarregion. Er hat dennoch Anregungen aus der Wirklichkeit empfangen: durch den Eisgang auf der Elbe im harten Winter 1820/21, den er von seinem Atelier am Elbberg oder unten am Strom beobachten konnte. Vor der Natur entstanden drei Ölskizzen, die er für das Bild verwendete. Friedrich wollte jedoch keinen Eisgang auf der Elbe malen, sondern die Polarregion, die zu Beginn des 19. Jahrhunderts durch zahlreiche Expeditionen erschlossen wurde. Diese suchten – vergeblich – nach einer Nord-West-Passage um das nördliche Kanada, um auf diesem Wege in den Pazifik zu gelangen. Der Maler konnte den Wunsch, nach Norden zu reisen, nachvollziehen, hatte er doch selbst die Absicht, Island zu besuchen und nicht Italien, wie die meisten seiner Künstlerkollegen. Im Bild der Eisregion des Nordens konnte er die zerstörerische Kraft der Natur zeigen, die Gefahr für den Menschen wie ihre unnahbare, beeindruckende Größe – eine widerstreitende Wirkung, die man mit dem Begriff des Erhabenen zu umschreiben versuchte. In der Darstellung der Eisregion geht es um die psychische Wirkung auf den Menschen. So spricht der Naturforscher Alexander von Humboldt, dem es um die »ästhetische Wirkung naturhistorischer Gegenstände« geht, von der Wirkung, welche »die physische Natur auf die moralische Stimmung der Menschheit und auf ihre Schicksale ausübt«. ▶11 Humboldt zitiert Schillers Gedicht *Resignation*, welches schließt: »Die Welt ist vollkommen überall, Wo der Mensch nicht hinkommt mit seiner Qual.« Die vom Menschen noch nicht real angeeigneten und nutzbar gemachten Erdregionen werden zum Projektionsraum der Suche nach dem Vollkommenen wie der Erfahrung eigener Unvollkommenheit

Von Greifswald nach Italien

und daraus resultierender menschlicher Qual. Die innere Natur des Menschen wird in der äußeren zum Bild. Deren Größe kann zugleich von der »Gefangenschaft des physischen Lebens« (Schiller) befreien.

In diesem Sinne bezieht Friedrich die real von ihm nicht erlebte, aber die Fantasie um so mehr aufreizende Polarwelt auf den Menschen. Der Vordergrund zeigt seine »Qual« in dem vom Eis erdrückten Schiff, den sich aufbäumenden Eisschollen mit den zerknickten Baumstämmen und dem »Grabfeld« aus Eisplatten. Dagegen erscheint die menschenleere Natur des Hintergrunds vollkommen, »ein in sich geschlossenes Ganzes«. Der Gegensatz von Vollkommenheit und Qual wird zum Gefühl des Erhabenen und Bild eines fragmentarisierten, eines zerbrochenen Ganzen verdichtet. Der Eisberg gleicht einer in sich zusammengefallenen Architekturruine: Die Landschaft, die Natur selbst wird zur Ruine, sie ist in Fragmente zerfallen. Geschichtsphilosophische Überlegungen, wie sie Walter Benjamin in seinem *Trauerspielbuch* entwickelt, lassen sich auf Friedrichs Kunst anwenden. Wenn nach Benjamin in der Allegorie »die facies hippocratica der Geschichte als erstarrte Urlandschaft dem Betrachter vor Augen« ▶12 liegt, denkt man unwillkürlich an Friedrichs *Eismeer*; und wenn »Geschichte zur Leidensgeschichte der Welt« wird, dann prägt der Ruinencharakter der Landschaft die Leidensgeschichte der Natur aus und legt davon Zeugnis ab, »was sie (die Geschichte) Unzeitiges, Leidvolles, Verfehltes von Anbeginn hat«. Leid in diesem Sinn ist die Erfahrung des Unversöhnten, des Vereinzelten und Fragmentarischen. Das allgemeine Leid des Menschen ist im *Eismeer*, ähnlich wie bei Schuberts *Winterreise*, auf die Restaurationsepoche zu beziehen und zu konkretisieren: eine Zeit, die, nach Heinrich Heine, zum politischen Winter wurde, so wenn er im Pariser Exil seine Eindrücke von einer Deutschlandreise 1844 in einer Gedichtsammlung zusammenfasste und betitelte: *Deutschland. Ein Wintermärchen.*

Von Tod, Nacht und Eis als Zeichen einer erstarrenden, zum Kristall werdenden Welt geht auch der italienische Videokünstler Fabrizio Plessi aus. In dem Tanztheater *Der Untergang der Titanic* von 1992, das in Zusammenarbeit mit Frédéric Flammand (Tanz) und mit der Musik von Sofia Gubaidulina und Al-

---

11 Alexander von Humboldt, »Ansichten der Natur«, Erstausgabe 1808 (ausgeliefert 1807), Nachdruck: Nördlingen 1986, S. 7 f.

12 Walter Benjamin, »Ursprung des deutschen Trauerspiels«, suhrkamp taschenbuch 69, Frankfurt a. M. 1963, S. 182 f.

fred Schnittke entstand, war Plessi für Bühnenbild und Video verantwortlich. Die Montage aus Ballett, Bühnenbild, Musik und Video aktualisierte das historische Ereignis des Untergangs der Titanic vom Beginn des 20. Jahrhunderts als Gleichnis des gegenwärtigen Weltzustands und einer erstarrenden Welt der Technik. Die reale Reise der Titanic über den Nordatlantik nach New York wird in die der Körperbewegungen der Tänzer übersetzt, unterstützt von dem schwankenden Boden des Bühnenbilds als Symbol der Schiffsbewegungen. Für die zentrale Szene des Untergangs findet Plessi ein eindrucksvolles Bild, indem er sich auf das *Eismeer*-Bild von Friedrich bezieht ▶ Bild 07. Die Schönheit des Kristalls, die Faszination des Schreckens und die Unerbittlichkeit des einbrechenden Todes werden zusammengeführt. Auf einer Großfilmleinwand erscheinen Eisschollen, die sich überlagern, zerteilen, symmetrisch verdoppeln, vervierfachen, bis ein Kristall entsteht, aus dem sich plötzlich der Eisberg aus Friedrichs Gemälde herausschält. So ist hier in frappierender Weise ein Bogen geschlagen zur Frühromantik. Das Bild übermächtiger Natur, wie Friedrich es darstellt, um die gesellschaftliche Eiseskälte seiner Zeit im Bild zu fassen, wird von Plessi in *Titanic* durch den Schrecken, den die Welt der Technik hervorruft, ergänzt. Die vom Menschen selbstentwickelte zweite Natur bringt die Selbstzerstörung, den Tod und die Erstarrung hervor. Am Schluss rollen schwarzgekleidete Tänzer große schwarze Eisschränke auf die Bühne. Geöffnet, geben die Eisschränke den Blick auf Monitore frei, auf deren Schirme – als Bild im Bild – wiederum das Bild der untergehenden Titanic auftaucht. Das ist das letzte Bild, das die Tänzer wahrnehmen, ehe sie über den Eisschränken zusammenfallen: Vom Untergang in der Welt erfahren wir, ehe wir selbst erstarrt sind, aus den Medien.

3.2 Das Wirtshaus im Winter

Schuberts »Wirtshaus«: Das war der »Totenacker«, dessen »Kammern all besetzt« sind, eine »unbarmherzge Schenke«, die den todmüden Wanderer abgewiesen hat. Das Ungeheuerliche, das Schubert schon 1827 in musikästhetische Chiffren bannt, ist gut 150 Jahre später noch einmal von dem schweizerischen Komponisten Heinz Holliger aufgegriffen worden und zwar in den Chorliedern, die er auf die späten *Jahreszeiten-Gedichte* von Friedrich Hölderlin komponiert hat.

Holliger hat diesen Chor-Zyklus zwischen 1975 und 1985 vertont und 1991 zusammen mit einigen Instrumentalstücken unter dem Titel *Scardanelli-Zyklus* herausgegeben. Dieser Titel bezieht sich auf den Namen, den Hölderlin selbst unter jene *Jahreszeiten-Gedichte* gesetzt hat; die eingestreuten Instrumen-

Von Greifswald nach Italien

talstücke wirken wie autonome Kommentare zu den vertonten Texten und werden dementsprechend von Holliger »Übungen zu Scardanelli« genannt.

Eine gespenstische Musik ist dabei entstanden, Musik, die bewegungsmäßig zu erstarren scheint und Schuberts Extreme insofern wörtlich nimmt; es sind radikal entsubjektivierte, statische, auf wenige tonliche Grundelemente reduzierte Klänge. Holliger schreibt zur späten Lyrik Hölderlins: »Je näher man den äußerlich so einfachen, fast liedhaften Strophen in fünf- und sechsfüßigen Jamben und nur orthographisch reinen weiblichen Reimen tritt, desto mehr offenbaren sie ihren ›noli me tangere‹-Charakter. Die idyllisch in sich ruhende Natur und die darin sich bewegenden Menschen sind wie durch eine gläserne Wand vom Betrachter getrennt. Von ›sanfter Lüfte Rauschen‹ dringt nichts durch diese Wand in den schalltoten Raum. Das ›Glänzen der Natur‹ wird zum schmerzenden Blendstrahl, der durch die als Brennglas wirkende Wand stößt. Der ›stillbetrachtende Mensch‹ ist ein Ausgeschlossener (Ausgestoßener?). Ihm wird die ›Ruhe der Natur‹ zur Todesstarre der Natur, die Stille zur Grabesstille – eine erstarrte, verstummte Idylle: eine wirkliche ›Nature morte‹.« ▶13 Diese Erkenntnis setzt Holliger auch als die bestimmende Charakteristik seiner Vertonung um. Roman Brotbeck hat sie treffend mit dem Ausdruck »komponierte Erkaltung« ▶14 umschrieben. Holliger selbst dazu: »Die *Scardanelli*-Musik ... ist überwiegend eine Musik, bei der die Geste abwesend ist, bei der eigentlich eine Starrheit da ist, fast eine Paralyse, auch ein Einfrieren ganz bekannter Formeln. [...] [Es] ist alles wie durch ein Glas hindurch und nicht mehr direkt berührbar. Vorher war meine Musik direkter Ausdruck. Jetzt ist alles so abgehoben, daß auch das Subjekt zurücktritt, wie Hölderlin auch aus diesen Gedichten zurücktritt.« ▶15

Nur ein Beispiel: das zweite von insgesamt drei Winter-Gedichten. *Winter II*: »vierstimmiger Choral, als vierstimmiger Kanon all' unisono in Augmentation und Diminution, im ›Strohbaß‹ – Register zu singen« ▶16 – das vielleicht abgründigste Stück

---

13 Heinz Holliger, Vorspruch zur Uraufführung des ›Scardanelli-Zyklus‹ anläßlich der Donaueschinger Musiktage '85, auch im Prospekt des Schott-Verlags zum 50. Geburtstag Holligers am 21. Mai 1989.

14 Roman Brotbeck, »Komponierte Erkaltung«, Einführungsaufsatz im Beiheft zur CD-Aufnahme des ›Scardanelli-Zyklus‹; ECM-Records, New Series 437441-2, München 1993, S. 28.

15 Holliger, zitiert nach Peter Niklas Wilson, »Ein sensibler Extremist. Der Komponist Heinz Holliger«, in: »NZfM«, Heft 5, 1989, S. 23 f.

des Zyklus, nicht ohne Erschrecken durchzuhören. Die »Strohbaß«-Forderung zersetzt alles Singen, lässt kaum noch einen »musikalischen« Laut zu, nur schattenhaftes Knarren. Von den strengen, die Tradition der »Alten Musik« beschwörenden Formvorgaben, Kanon und Choral, ist kaum noch etwas wahrzunehmen, »die musikalischen Verfahrensweisen wirken wie auf ihr embryonales Urstadium eingedreht«. ▶17

Hören: Heinz Holliger, aus Jahreszeiten (Scardanelli-Zyklus), Winter II (s. Passagen-Buch, KB I, 13)

Holliger scheint mit seinem *Scardanelli-Zyklus* adäquat ein Benjaminsches dialektisches Verständnis von »Traum und Erwachen« zu reflektieren, insofern als er eine prophetische Lyrik des 19. Jahrhunderts am Ende des 20. musikalisch zum Erwachen bringt. Erst einem »erhellten Bewußtsein«, wie es in den gläsernen Masken der Musik zum Ausdruck kommt, gelingt es nach Benjamin, »den Fluß des Geschehens erstarren zu lassen«, d.h. in diesem Fall, den »Ausdruck« einer noch »fließenden« und in diesem Sinne noch »lebendigen« Sprache wie die des späten Hölderlin, die aber immer mehr und immer erschütternder zu Gebilden von »nature morte« vereiste, in die »Deutung« der Gegenwart zu lenken, sie so zu arretieren, dass sich in ihrem »Innern«, vermittels der Erstarrungen, die ihr musikalischer Trans-Scriptor bannt und nach außen stülpt, »als kristallinische Konstellation Geschichte bildet«. ▶18

Das Erwachen, in das Holliger Hölderlins »Traum« – Tag- und Nachttraum zugleich – führt, ist das klare und unmissverständliche Uns-Konfrontieren mit der Zerstörung von Leben, die wir uns permanent und ohne zum Einhalt zu kommen antun. Dialektisch ist diese »Deutung« deshalb, weil »die in sich kreisende, doch Klang – und sei es ›mit verkrampfter Kehle‹ – (auch) allmählich wieder freilassende Bewegung« der Holligerschen Musik die Hoffnung symbolisieren möchte, »daß die Menschheit nicht an ihrem selbsterzeugten Winter erfriere«. ▶19

---

16 Heinz Holliger, »Notizen zum ›Scardanelli-Zyklus‹«, in: Beiheft zur CD-Aufnahme des ›Scardanelli-Zyklus‹, S. 27 (s. Anm. 14).
17 Brotbeck, a.a.O., S. 29.
18 Walter Benjamin, »Das Passagen-Werk«, edition suhrkamp 1200, Frankfurt a. M. 1982, 2. Band, S. 1023, <M°, 14>.
19 Hans-Michael Beuerle, »Noli me tangere«, in: Programmheft zur Aufführung von Holligers »Jahreszeiten«, Freiburg, Sonntag, 30. Okt. 1988, o. S.

4 Aufbrüche? Aufbruch!

4.1 Concorde

Reisen haben etwas mit Veränderung zu tun, mit räumlich-zeitlicher Veränderung. Seit dem 19. Jahrhundert, vor allem seit dem Aufkommen der Eisenbahn, haben sich die Möglichkeiten des Reisens, vor allem die Geschwindigkeit räumlicher Veränderung vervielfacht. Im 20. Jahrhundert ist das Flugzeug hinzugetreten. Der Traum vom Fliegen ist Wirklichkeit geworden. An die Stelle des Abenteuers der Passagen zu Lande und zu Wasser vom Beginn des 19. Jahrhunderts mit ihrem Aufbruch in noch unerforschte Gebiete der Erde trat nun das Abenteuer des Fluges, wie es sich an der ersten Nonstop-Überquerung des Nordatlantik durch Charles Lindbergh zeigte. Längst sind anstelle dieses Aufbruchs der Massentourismus und die Alltäglichkeit transatlantischer und interkontinentaler Geschäftsreisen mit dem Flugzeug getreten.

Der Traum vom Fliegen, die damit verbundene Technikbegeisterung und Fortschrittsideologie bündelten sich in den sechziger Jahren noch einmal in dem französischen Überschallflugzeug Concorde. Zur andauernden Faszination trug das Design wesentlich bei: Ihre geschwungene Form ließ die Concorde leicht, ja vogelartig wirken. Im Vergleich zur Boeing und zum Airbus wirkt die Concorde wie ein Rennpferd gegenüber einem Ackergaul; gleichzeitig kann sie mit diesen amerikanischen Großraumflugzeugen wirtschaftlich nicht konkurrieren. Im Jahre 2000 ist auch dieser Techniktraum durch den Absturz auf dem Pariser Flughafen Charles de Gaulle zu Grabe getragen worden.

Der junge deutsche Fotograf und Künstler Wolfgang Tillmans – er hat im Jahre 2000 den renommierten und hochdotierten Turner-Preis in London erhalten – setzte der Concorde in einer Bildserie 1997 ein fotografisches Denkmal. Entstanden ist ein Buch ohne Text, das Seite für Seite Fotos des Flugzeugs aus unterschiedlichen Perspektiven aneinanderreiht. So ist als Buch eine Zwischenform entstanden zwischen bewegtem und unbewegtem Bild: Man kann im Buch, im Unterschied zum Video oder Film, verweilen, die Zeiten selbst bestimmen, in denen man den Flugbildern folgen will; man kann natürlich auch schnell blätternd durch die Seiten eilen, daumenkinoartig dem Aufflug, der Landung oder den verschiedenen Orten während des Fluges folgen. Man kann also im Durchblättern des Buches eine ideelle Reise mit der Concorde machen.

Von Greifswald nach Italien

Tillmans hat sich selbst zu seiner Serie geäußert: »Die Concorde ist vielleicht das letzte Beispiel einer technisch-utopischen Erfindung aus den sechziger Jahren, die heute noch in Betrieb und voll funktionsfähig ist. Ihre futuristische Form, ihre Geschwindigkeit und ihr ohrenbetäubender Lärm ergreifen noch heute die Phantasie der Leute, wie schon bei ihrem Jungfernflug 1969. Vom ökologischen Standpunkt aus betrachtet ist sie ein Alptraum, 1962 erdacht, als in Technologie und Fortschritt die Antwort auf alles gesehen wurde und der Himmel keine Grenze mehr zog. Sie fliegt schneller als doppelte Schallgeschwindigkeit. (...) Sie fliegen heute zwischen Paris und London nach New York in knapp 3 $^1/_2$ Stunden. Für die wenigen Auserwählten, die mit ihr reisen, ist das eine glamouröse (...) Sache. Die Beobachtung der Concorde in der Luft, landend oder startend, ist ein merkwürdiges und kostenloses Spektakel – ein supermoderner Anachronismus und ein Bild für den Wunsch, Zeit und Entfernung durch Technologie zu überwinden.« ▶20

Die hier vorgestellten Bilder ▶**Bild 08** sind nur eine knappe Auswahl aus dem Buch. Das erste Foto zeigt die Concorde noch am Boden, aber schon auf der Piste anfahrend, um sich dann vom Boden zu erheben, eine große Feuerwolke hinter sich lassend. Im steilen Aufflug von unten gesehen schräg in den Himmel wie ein Pfeil steigend, endlich in waagrechter Reiseposition, wie schwebend, vom Licht nun auch von unten beschienen. – In die Nacht fliegend, unter regenverhangenem Himmel – erneuter Start am Morgen, die Nacht weicht, das dreieckige Flugobjekt noch gefangen im Drahtverhau –, dann sich befreiend in die freie Luft des blauenden Morgens steigend, befreit von der eingezäunten Erde. Die Schilder der Erde sind nur noch vergebliche, nutzlose Warnzeichen. – Der Vogel steigt weiter, gewinnt an Geschwindigkeit, ist nur noch verschwommen wahrnehmbar – und wieder breitet die Concorde ihre Flügel weit aus, entweicht und verschwindet in die Unendlichkeit des wolkenlosen Himmels, scheint sich im Licht der heraufkommenden Sonne aufzulösen als verdichteter Äther – oder ist dies Zeichen eines kommenden Ikarussturzes aus den Höhen des Himmels?

---

20 Wolfgang Tillmans, im Klappentext seiner in Buchform publizierten Fotoserie »Concorde«, Köln 1997.

Zukunft und Erinnerung

Die Kamera dokumentiert nicht, sondern sucht zu interpretieren, die Vorstellung einer Utopie sinnlich zu erfassen, indem sie der Spur einer Bewegung folgt, in der sich Befreiung, Aufbruch manifestieren. Diese Bewegung lebt von der Spannung zwischen der Erde mit ihren Schildern, Zäunen, verschmierten Bauwerken, zersiedelten Vorstädten und Autobahnen (letzteres in anderen, nicht gezeigten Fotos) und der Grenzenlosigkeit des Himmels als Lebenselement der Concorde. Im Bild wird noch einmal, als Erinnerungsbild, dieser Traum vom Fliegen als Utopie fassbar und seine Qualität als Symbol einer ganzen Epoche, nämlich Technik, Natur, technischen und gesellschaftlichen Aufbruch am Beispiel der Flugreise miteinander verbinden zu können.

Entscheidend scheint uns der gewählte Blick von unten (kein abstrakter Blick von oben auf eine Spielzeugwelt). Der Gegensatz von begrenzter, dunkler Erde zur Unendlichkeit und dem lichterfüllten Himmel weist auf die Landschaften Caspar David Friedrichs zurück, und in der Tat hat sich Tillmans seit Mitte der neunziger Jahre vermehrt mit der Bild- und Ausdruckswelt des deutschen Landschaftsmalers beschäftigt. Die für Friedrich typische Rückenfigur, die in die Landschaft schaut, taucht auch bei Tillmans auf: beispielsweise in einem Selbstporträt von

Bild 08
Wolfgang Tillmans, »Concorde«
Fotoserie, 1997

Zukunft und Erinnerung

1998 ▶ **Bild 09**, in dem er in eine offene Sommerlandschaft schaut, oder, mit einem Freund, vor untergehender Sonne und aufsteigendem Mond ▶ **Bild 10** posiert, wobei das Ganze mit dem Selbstauslöser aufgenommen wurde. Allerdings handelt es sich um keine norddeutsche Landschaft, sondern um eine tropische Landschaft, Puerto Rico, 1995. Dies signalisiert einen räumlich-geographischen Unterschied zu Friedrich: Tillmans reist unentwegt rund um die Welt, seine Motive sind daher weitgestreuter als die Friedrichs. Die Betrachterhaltung, in der sich ja die Distanz des Städters zur Natur und Landschaft ausdrückt, ist zu einer verfügbaren Pose geworden. Wichtig erscheint uns der Wechsel vom gemalten Bild zur Fotografie – diese hat die traditionelle Malerei in folgendem Sinne beerbt: Sie steht als schnelles Mittel zur Verfügung, und sie verbürgt die Authentizität des Ortes wie der Anwesenheit des Fotografen/Künstlers.

Bild 09
Wolfgang Tillmans
»Selbstporträt«, 1998

Bild 10
Wolfgang Tillmans
»Selbstporträt mit Freund«, 1995

Bild 11
Wolfgang Tillmans
»Uckermark«, 1997

Abschließend sei eine Dreierserie von Fotos aus der Uckermark ▸ **Bild 11** von Tillmans vorgeführt, in denen er auch in der Örtlichkeit seinem Vorbild nahe kommt: Die drei Aufnahmen zeigen eine winterlich vereiste pommersche Flachlandschaft, wie sie von dem Vordergrund des Eldena-Bildes Friedrichs inspiriert sein könnte.

4.2 An Irish Circus on Finnegans Wake

Einen größeren Kontrast als den zwischen Heinz Holligers *Scardanelli-Zyklus* und John Cages *Roaratorio* kann man sich nicht ausdenken. Dort eine Ankunft, aber als Erstarrung in der Katastrophe, hier ein Aufbruch in die nicht poetischer zu imaginierende Utopie. Und doch sind beide Werke im gleichen Zeitabschnitt entstanden; die kürzere Entstehungszeit von *Roaratorio* fällt mit dem ersten Entstehungsabschnitt des *Scardanelli-Zyklus* zusammen. Wie ist ein solcher Unterschied überhaupt möglich, und kann man beide Positionen gleichberechtigt würdigen? Jean-François Lyotard hatte zwischen einer Kunst der »melancolia« und einer der »novatio« unterschieden. Doch mit solcher Unterscheidung allein – Holliger würde man die »melancolia«, Cage die »novatio« zuordnen – wird man der hier vorgefundenen Polarität nicht gerecht. Eher als solche persönlichkeitsbedingte Zuordnung mag der Gegensatz Europa-Amerika mitspielen: dort ein Künstler, der, geschult an Adornos »negativer Dialektik«, die Apokalypse einer spätbürgerlichen Gesellschaft registriert, hier einer, der – geformt aus dem Traumstoff der amerikanischen Transzendentalisten, aus dem experimentierfreudigen Pioniergeist seiner Heimat, aus der Toleranz, dem Gelten-Lassen der Anderen und des Anderen, das sich buddhistischer Philosophie verdankt – auf die Phantasie und den »Geist der Utopie« in den Menschen vertraut.

Zukunft und Erinnerung

Um was geht es in Cages *Roaratorio*? Es handelt sich um ein Hörspiel, das eine Hommage an den von Cage verehrten irischen Dichter James Joyce darstellt und in einer Folge von Stille, von Geräuschen und Fragmenten irischer Volksmusik besteht; letztere werden von Cage als *Circus irischer Musik* bezeichnet; alle diese Elemente sind von ihm zu einer einstündigen Dauer aneinandermontiert worden. Die tragende Achse des Ganzen bildet ein poetischer Text des Komponisten, sein *Writing for the second time through Finnegans Wake*, »dessen wichtigstes Organisationsprinzip das Mesostichon ist, eine Buchstabenfolge auf der Mitte der Seite, die, von oben nach unten gelesen, (...) den Namen JAMES JOYCE ergibt« ▸21, dies immer und immer wieder.

Ursprünglich wollte Cage an den 6462 irischen Orten, die in Joyces *Finnegans Wake* erwähnt werden, je verschiedene Geräusche aufnehmen und die Gemeindeverwaltungen dieser Orte bitten, ihm Aufnahmen charakteristischer Geräusche ihrer Orte von etwa 30 Sekunden bis fünf Minuten Dauer zuzuschicken. Das wäre natürlich ein monströs langes Werk geworden, und so reduzierte Cage die Zahl der anzuschreibenden Orte auf 626, die Seitenzahl von Finnegans Wake, und er erhielt die Namen dieser Orte mit Hilfe von Zufallsoperationen anhand des *I Ging*. Im Endstadium kürzte er dann die erhaltenen Beispiele, wieder mit Hilfe des *I Ging*, auf genau 60 Minuten herunter.

Schon an einem Ausschnitt von gut drei Minuten, der stellvertretend für die fehlenden restlichen 57 Minuten steht, lässt sich deutlich zeigen, wie das Werk organisiert ist – und eine ganze Stunde lang spannend und abwechslungsreich bleibt, wenn auch chaotisch heterogen, eben ein bunter *Musicircus*, eine bunte akustische Reise durch das Irland von James Joyce. Zum Namen *Roaratorio* noch ein Wort: eine typisch Cagesche Kopplung von Oratorium und »roar«, d.h. brüllen, wörtlich also ein »Brüll-Oratorium«, übertragen: ein modernes Oratorium, eine moderne Kirchenoper aus Geräuschen und Musik. Im Stück geht es um das »Zusammenbringen von Gegensätzen«, wie Cage selbst sagte. Er machte dieses Ineinander am englischen Wort »laughter« deutlich, dem er ein »a« einfügte, so dass die kuriose Wortschöpfung »laugh-tear« entstand: ein Lachen unter Tränen – das ist das Leben, das Joyce beschreiben wollte.

Hören: Ausschnitt aus Cage, Roaratorio (aus dem Anfang)
(s. Passagen-Buch, KB I, 3)

Von Greifswald nach Italien

In *Roaratorio* sind, wie in anderen Werken Cages, jede Hierarchie, jedes Subordinationsprinzip abgeschafft: Die einzelnen Geräusche, die einzelnen Musikfragmente, die Mesosticha-Sprechtexte sind einander gleichwertig, es gibt keine Prioritäten, keine Bevorzugungen. Cage selbst hat seine Vorstellung von Komponieren mit »Entmilitarisierung« der musikalischen Sprache umschrieben bzw. mit einem Begriff wie »anarchic harmony«.

Das futuristische Programm der Geräusch-Emanzipation findet, am Ende des 20. Jahrhunderts, in *Roaratorio* eine Lösung, die weg ist von jedem simplen Bruitismus, von jeder technikhörigen Verehrung des Maschinenlärms, allerdings auch weg von Varèses visionären Kristallisationen von »son organisé« und weit weg sicher auch von Lachenmanns faszinierender Erfindung einer »instrumentalen musique concrète«.

Es geht Cage in *Roaratorio* um ein sensibles Horchen auf die Klang-Umwelt, auf das, was man als Klang der Natur, einschließlich des Klangs der sozialen Natur, bezeichnen müsste. Klang-Umwelt, Natur, soziale Natur, menschlicher Lauf der Welt: Stichworte einer kritischen postmodernen Ästhetik, die von der Moderne nicht Abschied genommen hat, sondern viele ihrer ursprünglichen humanen Intentionen wieder neu artikuliert oder endlich ins Spiel bringt – nach einer selbstzerstörerischen Irrfahrt der losgelassenen instrumentellen Vernunft. Im bunten Flickenteppich von Cages Montage-Akt aus Geräuschen, Klängen, Stille und Sprache sind all diese Elemente der Realität in ein equilibristisches Spiel der gleichgewichtigen Gegensätze ohne Gewinner und Verlierer versetzt – es ist ein »bunter, abwechslungsreicher, chaotischer Zirkus, dessen Heiterkeit sein voller Ernst ist«.▸22 Die Aufhebung von Determination durch Cage ist zwar Aufhebung von Teleologie, Kausalität und logischer Entwicklung, nicht aber von Sinn. Allerdings muss eingeräumt werden, dass nicht Cage diesen Sinn produziert, sondern der einzelne Hörer selbst, dass also eine Sinngebung so individuell ist, wie es individuelle Rezipienten gibt. Das beim ersten Höreindruck noch anarchisch scheinende Chaos, dieser dezentralisierte *Musicircus*, der kompositorisch zweifellos als absichtsloses, »heiteres« Hör-Spiel intendiert wurde, offenbart sich dem (wiederholten) Hören als

---

21 Michael Schäfermeyer, »Zur Hörspielarbeit John Cages«, in: Musik-Konzepte, Sonderband John Cage II, München 1990, S. 158.
22 Ebd., S. 163.

Bild 12
Karl Heinz Hödicke »Ferne Küsten oder
Über dem Horizont, Sirene 1«, 1981

Von Greifswald nach Italien

ein Spiel der Möglichkeiten, der möglichen Kombinationen, Hin-und-Her-Verweise, Antizipationen und Erinnerungen: Diese entstehen also im Bewusstsein des Hörers, setzen sich erst in seiner Phantasie zusammen.

Wie sehr auch immer Cage Natur, darunter auch die soziale, in sein Werk einlässt, so geschieht dies nicht »naturhaft«, sondern im Sinne eines Artefakts: der Disziplinierung des komplexen Natur-Materials durch eine doppelte Kontrolle, die der Zufall-Selektion und die der Uhrzeit-Begrenzung. Der formale Flickenteppich und der chaotische »Musicircus«, die so entstehen, sind keine Naturereignisse, sondern Bewusstseinsvorgänge, in deren Verlauf die Fantasie des Zuhörers die ihm vorgegebene Ordnung allenfalls in neue subjektive Zusammenhänge auf- und einzuteilen vermag.

Roaratorio von Cage: eine Reise im verknäuelten Zwischenland von Kunst und Leben, von Fantasie und Wirklichkeit – ein artistisches Spiel um den utopischen Vorschein, ohne den das Leben so aussehen würde wie die Hades-Reise, in die Holliger uns führte.

5 Ankunft bei den Sirenen

5.1 Ferne Küsten

Der Berliner Maler Karl Heinz Hödicke hat zwar eine Reihe großer Südostasienreisen unternommen, so nach Indien, wo ihn die hinduistische und buddhistische Kunst und Kultur inspirierte, aber er braucht keine reale Reise in den Süden, um bei den Sirenen, im Mythos anzukommen. Hödicke wählt den Mythos der Sirenen, nach dem diese, am Felsgestade hockend, durch ihren Gesang die vorbeifahrenden Seefahrer verlocken und ins Verderben reißen. Am berühmtesten ist die Episode aus der *Odyssee*, in der Odysseus durch eine List der Gefahr widerstehen kann: Er lässt den Gefährten die Ohren verstopfen, sich selbst aber an einen Schiffsmast anbinden, um so der Versuchung zu entgehen, den betörenden Gesängen der Sirenen zu erliegen.

Dieser Mythos ist in der Moderne immer wieder bearbeitet worden, sei es musikalisch – zum Beispiel in Rolf Riehms *Das Schweigen der Sirenen* (s. weiter unten) –, literarisch – in Franz Kafkas Erzählung *Das Schweigen der Sirenen* – oder theoretisch – Adorno/Horkheimer in der *Dialektik der Aufklärung*, Kluge/Negt in *Geschichte und Eigensinn*. Hödicke sucht den Mythos zu aktualisieren. In seinem Bild *Ferne Küsten* oder *Über*

Bild 14
Karl Heinz Hödicke
»Sirenengesang«, 1982

Bild 13
Karl Heinz Hödicke, »Hand aufs Herz das Auge hört mehr als es sieht«, 1984

dem Horizont. Sirene 1 von 1981 ▶ **Bild 12** hockt ein Sirenenpaar als Wächter in großer Höhe über einer Meeresenge, mit der Schräge ihrer geflügelten Körper ein Tor bildend. Es ist ein monumentales Bild von 2,30 m Höhe. Mit ihren Köpfen überragen sie den Horizont, ja die Kopfsträhnen der rechten Sirene verschmelzen mit dem Blau des Himmels. Hödicke hat die Verführungskraft dieser Sirene in ihre Leiblichkeit, in ihre erotische Ausstrahlung verlegt, derart das musikalische Motiv des Gesangs in das Visuelle des Bildes überführend. Es scheint ein Wechselspiel des Begehrens zwischen den beiden Sirenen zu bestehen: Die linke dunkelfarbige, aus einem nächtlichen Bereich stammende, nur von der Seite sichtbare und mit den Flügeln wie ein Schutzpanzer gewappnete, blickt begehrend auf den nackten, rosafarbenen Körper der rechten weiblichen, die, den Kopf zur Seite gedreht, die Augen geschlossen hält, wie in sich hineinhorchend bzw. der Stimme des Gegenüber lauschend.

Odysseus taucht bei Hödicke nicht auf. Das weite, grünfarbige Meer bleibt leer. Die linke Sirene (eine männliche?) scheint stellvertretend seinen Part zu übernehmen. Die Aktualisierung könnte meinen: Das mythisierende Bild der Frau, die auf körperliche Schönheit, Jugendlichkeit und Natur festgelegt wird, ist immer auch Projektionsfläche männlichen Begehrens. Der (männliche) Betrachter hat den Status des Betrachtens, des

Sehens und Wahrnehmens, die Frau den des Angesehenwerdens, sie ist Bild. So ist das eigentliche Thema die Verführbarkeit durch die Bilder ihre sinnliche Ausstrahlungskraft. Diese eher skeptische Sicht kann aber auch eine eher positive enthalten – den Glauben an die Macht der Bilder. Das Bild des Sirenen-Mythos ist auch eine Bearbeitung über die Möglichkeiten von Malerei. Die Kraft des Mythos wird beschworen, um die Kraft der Malerei zu beschwören, wobei letztere die Kraft der Musik in sich aufnehmen möchte. In einer konzeptionellen Zeichnung ▸ **Bild 13** vereint Hödicke Auge, Ohr, Hand und Herz und schreibt dazu: »Hand aufs Herz das Auge hört mehr als es sieht«. Die Ohren sind ähnlich wie zwei Herzen geformt, die Hand des Malers ruht auf dem Herzen, und er sieht und hört mit dem Herzen. Hödicke möchte die emotionale Ausdruckskraft der Musik mit in seine Bilder hineinnehmen; diese sollen nicht nur das Auge ergötzen, sollen auch emotional packen. Die erinnerte Kraft des Mythos soll dabei helfen. Man könnte auch umgekehrt sagen, dass er die Malerei für ebenso wirkungsmächtig hält wie die Musik, wie den Gesang: Das Auge sieht nicht nur, sondern es hört auch. Diesen Zusammenhang spricht die Zeichnung an, aber auch andere, die den Sirenen-Mythos behandeln. In einer *Sirenengesang*-Zeichnung von 1982 ▸ **Bild 14** hockt eine mächtige Sirene auf einem Felsblock und schaut in die gleiche Richtung wie die Boote der Griechen, deren Bugs in einem Vogelkopf enden. Die beiden Sirenen tragen Helme mit Ohrenklappen – schützen sie sich vor ihrem eigenen Gesang? Die Gefährlichkeit der Sirenen rührt eher aus ihrem Blick und Anblick, wie ihrer dominanten Position – wieder überragt die Hauptsirene den Horizont, scheint mit den Gestirnen im Bunde. Die in der Tiefe vorbeirudernden Griechen schielen zu ihnen hinauf, kein Odysseus ist am Mast angebunden.

Hödickes Reisen sind symbolische in das Innere von Malerei. Beim Umgang mit dem Material der Malerei, der Farbe, entstehen die Bilder. Das Bild der Sirenen beschwört die Macht der Malerei und der Kunst. Der in der Moderne ins Schwanken gekommene Status des Bildes soll durch eine Fahrt zu den »Müttern« wieder aufgerichtet werden. Diesem Glauben an den Mythos steht die Skepsis eines Rolf Riehm gegenüber, der sich seinerseits auf die Skepsis Franz Kafkas und dessen Sicht des Sirenen-Mythos stützt.

5.2 Das Brüllen der Stille
Franz Kafkas Sirenen-Erzählung ist Mittelpunkt bzw. Achse der Text-Montage, die Riehm vornimmt. Allerdings wird der Text nicht vollständig, eher in sparsamen Ausschnitten präsen-

tiert. In die Auszüge von Kafkas Text montiert Riehm andere Texte unterschiedlichster Herkunft ein, relativiert ihn damit ein weiteres Mal, wie er ihn andererseits damit auch neu deutet. Das Ganze ist eine durch und durch heterogene Mischung von Textfetzen, die aneinandergereiht oder mit den originären oder verformten Fetzen aus dem Kafka-Text verwoben und verschachtelt werden; einiges wird simultan übereinandergeschichtet. Was von Norbert Rath mit Bezug auf Kafkas Fassung gesagt wird, dass Kafka eine Art Text-Puzzle arrangiert und den Mythos insofern einem variativen Deutungsprozess unterlegt, als er in diesem Puzzle »eine Amalgamierung von mythischen und alltäglich-modernen Erfahrungspotentialen zur Verfremdung und Aufhellung beider« ▸23 betreibt, gilt a fortiori für Riehm, der die Mischung noch bunter und riskanter gestaltet. Seine Montage scheut nicht vor dem, was Benjamin »Lumpen« und »Abfall« nennt, zurück; die Konkretion und Aktualität seiner Entmythologisierung erfordern die Konfrontation mit dem alltäglich Banalen. »Verfremdung« und »Aufhellung« sind die komplementären Antriebsfedern des Vorgehens, komplementär spiegeln sie den Mythos in/an der Gegenwart, die Gegenwart im/am Mythos. Klanglich wird immer wieder eine Reise, eine Passage im mittelmeerischen Raum assoziiert.

Das Stück beginnt und schließt mit einem Kafka-Fragment. Zu Beginn spricht der Sopran ohne instrumentales Accompagnato einen Satz aus der zweiten Hälfte des Textes (Riehm schreibt vor: »rasend schnell«, »auf einem Atem«, »extrem hoch«, mit einer »›Mickey-Mouse‹-Stimme«): *Bald aber glitt alles an seinen in die Ferne gerichteten Blicken ab, die Sirenen verschwanden förmlich vor seiner Entschlossenheit, und gerade als er ihnen am nächsten war, wußte er nichts mehr von ihnen.*« Riehm hat diesen 10-Sekunden-Anfang eine »Anakrousis« genannt, mit dem Begriff also, mit dem man die Einleitungen des antiken Theaters bezeichnete – eine ironisierende Parallelisierung, da die Kürze die Verkürzung = das Verschwinden, der groteske Tonfall die Bedeutungslosigkeit des Mythos symbolisiert.

Der gehörte Satz enthält nicht nur eine von mehreren auseinander hervorgehenden Deutungen des Mythos durch Kafka, sondern ist gewissermaßen auch ein Paradigma von Kafkas »Mythosberichtigung« ▸24 bzw. »Mythosaktualisierung«, wie es, gerade als sprachliche Ouvertüre oder Motto der Komposition, wohl auch der Riehmsche ist.

Von Greifswald nach Italien

Überleben, triumphieren die Sirenen bei Hödicke, so bleiben sie bei Riehm auf der Strecke. Dies ist kein Einverständnis mit dem Verlust, eher schon mit der Relativierung. Realistisch wird die moderne mythenlose bzw. -fremde Situation registriert.

Riehm erinnert an den Kern des Mythos, an die mythische Warnung vor Unheil und Unheilsbotinnen, zeigt aber, dass der Mythos – in einer erinnerungs- und perspektivlosen Zeit – seine Wirkung verloren hat, allenfalls noch ironisch oder grotesk zitiert wird. Vergeblichkeit des Mythos heißt kompositorisch bei Riehm konkret: Vergeblichkeit des Sirenen-Gesangs; diese wird gegen die Vergeblichkeit ihres Schweigens, als Zeichen ihres Verschwindens, eingetauscht. Es ist ein plastischer Einfall des Komponisten, dass er gerade diese Abwesenheit von Gesang mit laut dröhnender Musik ausgedrückt hat, mit einem langen, rein instrumental-orchestralen Abschnitt negativ gespiegelt hat.

Denn wenn Riehm von Anfang an nach musikalischen Entsprechungen für das universal gewordene Tauschprinzip, für die universale Entfremdung sucht, wenn die Konkretion solcher Abbildhaftigkeit sein eigentliches kompositorisches Thema ist, erweitert durch gegenläufige Abbildfähigkeit, durch falsche Widerspiegelungen, dann ist auch klar, dass dies am deutlichsten an der Stelle zu Tage treten muss, wo auch bei Kafka der Kern des Mythos ins Visier genommen wird, wo er den Gesang der Sirenen gegen ihr Schweigen eintauscht. Die Komposition tut dies eben mit der schon erwähnten Paradoxie: mit der vollendeten Gegenläufigkeit des mit »Der Gesang der Sirenen« überschriebenen letzten Großabschnitts der Komposition zum eigentlichen Werktitel *Das Schweigen der Sirenen*. Die laut aufbrüllende und geradezu stampfende Orchesterstruktur signalisiert, mit der totalen Abwesenheit von Gesang, auch die totale Ohnmacht mythischer, d.h. letztlich naturhafter, sinnenhafter, leibhafter Mahnung, Erfahrung und Erinnerung.

Hören: Rolf Riehm, Das Schweigen der Sirenen, Orchesterstruktur, in Partitur: Zr. 26 – Zr. 45 inkl. (eingeleitet durch Zr. 25 »Sie wollten nicht mehr verführen«) (s. Passagen-Buch, KB I, 1)

---

23 Norbert Rath, »Mythos-Auflösung. Kafkas ›Das Schweigen der Sirenen‹«, in: Christa Bürger (Hg.), »Zerstörung, Rettung des Mythos durch Licht«, Frankfurt a. M. 1986, S. 90.
24 Ebd., S. 89 f.

Zukunft und Erinnerung

Vom kompositorischen Verfahren her zeigt sich der ganze Abschnitt, der im Gegensatz zu allen anderen des Werkes geradezu geschlossen wirkt, als Montage-Konstruktion: Erinnert wird an Zitate aus Orchestermusik der frühen Avantgarde, insbesondere an Stellen aus Strawinskijs *Le Sacre du Printemps*. Zusätzlich sind die aneinandergereihten verschiedenen Strukturen ebenfalls immanent, jede für sich und in sich, aus unterschiedlichen Schichten zusammengebaut; die Unterschiedlichkeit erwächst aus der Variation oder allmählichen Verwandlung der jeweils zugrunde gelegten motivischen Bausteine.

Es gibt heute eine Reihe hervorragender Studien zu Kafkas Erzählung. Dabei ist es erstaunlich, dass die unserer Meinung nach gültigsten interpretatorischen Ansätze zu Kafka sich auch, über Kafka hinaus, auf Riehm anwenden oder übertragen lassen. Kategorien von Deleuze-Guattari wie »Demontage von Verkettungen« und »Demontage jeder transzendentalen Rechtfertigung«, ebenso Joseph Vogls Konzeption einer »Unterbrechung des Mythos«, nicht seiner »endgültigen Brechung«, erschließen auch Wesentliches von Riehms Werk. Am meisten von allen beeindruckt Norbert Raths Deutung, die sowohl in den Kern von Kafkas Erzählung als in den von Riehms Komposition zu stoßen scheint, so dass in folgendem Zitat Riehms Name durchaus an die Stelle von Kafkas Namen treten könnte: »Kafkas Mythenberichtigung zielt auf eine raffinierte Verwandlung des Mythischen ins Moderne und des Modernen ins Mythische. (...) Durch sein Ineinanderschieben von Mythischem und Gegenwärtigem erreicht Kafka zweierlei: den neuen und fremden Blick aufs Alltägliche, dessen archaische Dimension plötzlich sichtbar wird, und den Gegenwartsblick auf die uns nur noch durch die Sage bekannte Welt. Die Verfremdungswirkung geht in beide Richtungen.« ▶25

Riehm selbst hat im Gespräch bekannt, wie sehr ihn an Kafka gerade dieses Moment des Ineinanderschiebens verschiedener Dimensionen fasziniere, dies wahrscheinlich deshalb, weil Kafka damit die gegenwärtig quasi universal gewordene Simulacrum-Idee vorausgenommen habe: Heute wirke sich fast schon totalitär eine »Kunst« oder Technik der Vertauschung aus, die sozusagen »am laufenden Meter« Ersatzhandlungen produziere, in denen nie das eigentlich oder wahrhaft Gemeinte, sondern immer etwas anderes zum Vorschein käme. Die Weltsicht, die sich hinter solcher Auffassung verbirgt, ist nicht die eines verbitterten und resignierten Linken, sondern eines illusionslosen Realisten, der sich immer noch zur Moderne bekennt, aber sieht, wie im ständigen Wettstreit der Fiktion mit der Realität allmählich letztere auf der Strecke

Von Greifswald nach Italien

bleibt und damit auch der Mythos seine alte Kraft, die Realität zu deuten, verliert und zum bedeutungslosen »Scheinvorgang« verkommt. Es geht schon lange nicht mehr um die Rettung der Realität, allenfalls darum, für sie einen Ausweg zu finden. Auf solchem Hintergrund möchten wir Riehms Orchesterstück *Das Schweigen der Sirenen* als Auseinandersetzung mit der Moderne verstehen, als eine Parabel über diese Moderne im Sinne eines unvollendet-unvollendbaren Projekts, als kritisch-ironisch-bissig-traurig-realistischen Kommentar zu ihrem gegenwärtigen Zustand.

6 Kein Ithaka, keine Heimat, kein Ende

6.1 Nostalghia
Andrej Tarkowskij, Stalker und Nostalghia – der Weg als Suche
Das Thema von Wanderung, Bewegung, Raum und Zeit möchten wir abschließend anhand von zwei Filmen des russischen Regisseurs Andrej Tarkowskij und einer Tarkowskij gewidmeten Komposition von Luigi Nono behandeln. Bei den Filmen möchten wir uns auf die Aspekte beschränken, in denen die genannten Vorstellungen besonders klar zu verdeutlichen sind.

Der 1978 gedrehte, 1979 fertiggestellte Film *Stalker* dreht sich um eine geheimnisvolle Zone. Das Ziel der drei Menschen, die sich in diesem Film auf die Reise in die Zone machen – der Führer (Stalker), ein Schriftsteller und ein Wissenschaftler
▶ **Bild 15** –, ist es, ein geheimnisvolles Zimmer zu finden, in dem sich ihre geheimsten Wünsche erfüllen. Das Betreten dieses Zimmers ist insofern gefährlich, als nicht die vermeintlichen, bewussten, sondern die wirklichen, geheimsten Wünsche erfüllt werden. Der labyrinthische Irrgang durch die Zone ist dabei ein Irrgang durch die Bereiche menschlichen Wissens und Glaubens, im Sinne einer Melancholie-Haltung, die über die Grenzen von Natur, Geschichte, Wissenschaft und Kunst reflektiert. Der Aspekt der Wanderung ist im Film besonders prägnant umsetzbar, da es sich um eine Zeit-Kunst handelt.

Tarkowskij sieht das Außergewöhnliche in der Kunstform des Films darin, »daß der Mensch zum ersten Mal in der Geschichte der Kunst und Kultur eine Möglichkeit gefunden

---

25 Ebd., S. 91 f.

Bild 15
Andrej Tarkowskij, »Stalker«, Fahrt auf der Draisine: der Schriftsteller, der Wissenschaftler, Stalker

hatte, die Zeit unmittelbar festzuhalten und sich diese zugleich so oft wiederholen zu können, also zu ihr zurückzukehren, wie ihm das in den Sinn kommt. Der Mensch erhielt damit eine Matrix der realen Zeit.«▶26 Die Zeit wird im Film »zur Grundlage aller Grundlagen. So ähnlich wie das in der Musik der Ton, in der Malerei die Farbe oder im Drama der Charakter ist.« In den filmischen Einstellungen wird Zeit gleichsam festgehalten und in der Auswahl und Zusammenstellung des Films kondensiert. Auf diesen Zeitfaktor in den Einstellungen kommt es Tarkowskij vor allem an: »Ich habe sozusagen die Vorstellung, daß die Zeit in der Einstellung unabhängig und mit eigener Würde ablaufen muß.«▶27

Der Film gliedert sich in fünf Hauptteile. Der erste umfasst den Aufbruch in die Zone, gefolgt von der wichtigen Sequenz der Draisinenfahrt▶**Bild 16**, die wir hier als einzige besprechen möchten. Die Einstellung (38–43) mit der Fahrt auf der Draisine im Übergang durch das Niemandsland in die Zone – vom ersten zum zweiten Filmteil – ist eine der längsten des ganzen Films. Sie bildet den Gegenpol zu den kreisenden Bewegungsformen in der Zone: Circa drei Minuten lang fährt das Schienenbehelfsfahrzeug mit Stalker, dem Professor und dem Schriftsteller auf schnurgerader Strecke durch eine einsame Landschaft. Die Kamera ist auf oder neben dem Fahrzeug montiert, so dass der Eindruck entsteht, der Zuschauer fahre mit. Andererseits distanziert die Kamera auch. Man sieht die drei Männer im Profil und vom Rücken her, die Kamera »blickt« also in Richtung der Männer und über sie hinweg in die Raumtiefe. Die sparsamen Kopfbewegungen gleichen dem Pendel einer Uhr, nach rechts und links ausschlagend. Ansonsten zieht eine nur wenig strukturierte Baumlandschaft am Auge des Betrachters vorbei. Das Entscheidende ist jedoch der Einsatz des Tones: Man hört während der ganzen Zeit das unentwegte rhythmische Rattern der Räder, wenn sie über die Kanten der Schienen schlagen, gegen Schluss von sparsamen peitschenden Klängen einer metallischen Musik durchsetzt. Es entsteht ein ganz gleichmäßiger Zweierrhythmus,

---

26 Andrej Tarkowskij, »Die versiegelte Zeit. Gedanken zur Kunst, zur Ästhetik und Poetik des Films«, Leipzig und Weimar 1989, S. 67 f.
27 Ebd., S. 69, 134 f., 71, 137

der sich endlos wiederholt und in dieser Wiederholung, in Verbindung mit der gleichbleibenden Einstellung der Kamera, den Eindruck der Monotonie, ja des ewig Gleichbleibenden vermittelt. Auch der subjektive Eindruck von Länge (neben der faktischen) wird dadurch noch unterstrichen und zugleich die Diskrepanz zwischen »normaler« Industrielandschaft (vom Beginn des Films) und der Zone hervorgehoben. Die Monotonie und Dehnung des Raumes erzeugen das Gefühl, sich – über dem Abgrund des Niemandslandes – einem ganz und gar anderen Bereich zu nähern, in dem andere Gesetze als in der Welt herrschen, aus der sie kommen. Dazu trägt sicherlich auch der Farbkontrast bei: Aus einer Schwarz-Weiß-Landschaft fahren die drei in die Farblandschaft der Zone. Bestürzend wirkt das unvermittelte Anhalten des Gefährts, die enorme und plötzliche akustische Stille wie Unbewegtheit der Dreiergruppe, die in die Zone starrt, von der man zunächst vor allem die halb verfallenen, an riesengroße Kreuze erinnernden Telefonmasten wahrnimmt.

Realzeit und ästhetische Zeit fallen in diesem Abschnitt zusammen. Durch den Rhythmus als Gliederung dieses Zeitflusses wird die Wahrnehmung des Betrachters bis zum Äußersten gespannt. Monotonie, Anspannung und Konzentration gehen eine Symbiose ein. Die Realbewegung der Draisine ist zwar linear, aber durch die Drehbewegungen der Köpfe entstehen auch immer wieder Rückblicke: Man schaut als Zuschauer in die gleiche Richtung und erlebt psychisch eine, real nicht vorhandene, Verlangsamung der Bewegung, ja insgesamt einen eigentümlichen Schwebezustand, so als ob die Zeit, trotz Bewegung, aufgehoben sei, wozu sicherlich die Klänge der Musik beitragen.

Bild 16

Andrej Tarkowskij, »Stalker«, Fahrt auf der Draisine: Ankunft in der Zone

Von Greifswald nach Italien

Wir springen zu einem zweiten Film Tarkowskijs, in dem die Erfahrung von Zeit gerade durch die langen Kameraeinstellungen sicherlich verwandt zu der des *Stalker* ist. Es handelt sich um den in Italien 1982/83 entstandenen Film *Nostalghia*. Im Lauf der Dreharbeiten kam es zum Bruch mit der Sowjetunion, die ihm den Auslandsaufenthalt nicht verlängern wollte. Der Film trägt zum Teil autobiographische Züge. Die Zentralfigur des Films, ein Dichter, kommt aus Russland und trägt den gleichen Vornamen wie Tarkowskij: Andrej. Zusätzlich wird im Film in einer Episode von den Gedichten Arsenij Tarkowskijs gesprochen – das ist sein Vater, der Dichter. Vergleichbar ist aber vor allem das Exil-Schicksal: Am 25. Mai 1985 notiert er sich in Rom in sein Tagebuch: »Ein ganz schlimmer Tag. Schwere Gedanken ... Angst ... Ich bin verloren ... Ich kann in Rußland nicht mehr leben und auch hier nicht ...« ▸28 Der Film erzählt von dem Versuch, Russland und Italien, Ost- und West(Süd)europa, die kulturelle Peripherie und das Zentrum zusammenzubinden und im Rückblick auf die Vergangenheit ein authentisches Menschenbild für die Gegenwart zu retten. Die Geschichte: Der russische Dichter Andrej Gortschakow kommt nach Italien auf den Spuren eines russischen Komponisten, der zu Beginn des 19. Jahrhunderts in Italien lebte, sich gleichwohl in Italien nach Russland sehnte und nach der Rückkehr enttäuscht von der Realität daselbst starb. Diese Spannung zwischen Hiersein und dem erinnerten Verlust der Heimat bestimmt den Film. Eugenia, eine junge Italienerin, dient ihm als Führerin in dem ihm fremden Land. Er ist auf der Suche – wonach? Frau und Kind hat er in Russland verlassen und sucht in den Ruinen eines halbverlassenen Bergdorfes nach Spuren eines verlorenen Glaubens, einer geistigen Einheit Europas, nach sich selbst. Selbst Außenseiter, findet er einen Geistesverwandten in einem gesellschaftlich Geächteten: Domenico, der seine Familie sieben Jahre in seinem Haus verschlossen hielt, um sie vor dem Unheil der Welt zu bewahren. Es ist eine Welt, in der nichts mehr zusammenstimmt: Die ländliche Idylle Russlands treibt ihn zu den Quellen europäischer Kultur, nach Italien, aber die Bilder Russlands und Italiens sind nicht zusammenzubringen, und wenn, nur im Traum. Nur im Traumbild gelingt es Andrej, das Bild der beiden Frauen – seiner Frau in Russland und der Italienerin – zusammenzubinden, sie in einer zärtlichen Geste der Verbundenheit und Nähe zu vereinen.

---

28 Andrej Tarkowskij, »Martyrolog. Tagebücher 1970–1986«, Frankfurt a. M., Berlin 1989, Bd. 1, S. 101.

Zukunft und Erinnerung

Der Dichter lebt allein in seiner Gedankenwelt und träumt von einer seelischen Wärme, für die das wohl gehütete Kerzenlicht als Symbol steht. Dem Grübler Andrej steht Domenico gegenüber, der am Rande des Dorfes in einer Ruine lebt und von einer befreienden Tat träumt, die die ganze Menschheit retten soll. Domenico sucht durch das persönliche Opfer der Selbstverbrennung in Rom die Menschheit zu einem neuen Glauben und zu einer neuen Verantwortung gegenüber der Welt zu bewegen (und scheitert), während der Dichter ein einsames Kerzenlicht durch ein abgelassenes Wasserbassin als Symbolik des Lebensweges zu tragen versucht – beim letzten Versuch gelingt ihm dies, aber auch nur um den Preis des eigenen Todes. Beide bleiben mit ihren Handlungen isoliert, allein.

Isolation, Zerfall, Verlassenheit, Fremdheit und Fremde sind die Stichworte einer Haltung der Sehnsucht (Nostalghia) und Melancholie, die im räumlich und zeitlich Fernen die Projektionen einer Vertrautheit findet, die im realen Leben nicht einlösbar sind.

Gliederndes Strukturmoment des Filmes sind die geträumten Schwarz-Weiß-Sequenzen der erinnerten Heimat mit dem Bauernhaus, den Frauen, den Kindern und Tieren ▸**Bild 17** im Gegensatz zu den farbigen Bildern Italiens mit ihrer üppigen Vegetation, den Regenschauern, den Lichtern, die sich in den prasselnden Wassertropfen vielfach brechen, dem Licht, das so intensiv zwischen den halbgeschlossenen Fenstern des Hotels hereinscheint. Die reale Reise von Russland nach Italien provoziert eine Zeitreise zurück in die Kindheit, in die erinnerte Welt der Familie. Die Erinnerungssequenzen tendieren zu stehenden Bildern, in denen die Zeitkunst Film zum stillen Bild in seiner Zeitlosigkeit mutiert. Die Bilder der Erinnerung sind in ein samtiges Schwarz-Weiß getaucht. Dagegen sind die farbigen Bilder Italiens gesetzt, deren Schönheit Andreij zwar wahrnimmt, mit der er aber nichts zu tun haben will. Gleich zu Beginn des Films sagt er auf russisch: »Ich will mit eurer Schönheit nichts zu tun haben; ich will allein sein.« Die Schönheit Italiens und seiner Bewohner verweist zudem auf die Vergangenheit zurück: auf Frauenbilder Piero della Francescas beispielsweise. Gegen die Schönheit ist der Schmerz der Trennung, die Ahnung des Todes gesetzt: Der schwarz-weiße Vorspann mit der Erinnerung an Russland ist mit Sequenzen aus Verdis *Requiem* unterlegt. Den Film durchsetzen Erinnerungsbilder, und auch die aktuellen Bilder Italiens gewinnen eine verwandte zeitliche Tiefendimension, so wenn die Zisterzienserabtei in San Gargano als Ruine erscheint, durch die der Dichter schreitet. In dem streng und symmetrisch strukturierten Film läuft alles auf die Schlusssequenz zu. In Tarkowskijs Tagebuch werden die Elemente der Filmmontage des Schlusses in Stichworten genannt: »Die Kerze. Die Durchquerungen mit der Kerze; Tod Gortschakows; das ländliche Haus Gortschakows im Kirchenschiff. ZTM, Klagelieder, russisches Lied. Verdi.«▸**29** Das heißt, in diesem Schlussbild ▸**Bild 18** treten die im Filmverlauf getrennten Elemente zu einem Bild zusammen. Gortschakow lagert mit einem Hund in einer gotischen Kirchenruine, in der aber auch sein russisches Elternhaus erscheint. In erstaunlicher Weise sind es die Motive, aus denen auch Caspar David Friedrich ein fiktives Bild seiner ideellen Heimat baute. Waren es dessen getrennte Lebensorte von Schlesien bis an die Ostseeküste, so bei Tarkowskij die Russlands und Italiens. In diesem letzten Bild des Films entfernt sich die Kamera im Zeitlupentempo von dem Dichter, der regungslos vor dem Wassertümpel lagert. Das Bild wird zum stehenden Bild, in dem die Zeit als verlaufende, als in Vergangenheit und Zukunft gespaltene aufgehoben ist zugunsten einer Jetztzeit, in der beides sich vereint: Dies kann aber nicht mehr in der Realität sich ereignen, sondern nur noch in einem Sehnsuchtsbild. In der Aufhebung von Zeit manifestiert sich nach Tarkowskij die letzte, überzeitliche Bestimmung des Menschen: »Das Bewußtsein der Realität der Zeit ist der evidenteste, exakteste und unwiderleg-

Bild 17
Andrej Tarkowskij, »Nostalghia«
Erinnerung an das russische Elternhaus

Bild 18
Andrej Tarkowskij, »Nostalghia«
Schlusssequenz: San Gargano und das Bild des russischen Elternhauses

Zukunft und Erinnerung

Wanderer, deine Spuren
sind der Weg, sonst nichts;
Wanderer, es gibt keinen Weg,
Weg entsteht im Gehen.
Im Gehen entsteht der Weg,
und schaust du zurück
siehst du den Pfad,
den du nie mehr betreten kannst.
Wanderer, es gibt keinen Weg,
nur eine Kielspur im Meer.

Antonio Machado, aus : Poesias completas, Madrid 1963;
deutsch: Klaus Kropfinger, Luigi Nono: Wege, nicht Werke, S. 64.

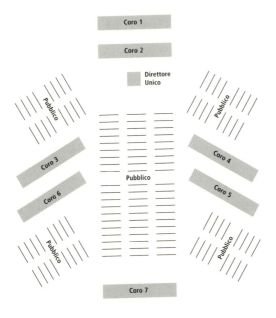

Besetzung der Instrumentalgruppen

Coro 1: 1. Pos, 2. Pos, 3. Pos, Pauken, Gr. Trommel
Coro 2: 7 Vn I, 7 Vn II, 6 Br, 7 Vc, 6 Kb
Coro 3: 1. Vn I Solo, 1. Fl (auch Picc.Fl.), 1. Tr. in C, 2 Bongos (h, m)
Coro 4: 1. Vn II Solo, 1. Klar in B (auch kl. Klar in Es), 2. Tr in C, 2 Bongos (h–m, t)
Coro 5: 2. Vn I Solo, 2. Fl, 3. Tr in C, 2 Bongos (m, t)
Coro 6: 2. Vn II Solo, 2. Klar in B, 4. Tr in C, 2 Bongos (m–t, t)
Coro 7: Pauken, Gr. Trommel, Br Solo, Vc Solo, Kb Solo, 4. Pos
insgesamt 27 solistische Spieler (verteilt auf Cori 1, 3–7),
33 »Tutti«-Spieler (nur Streicher, alle in Coro 2)

Von Greifswald nach Italien

barste Beweis für die überzeitliche Natur unseres Ichs. Zeit kann nicht beobachtet und verstanden werden durch etwas, das selbst nur zeitlich wäre.« Phänomene wie das Bewusstsein und das Gedächtnis setzen die »Überzeitlichkeit dessen voraus, der der Zeit eingedenk ist«. ▶30 Insofern ist das Schlussbild ein stillgestelltes Denkbild im Sinne Walter Benjamins, das Zeit dokumentiert und in dem zugleich Zeit aufgehoben ist, ein Dokument der Gleichzeitigkeit des Ungleichzeitigen.

6.2 Hay que caminar

Dass Luigi Nono sein Orchesterstück *No hay caminos, hay que caminar ...* Andrej Tarkowskij gewidmet hat, ist weniger ein Zeichen großer Verehrung als es eines der Identifikation ist. Beide sind insofern »Brüder im Geiste«, als sie nicht nur inhaltlich in der gleichen »Nostalghia« nach Unendlichkeit übereinstimmen, sondern auch formal in der Art sich gleichen, wie in ihren Werken Zeit in den Raum zurückfällt. Bei beiden Künstlern schlägt die Rezeption des Raumklangs von einer Außen- in eine Innenerfahrung um, in die Erfahrung eines musikalischen bzw. visuellen Raums oder Hör- bzw. Seh-Raums, in dem radikale Subjektivität alle beengenden Grenzen aufzuheben sucht und in dem Zukunft nicht ohne historisches Bewusstsein in Gang gesetzt wird.

6.2.1 Einige allgemeine Voraussetzungen

Nonos Orchesterwerk ist für sieben Instrumentalgruppen geschrieben, in der Art etwa, wie in seiner geliebten venezianischen Tradition Giovanni Gabrieli und Claudio Monteverdi Musik mit »cori spezzati« (wörtlich: »getrennte Chöre«) für San Marco geschrieben haben. (S. nebenstehende Dispositionsgrafik zur Aufstellung der Chöre im Raum sowie den Besetzungsplan der sieben »Cori«; das abgedruckte Gedicht von Antonio Machado kann als eine Art Motto der Komposition gelten.)

Zunächst und am deutlichsten entsprechen sich von der Besetzung her die solistischen (in einem breitformatigen Raum-Rechteck angeordneten) Cori 3–6, und zwar, der Aufstellung im Raum gemäß, kreuzweise: Coro 3 und Coro 5 sowie Coro 6 und Coro 4. Sodann die beiden Cori 1 und 7, die, in der Längsrichtung des Raumes, die am weitesten auseinanderliegenden Pole bilden.

---

29 Ebd., S. 84.
30 Ebd., S. 120 (17. August 1983).

Eine Ausnahme bildet Coro 2, der, als Streicher-»Tutti«-Gruppe, den Rahmen der anderen, rein solistisch besetzten Cori sprengt; diese Andersartigkeit wird noch verstärkt, wenn Coro 1 sich mit ihm verbindet und so aus beiden eine Art »Hauptorchester« entsteht, vor dem sinnfälligerweise denn auch der Dirigent (Direttore Unico) plaziert ist.

Der Hauptteil des Publikums im Zentrum des Raumes wird von den Instrumentalgruppen eingerahmt; vier kleinere Publikumsgruppen schließen an die Außenseiten der vier mittleren Instrumental-Cori 3–6 an und sind in ihrer Sitzrichtung schräg auf Cori 1 und 2 und den vor diese plazierten Dirigenten hin aufgebaut.

Das Ganze ist ein Stück über einen Ton, über den Ton G, der klanglich im ständigen Wechsel zwischen reinem oder »diffus« aufgebrochenem G schillert; »diffus« aufgebrochen meint: geringfügig, mikrotonal erhöht und/oder erniedrigt, das heißt konkret: um einen Viertelton, einen Halbton oder einen Dreiviertelton, meist in einer Mischung von (unterschiedlich) erhöhten und erniedrigten Klängen.

No hay caminos, hay que caminar ist insofern ein extremes Werk, als Nono die musikalische Wahrnehmung von Grund auf verändert: Er verdichtet sie radikal auf Ein-Ton-Strukturen und -Prozesse hin. So wird das Ohr von nichts abgelenkt, von keiner motivisch-intervallischen Konstruktion, von keiner melodisch-harmonischen Entfaltung, es bleibt allein dem »Abenteuer« rhythmischer, klangfarblicher, dynamischer und räumlicher Veränderungen dieses einen Klanges verpflichtet.

Des weiteren: Die Partitur präsentiert ein von Zäsuren geradezu übersätes Notenbild, ein in unzählbar viele Fragmente aufgesplittertes Stück. Und auch beim Hören erstellt sich ein Zeit-Gefüge, das durchlöchert ist: diskontinuierliche, unterbrochene, zerrissene Zeit.

Und die Addition solcher Zeitfragmente wirkt, sicher auch durch die räumliche Aufstellung der sieben Cori unterstützt, als architektonische Konfiguration, schlägt also in die Wahrnehmung räumlicher Dimensionen um: Die Raumzeit, die aus dem Zeitraum entsteht und mit ihm zu konvergieren scheint, ist die der Suchwege, auf die der Hörer geführt wird und auf denen ein konkretes räumliches Ziel, ein Endpunkt, nicht sichtbar, nur eine grundsätzliche Gerichtetheit in der Bewegung des steten »caminar« erkennbar werden.

Von Greifswald nach Italien

Die Tempo-Gestaltung wirkt sich kaum auf die Zäsurierung aus, vor allem nicht auf die des Hörens, da die extreme Zerklüftung der musikalischen Struktur das innere Gefühl für häufig wechselnde Tempi und eventuell von ihnen ausgelöste formale Einschnitte verloren gehen lässt. Auch die Konfrontationen extremer Dynamik-Unterschiede zwischen drei- bis fünffachem forte und piano schaffen weniger ein Gefühl von stringenter Strukturierung und formaler Ordnung, als dass sie diese aufsprengen, den Hörer in unvermutete und unberechenbare, oft erschreckende Konvulsionen und Ekstasen stürzen, ihn somit aus der Erwartung von Symmetrien oder irgendwelchen Bezügen oder Hierarchien befreien.

Erst der Schluss, den wir noch hören werden, schafft Entsprechungen zu voraus Gehörtem, so als wollte der Komponist Bruchstücke von Bekanntem zurückrufen, Erinnerungssplitter aufsammeln.

Am deutlichsten ergibt sich eine innere Strukturierung des Werkes über die Cori-Verteilung, damit nicht nur über die klangfarblichen Konstellationen, die mit dem Cori-Wechsel sich erstellen – Gegensätze und Mischungen bis zum Tutti aller Gruppen –, sondern vielmehr über die Raumklangdisposition oder -wanderung, die mit diesen Konstellationen einhergeht.

6.2.2 Zur Zeit-Dimension

Das Ergebnis sei nur angedeutet – es lässt sich leicht am gut achtminütigen Klangbeispiel überprüfen: Trotz langsamem Grundtempo fließt die Zeit in Nonos Stück nirgendwo »ruhig« oder, wenn sie es tut, dann allenfalls für Augenblicke, beispielsweise, wenn flächige Partien in einen regelmäßig gebauten »Dialog« miteinander treten. An sich ist die Zeiterfahrung des Stücks unruhig, irregulär, asymmetrisch, da Zeit hier immer wieder kraft extremer Gegensätze – insbesondere klangfarblicher und dynamischer Art – aufgesprengt wird oder ins Stocken gerät, erstarrt, dann wieder Kapriolen schlägt und geradezu explodiert. Von einem Zeitkontinuum im traditionellen Sinn kann hier keine Rede mehr sein: Die organisch-diskursive, linear-narrative Zeiterfahrung ist hinfällig geworden, Zeit ist durchlöchert, unterbrochen, zerrissen, und die Montage, das Zusammenbauen der Zeitsplitter, nimmt räumliche Qualitäten an, bildet räumliche Konfigurationen aus.

6.2.3 Zur Raum-Dimension

Die Konkretisierung der »cori spezzati«-Idee in *No hay caminos, hay que caminar* folgt nicht Giovanni Gabrielis Prinzip einer Hierarchisierung der Cori – und zwar hin auf einen den einzelnen Concertini gegenüberstehenden Prinzipalchor (mit Ritornellfunktion) –, auch wenn Coro 2 aus der Optik der anderen Gruppen insofern herausfällt, als er besetzungsmäßig eher ein Tutti-Chor ist; eine »primus inter pares«-Rolle fällt ihm in den Augenblicken zu, wo er sich mit Coro 1 zu einer Art »Hauptorchester« vereinigt.

Die »Mobilität des Klanges im Raum« ▸31 beruht auf einem relativ großen Gleichgewicht zwischen Bewegungen, die den Raum in seiner Längs- oder Vertikalachse ausdrücken (Verbindung der Cori 1, 2 und 7), und solchen, die eher das Zentrum durchwandern (das horizontale Rechteck der Cori 3, 4, 5 und 6); beide zusammen ergeben eine ausgeglichene Kreuzesform. Die zwei Konstellationen bilden natürlich polare Gegensätze, die so nur an einer Stelle sich stoßen, auch wenn die Konstellationen für sich jeweils öfters vorkommen. Das angesprochene Gleichgewicht der Bewegungen stellt sich dadurch her, dass sich die genannten Konstellationen durchmischen, häufig, indem der eine oder andere Coro aus den Konstellationen herausgebrochen wird oder indem die eine Konstellation einen Coro aus der anderen in sich aufnimmt. Es entstehen zahlreiche Möglichkeiten solcher Durchmischung bis hin zum Zusammenklang aller Cori (achtmal), auch zahlreiche Reduktionen bis hin zum Cori-Duett oder Einzelchor (viermal Coro 2 allein); nicht nur die Cori in ihren vollen Besetzungen werden in die Wanderprozesse hineingenommen, auch Einzelstimmen und -register aus ihnen werden »selektiert« und neu mit denen anderer Cori amalgamiert.

So baut sich ein dichtes und klanglich ständig wechselndes Netz von chorischen oder teilchorischen oder solistischen Klangbewegungen im Raum auf, denen das Hören unmöglich im einzelnen folgen kann. Es kommt von den Wegen ab, auf die es geführt wird, es verliert seine Zielstrebigkeit, übrig bleibt das Gehen in ein entgrenztes Weiter und Weiter.

Der geometrische Raum mit seinen Tonquellen als fixen Orten geht verloren zugunsten einer akustisch-klanglichen Mobilität, die sich – in einem gegebenen Raum – ihre eigenen Räume konstituiert; nur für den Schluss des Werkes scheint dies nicht zu gelten: An diesem Schluss bildet sich so etwas wie ein geometrischer Trichter, in den hinein das Stück sich auflöst – in einen zusammengesetzten Klang aus Coro 1 (Wirbel der Gro-

Von Greifswald nach Italien

ßen Trommel) und Coro 2 (ätherisches g'''' der 1. Violinen), der innerhalb von zwei Takten von ffff ins ppppppp verschwindet; dieser Klang liegt vor den Hörern, am vorderen Ende der Längsachse des Raumes, geöffnet in einen imaginären und entgrenzten Horizont jenseits der Stirnfront des Saales.

Dieses von innen her zu imaginierende »Ins Freie« des Stückes stellt eine leicht variierte Wiederholung einer zeitlich etwas vorausgehenden Stelle dar, mit der das Stück somit auch hätte enden können. Dass dem nicht so ist, liegt daran, dass Nono in den Coda-Raum zwischen dem ersten und letzten Auftreten dieser gleichen Musik noch Wichtiges einbringen wollte: hier kondensiert sich nicht nur, wie in einer Zusammenfassung, der räumliche Verlauf des ganzen Stückes zwischen umschließendem Tutti-Klang und inselartigen Haltestellen, die man, wie in einem Archipel, anfährt, sondern es sammeln sich, fast aneinander addiert, Erinnerungsfragmente aus dem im Verlauf des Stückes schon Gehörten. Warum Nono sein Stück so beendet, könnte mit dem zu tun haben, was Massimo Cacciari schon in Bezug auf das Stück *Das Atmende Klarsein* (von 1980/81) geschrieben hat: Wir »brechen ... aus ›ins Freie‹, ins Offenbare, wenn wir aus der Quelle der Mnemosyne trinken.« ▶32 Kein Aufbruch »ins Freie«, in die Zukunft, ohne Mnemosyne (Erinnerung) – Zukunft wäre die Erinnerung an ein früheres Glück, als Antrieb über das Jetzt hinaus –, es geht, in den Worten Cacciaris, um »das, was zusammen mit dem dauert, was sich wiederholt, das, was sich wiederholt zusammen mit dem Hereinbrechen des Nunc – das Verbleiben in der Dauer zusammen mit dem Willen, ›ins Freie‹ auszubrechen«. ▶33

Hören dieser Schlusssequenz
(s. Passagen-Buch, KB II, 7)

Die Analyse der Raum-Kategorie in einem so radikal verdichteten Werk, wie es Nonos letztes Orchesterstück ist, hat die Hinfälligkeit einer geometrisch-organischen Raumerfahrung gezeigt, d.h. das Aufgezehrtwerden ursprünglicher symme-

---

31 Jürg Stenzl, »Luigi Nono – nach dem 8. Mai 1990«, in: Otto Kolleritsch (Hg.), »Die Musik Luigi Nonos«, Graz 1991, S. 32.
32 Massimo Cacciari, »Das Atmende Klarsein«, Einführung, in: Jürg Stenzl (Hg.), Programmheft Luigi Nono in Köln, WDR 1990, S. 17.
33 Ebd., S. 18.

trisch architekturaler Dispositionen in den verschlungenen Klangwegen der Komposition und das Ausbrechen aus dem labyrinthischen Suchen in das Er-Hören anderer, letztlich innerer Räume hinein. Auch die organisch-diskursive, linear-narrative Zeiterfahrung ist hinfällig geworden, hatten wir festgehalten.

So haben wir insgesamt einen doppelten Umschlag nach innen, zunächst den der Zeiterfahrung, dann den der Erfahrung des Raums in die Projektion innerer Räume. Zeit und Raum fallen in sich zusammen, konvergieren in etwas Neuem, Anderem, was Nono – fast sprachlos – »andere Erden, andere Abgründe, andere Fantasien« nannte. An anderer Stelle: »Das Suchen ist unendlich viel wichtiger als das Finden.« Doch am Ende von *No hay caminos, hay que caminar* hat der Hörer nichts gefunden. Er ist mit dem Komponisten zusammen in Extrembereiche vorgestoßen, in Mikrobereiche des Klanges wie der räumlichen und zeitlichen Wahrnehmung von Musik, er erlebt sich in einem nicht vollendeten und wohl auch nicht vollendbaren Suchen. Diese Erfahrung ist trotzdem zunächst eine Ermutigung, die bereichernde Gewissheit nämlich, entlang der ungeheuer subtilen Differenzierungen, Timbres, Nuancen und Sensibilitäten der Nonoschen Klanglichkeit die eigene Wahrnehmung vertieft zu haben, besser hören gelernt zu haben. Das Wesentlichste ereignet sich in dem Augenblick, in dem die auskomponierte Differenzierung der Stille in sinnliches Erleben umschlägt, in dem also die in feinste Kristalle, in zarteste Timbres ausgeleuchtete Zone zwischen Klang und Stille als Schattenspiel zwischen Anwesenheit und Abwesenheit von Leben, zwischen existentieller Nähe und Ferne, zwischen Glück und Tragik, zwischen »Fantasien« und »Abgründen« (Nono) erfahren wird. Doch ist die Sucherfahrung des Stückes insofern auch eine schmerzliche, als direkt greifbare Ergebnisse sich nicht einstellen, die Erwartung des Suchens sich mit dem Bewusstsein zufriedengeben muss, in den Worten Cacciaris, »jeden Weg durchlaufen zu können, wissend, daß es keine ›Auswege‹ gibt, ohne Sehnsucht, ohne Trost – aber jeden Weg …«. ▶34 »No hay caminos, hay que caminar« – »es gibt keine Wege, aber wir müssen gehen«.

7 Conclusio

In Benjamins geschichtsphilosophischer Konstruktion, seiner Interpretation des 19. Jahrhunderts aus der Erfahrung des 20. Jahrhunderts heraus, gewinnt die Konstellation »Traum und Erwachen« eine soziale und geschichtliche Dimension über alles Individuelle und losgelöst Private hinaus. »Traum« als »dialektisches Bild« bedeutet bei Benjamin beides: Wunsch- und Alptraum, Goldenes Zeitalter und Hölle. Entsprechend ist auch die Kategorie des »Erwachens« dialektisch zu begreifen: als Zusammenhang von Fortschritt und Katastrophe, als Einheit von Ernüchterung und Aufbruch in die Veränderung.

Wenn im 20. Jahrhundert vor allem von »Hölle« und »Unterwelt« die Rede ist, dann äußern sich darin berechtigterweise ein Utopieverlust und die realistische Einschätzung des Zustands der Gegenwart als schon eingetretener Katastrophe. Trotzdem stellen – und auch dies ist berechtigt und notwendig – Künstler am Ende des 20. Jahrhunderts bzw. am Beginn des 21. Jahrhunderts erneut die Frage nach der Möglichkeit von Utopie. Allerdings muss sich eine solche Utopie oder Hoffnung immer mit Benjamin fragen lassen, ob in ihr auch ein »wahrhaft Neues« erscheint und nicht eine Illusion.

Am Ende unserer Reise von Greifswald nach Italien sind wir scheinbar wieder am Anfang angekommen, wie es der enge Zusammenhang zwischen Friedrich und Tarkowskij, Schubert und Nono, aber auch zwischen den Künstlern und den Komponisten zeigt. Wir haben im Durchschreiten der künstlerischen Wege aber auch Alternativen wahrgenommen, Aufbrüche kennengelernt. Unbekümmerte, radikal utopische wie die von John Cage sind jedoch selten, es überwiegen die melancholischen, wobei Melancholie nicht Ausweglosigkeit bedeutet. Die Perspektiven der Gegenwart sind die des Suchens, des Nicht-Aufgebens, des Fahndens nach Auswegen, das Beziehen einer Identität aus dem Unterwegssein.

So dürfte Antonio Machado in dem eingangs zitierten Gedicht von 1963 schon viel von dem getroffen haben, was künstlerische Arbeit heute kennzeichnet:
»Wanderer, deine Spuren/ sind der Weg, sonst nichts;/ Wanderer, es gibt keinen Weg,/ Weg entsteht im Gehen./ Im Gehen entsteht der Weg ...«

34 Ebd., S. 18

Post-Scriptum 1

Dieser Doppelvortrag wurde in der Internationalen Fachkonferenz an der Universität Greifswald, Institut für Deutsche Philologie, gehalten, die unter dem Thema *Odysseen 2001. Fahrten, Passagen, Wanderungen* stand und vom 7.–11. 3. 2001 stattfand. Wir Autoren sind der Meinung, dass er durchgehend die Dialektik Erinnerung und Zukunft reflektiert, die auch Thema der Vortragsreihe an der Hochschule für Künste Bremen Ende des Sommersemesters 2000 war und somit sinnvoll an die hier abgedruckte Folge dieser Referate angeschlossen werden kann.

Post-Scriptum 2

Die wichtigsten Bildbeispiele sind dem Text beigefügt. Auf Klangbeispiele musste, aus Kostengründen, verzichtet werden. Was diese anbelangt, wird ein aktiver Leser erwartet, der sich selbst die Folge dieser Beispiele zusammenstellt. Für die Ausschnitte aus Schuberts *Winterreise* kann schon eine gängige Aufnahme des Werkes dienen (empfehlenswerte Aufnahmen: mit Christoph Prégardien und Andreas Staier oder mit Harry Geraerts und Ludger Rémy). Die anderen Beispiele sind den beiden CDs entnommen, die unserem *Passagen-Buch* beigefügt sind; dessen genaue Referenz ist: Peter Rautmann, Nicolas Schalz, *Passagen. Kreuz- und Quergänge durch die Moderne*, Con-Brio-Verlag, Regensburg 1998 (2 Bände und der Band *Farb-Klänge*).

Flüchtige Gegenwart

Globalisierung und die Rolle der Künste heute

Peter Rautmann, Nicolas Schalz
Zum Thema

Gertrud Koch
Die neue Drahtlosigkeit

Harun Maye
Edgar Allan Poes Tradition

Wolfgang Schmitz
**»Der dezentrale Blick«
bei Edgar Allan Poe**

Peter Rautmann, Nicolas Schalz
Flüchtiger Augenblick

Anne-Kristin Beutel, Mirko Philipp Eckstein
net.art

Peter Rautmann, Nicolas Schalz
Zum Thema

In der ersten Vortragsreihe ging es uns um den Stellenwert ästhetischer Theorie und Reflexion in einer Hochschule für Künste. In der zweiten Vortragsreihe soll dieser Gedanke weiterentwickelt und nun stärker auf die Gegenwart und die aktuellen Probleme der Globalisierung bezogen werden. Konzentrieren wollen wir uns auf die Rolle der elektronischen Medien und die Fragen, die durch die globale Vernetzung aufgeworfen werden. Den Referenten und Referentinnen wurde eine Reihe von Fragen als Ausgangspunkte für ihre Beiträge übermittelt:

Wenn in der zunehmenden Globalisierung die Besonderheit der Orte aufgehoben ist (oder scheint), stellt sich die Frage, ob die Künste auch ortlos werden oder ob eine neue Verortung im Lokalen möglich ist.

Ist eine ortlose Kunst im Sinne einer nomadisierenden denkbar, die das Recht des Einzelnen, Minoritären, auch Vorübergehenden und Flüchtigen – den Ort der Zeit – einklagt?

Wie kann sich eine Kunst entfalten, die auf Vielfalt der Kulturen aufbaut, ohne die eine mit der anderen auszubeuten oder einer oberflächlichen Vereinheitlichung zu verfallen?

Der Beitrag von Gertrud Koch, Berlin, untersucht auf der Basis der »neuen Drahtlosigkeit« die vielfach proklamierte Utopie der Gleichzeitigkeit und beharrt zugleich auf bestehenden Differenzen der Zeit und vor allem der ortsgebundenen Körper; Harun Maye, Hamburg/Berlin, geht auf den vielzitierten, aber wenig mehr gelesenen Urvater der Medientheorie, Marshall McLuhan, zurück und verknüpft dessen Position mit der als frühe Medientheorie gelesenen Geschichte Edgar Allan Poes über den Malstrom: Poe bildet wiederum den Ausgangspunkt

Flüchtige Gegenwart

für die Überlegungen des Künstlers und Zeichners Wolfgang Schmitz, Wuppertal, der die Kompositionstheorie Poes und dessen »dezentralen Blick« in ihrer Bedeutung für gegenwärtiges künstlerisches Arbeiten herausstellt.

In unserem eigenen Beitrag über die Videoarbeiten von Jean-François Guiton möchten wir deren außergewöhnliche Symbiose zwischen Bild und Klang herausarbeiten. Ästhetisch stehen im Mittelpunkt Kategorien wie die der Flüchtigkeit, des Vorübergehenden, Ephemeren. Eine »Kunst der Andeutung, der fragmentarischen« ist gemeint, »die auch Aspekte des Spielerischen freisetzt: spielerisch im Sinne einer lustvollen Kombination selbstgesetzter Regeln wie deren Durchbrechung«.

Die Vortragsreihe war die Vertiefung und Erweiterung eines parallel dazu verlaufenden gemeinsamen Seminars gleichen Titels. Aus dem Zusammenhang des Seminars haben wir das Referat von Anne-Kristin Beutel und Mirko Philipp Eckstein über net.art aufgenommen, weil es in großer Klarheit prinzipielle Aspekte der Veränderung in den Künsten, bezogen auf das elektronische Netz, behandelt.

Gertrud Koch
Die neue Drahtlosigkeit

Globalisierung der Massenmedien

»Der Kreislauf des elektrischen Stroms hat die Herrschaft von ›Zeit‹ und ›Raum‹ zunichte gemacht und schüttet nun unmittelbar und andauernd die Belange aller anderen Menschen über uns aus. [...] Eine völlig neue Welt von Zuteilbarkeit liegt vor uns. ›Zeit‹ ist eingestellt, ›Raum‹ ist verschwunden. Wir leben jetzt in einem globalen Dorf [...], einem simultanen Geschehen (happening).« *(McLuhan/Fiore 1967)* ▶01

Es fällt schwer, vom Doppelsinn des Wortes ›global‹ gänzlich zu abstrahieren, meint es doch neben dem hier gefragten Sinn des ›weltumfänglichen‹ auch noch den eher pejorativen des ungenauen, nur mal so überschlagenen: Die Rede vom Globalen ist meist zu global. Die Vergrößerung führt zur Verwischung, zu einem Verlust an Empirie. Insofern haftet jedem Versuch, das Globale begrifflich zu fassen, eine Spur des Spekulativen an, das sowohl attraktiv wie tückisch ist. In dem eingangs zitierten Text von McLuhan und Fiore taucht noch die eigentümliche Paradoxie auf, die der Doppelsinn des Wortes auf andere Weise produziert: Die Welt nach der Globalisierung ist ein Dorf geworden. Wie in einem Dorf gibt es wenig Distanz, keine räumliche, keine zeitliche und auch keine soziale (in einem empirischen Dorf bedarf es komplexer symbolischer Räume, um Distanz in die erzwungene Nähe zu bringen). Alle sind für und an alle in einem kreisförmigen Strom angeschlossen. Das Bild vom Stromkreislauf deutet an, dass jeder Punkt des Kreislaufs gleichzeitig Elektrizität führt; würde ein einziger Punkt ausfallen, wäre der Kreislauf im Ganzen unter-

---

01 Marshall McLuhan & Q. Fiore, »The Medium is the Message: An Inventory of Effects«, New York 1967, S. 16, 63.

brochen. Nur solange der Kreislauf uns alle zusammenschließt, leben wir in einem globalen Dorf, anderenfalls würde dieses simultane Geschehen wieder auseinanderfallen, Reisewege und -zeiten würden wieder in Kraft treten und die alte Ordnung der Distanzen vom Nahen zum Fernen würde wieder etabliert.

Das Raum-/Zeitproblem wird bei McLuhan, den ich hier der Kürze halber als paradigmatischen Autor der neueren Medientheorien anführe, gekoppelt an das Informations- und Kommunikationsproblem: Wie, auf welchem Wege und wann, wie schnell erreichen die Belange eines jeden alle? Darin steckt eine Frage nach der Erkennbarkeit als Grundlage von möglichen Handlungen. Zeitliche Anordnungen bewegen sich logisch auf der Ebene von handlungssprachlichen Ordnungsrelationen: früher, später, gleichzeitig. Das Zeitschema, sprachlich als ein Ordnungsschema gefasst, verschwindet nicht. Sofern es Teil der Alltagssprache ist, lässt sich Zeit in diesem Sinne gar nicht aufheben, ohne die zeitlichen Schemata der Sprache selber aufzugeben. Diese nimmt aber McLuhan schon in Anspruch, wenn er von ›simultanem Geschehen‹ redet. Wenn die scharfe Trennung in ein Vorher und ein Jetzt zugrunde gelegt wird, dann folgt daraus noch lange nicht, dass es kein Später mehr geben wird, das die Beschreibung des Jetzt als Endzustand zunichte machen könnte. Die Rede vom Raum scheint ebenfalls an die Zeitkategorie gebunden zu sein, Raum als Strecke (einer Reise, der Entfernung etc.) lässt sich ebenfalls in einer zeitlichen Ordnungsrelation fassen. Wenn in der Formulierung McLuhans die Zeit eingestellt wird, dann wird mit ihr die Handlungs- und Sprachebene reduziert, dann werden eben die »Belange aller anderen Menschen über uns« ausgeschüttet, ohne dass sie aus dieser Unmittelbarkeit heraus noch reflektiert werden könnten. Insofern teilt sich bei McLuhan noch die terroristische Seite der Unmittelbarkeit mit, die aber auch als verführerischer Januskopf erscheint. Diese scheint in dem einleitenden Zitat die Form einer Paradoxie angenommen zu haben. Denn obwohl die Behauptung aufgestellt wird, dass die Zeit verschwunden ist, wird die Aussage als Ganzes in einem zeitbezogenen Ordnungsschema sprachlich unteriminiert. Denn Wörter wie »jetzt« und »simultan« sind nur als Begriffe eines handlungspragmatischen, zeitlichen Ordnungsschemas verwendbar und verstehbar. Der Doppelsinn der Rede wird durch eine logische Unmöglichkeit unterfüttert, dass nämlich vom Ende der Zeit in deren Begriffen geredet wird. Der visionäre Unterton, der McLuhan schließlich ins 21. Jahrhundert starten lässt, führt ihn selber in eine der offenbar vielen Globalisierungsfallen. McLuhans Aussage ist die, dass durch die elektronischen Medien die physikalische Zeit ausgehebelt wird

Die neue Drahtlosigkeit

und die chronologische Form, die wir der Zeit sprachlich und in unseren Handlungsbeschreibungen geben, unwichtig wird. Was nun zählt, ist die Gleichzeitigkeit, die Simultanität des Geschehens. Angenommen, um acht Uhr morgens ereignet sich in New York City ein Unfall, der mit kurzer zeitlicher Verzögerung zu einer Nachricht wird, die in den Kreislauf des Nachrichtenstroms um acht Uhr und zehn Minuten bereits eingespeist wird, dann haben die Bewohner des globalen Dorfes ganz unterschiedliche zeitliche Abstände, bis diese Nachricht tatsächlich über sie ausgeschüttet wird. Die Chronologie des Alltagslebens vollzieht sich nicht auf der physikalischen Konstruktion der Zeitgleichheit, sondern verbleibt in der durch geographische Plazierung bestimmten lokalen Zeit. Die totale Simultanität ist eine analytische Fiktion, der keine Praxis entspricht. Die Rahmenbedingung des Begriffs ›global village‹ hängt von der unzulässigen Doppeldeutigkeit eines Zeitschemas ab, das seinem angestammten Sinn nach physikalisch-analytisch ist. Wenn alle zu einem bestimmten Zeitpunkt das Gleiche tun, dann ist das ein ›simultaneous happening‹ im Sinne McLuhans, wenn alle das Gleiche nacheinander tun, dann handelt es sich um eine Ereigniskette mit Wiederholungscharakter. Ich insistiere auf diesen vielleicht kleinlichen Unterscheidungen, weil sich im zweiten Falle die Frage sinnvoll stellen lässt, wie die Ereignisfolgen interpunktiert sind, wer wen wann wie und wo wiederholt. Ein Börsenkrach oder ein Bombenanschlag ereignet sich unwiederholbar, die Nachricht darüber kann simultan zirkulieren, wird aber zeitversetzt rezipiert in der Ortszeit. Die Annahme ist vermutlich nicht ganz irrig, dass es sich dabei auch um hierarchisch strukturierte Abläufe handelt, die zeitlich chronologische Entsprechungen haben. Erst wenn die Wiederholung einer Nachricht zur Lokalzeit erfolgt ist, wird sie Teil einer bedeutungsvollen Praxis. Aus der Tatsache der technischen Möglichkeit simultaner Nachrichtenübermittlung allein folgt noch nicht allzuviel. Praktisch folgenreich wird dies erst dann, wenn daraus chronologische Hierarchien entstehen. Expertenwissen kann auf dem Zeitvorsprung basieren, der aus der simultanen Nachrichtenübermittlung entsteht, wie in der Wettervorhersage, der Kriegsführung etc. Die extremen Beispiele verweisen aber auf den praktischen Handlungsrahmen und die Voraussetzung artikulierter Interessen, die sich aus der taktischen Kalkulation mit Zeit*differenz* befriedigen lassen. Dass sich die elektronischen Medien als pfingstlicher Geist von oben in die passiven Augen und Ohren der Weltdorfbewohner ergießen, erscheint mir vor diesem Hintergrund als science fiction, genauer: als an die Technik delegierte Utopie einer für alle transparenten unio mystica.

Obwohl McLuhan und Fiore sehr konkret vom Stromkreislauf reden, muss der Begriff auch als Metapher verstanden werden. Vom Kreislauf der Elektrizität zu reden, kann verschiedene Figuren meinen: entweder den Kreislauf als geschlossenes System oder als ein System, an das und von dem Abzweige an- und ausgeschlossen werden. Einmal wäre der Kreislauf von sich aus inkludierend und sich selbst umfassend schließend oder er wäre exklusiv durch An- und Ausschluss konstituiert. Wenn man wie im zitierten Text davon ausgeht, dass der Kreislauf von sich aus inklusiv ist, dann schließt er die Welt zum großen Dorf zusammen, wenn er exklusiv ist, dann ist er zentralisiert und von einem Herrschaftspunkt aus zu denken. Der Kreislauf, wie er hier vorgestellt wird, ist also auch als Metapher verschiedener Herrschaftsformen zu verstehen. Erst wenn die inkludierenden Tendenzen sich durchgesetzt haben, wenn alle angeschlossen sind, ist die Herrschaft über Zeit und Raum gebrochen, und aller Belange sind aller Belange.

Natürlich muss man das dreißig Jahre alte Zitat der Altmeister der Medientheorie nicht so auffassen, es verweist aber auf eine Obsession innerhalb der Debatte, die mir zentral zu sein scheint, den Wettlauf mit der Zeit. Zehn Jahre später begannen die Arbeiten zum posthum edierten Buch *The Global Village*. Darin werden bereits die Uhren anders, und zwar vor gestellt: *Transformations in World Life and Media in the 21st Century* heißt nun der Untertitel. ▶02 Die schillernde Unbestimmtheit, mit der einmal grammatisch ein zukünftiger und ein andermal ein gegenwärtiger Weltzustand behauptet wird, lässt sich kaum übersehen. Vision und Beschreibung, Diagnose und Prognose liegen hier eng beieinander. In den Debatten zur Globalisierung wiederholt sich etwas davon. Nicht nur, weil die Eigenschaft, ›global‹ zu sein, der Temporalisierung im Begriff der ›Globalisierung‹ weichen musste. Globalisierung wird nun selbst als Prozess gedacht, der *in* Zeit und Raum vonstatten geht und ganz als Phänomen der Gegenwart gedeutet wird, weder liegt er komplett hinter uns und ließe sich als Eigenschaft des Weltzustands (global village) beschreiben, noch ist er ganz aufs 21. Jahrhundert ins Futurum verbannt. Als ein Prozess, der sich in Raum und Zeit, hic et nunc, abspult, stellt er uns vor andere, nämlich macht- und handlungstheoretische Probleme: Verlangsamung oder Beschleunigung erscheinen je nach Gegenstand der globalisierenden Tendenzen und je nach machttheoretischen und politischen Optionen geboten, befürchtet, verworfen, erwünscht, verflucht, erhofft etc.

Im Folgenden möchte ich an einigen Beispielen die Doppeldeutigkeiten nachzeichnen, die mir für die gegenwärtigen

Die neue Drahtlosigkeit

Debatten signifikant erscheinen, und am Ende aus einigen der daraus resultierenden paradoxalen Zuspitzungen mögliche Alternativen aufzeigen.

Der entfesselte Prometheus der Politik

Im Februar 1995 halten Vertreter der G7-Staaten eine Konferenz über die ›Informationsgesellschaft‹ ab, auf der immer wieder kritische und apologetische Stimmen laut werden, die sich auf ein Statement von Al Gore in der *Financial Times* beziehen, wo der populäre amerikanische Politiker verlautbaren ließ, dass »die Anbindung der Weltbevölkerung an einen breiten Austausch von Informationen und Ideen ein Traum« sei, den »die Technologie sich zu liefern« anschicke. ▸03 Und was alles dabei wahr werden sollte, hörte sich in der Tat wie die neueste Version des amerikanischen Traums an, denn, so fuhr Al Gore fort, die Informationsgesellschaft bringe »ökonomischen Fortschritt, starke Demokratien, besseres Umweltmanagement, verbesserte Gesundheitsfürsorge und einen größeren Sinn dafür, daß wir alle für die Einhaltung der Hausordnung auf unserem kleinen Planeten einstehen«. ▸04

Zum common sense könnte es werden, die neuen medialen Kommunikations- und Informationstechnologien zur hinreichenden Bedingung zu stilisieren, die, flankiert von einigen kategorischen Appellen an die folgenschwere Gemeinsamkeit irdischer Existenz auf dem Globus, die Politik als positiven Nebeneffekt der Traumtechnologien erscheinen lassen. Wahrscheinlich ist es an dieser Stelle unnötig darauf hinzuweisen, dass auch auf dieser Konferenz einige der politischen Widrigkeiten, die sich zwischen Wirklichkeit und Traum zu stellen drohten, kurzerhand auf die nächste Konferenz der G7-Staaten verschoben wurden, so dass der Hinweis von einigen afrikanischen Teilnehmern, dass zur Zeit mehr als die Hälfte der Weltbevölkerung noch nicht einmal Zugang zu einer Telefonleitung hat, geschweige denn zu einem eigenen Computer, um ihn an diese anzuschließen, getrost unbeantwortet bleiben konnte. ▸05

02 Marshall McLuhan & Bruce R. Powers, »The Global Village. Transformations in World Life and Media in the 21st Century«, New York 1989.
03 Zitiert nach Andrew Adonis, »Background Paper: Superhighways and the Information Society«, in: Deniz Derman (ed.), »Communications Revolution«, Ankara 1996, S. 23.
04 Ebenda.

Offenbar gehört es zur Politikerroutine, der Technologie Fähigkeiten zuzuschreiben, die in den schmaler gewordenen Handlungsspielräumen der Politik zu verschwinden drohen: starke Demokratien zum Beispiel.

Auch wenn die Beschwörungen der Politiker mit den Zeitkonzepten der Medientheoretiker nicht allzu viel zu tun haben müssen, so setzen diese doch zweifelsohne an der anderen Kategorie an, die McLuhan dem Untergang in der Zukunft überstellen wollte: Raum. In allen Globalisierungsdebatten spielt die Schließung des Raums eine gewichtige Rolle. Als ein Teil von geopolitischen Strategien sind diese Teil von Machtpolitik, von ökonomischer, politischer und kultureller Einflussnahme. Deren zentralisierte Schaltstellen sind in einem sozial strukturierten Raum organisiert, der nicht nur die Differenzen in den Zugangschancen von der ersten bis zur vierten Welt als Rahmenbedingung hat, sondern auch die verschiedenen internen, hoheitsrechtlichen und regulationsfähigen Potentiale einzelner Nationalstaaten zu berücksichtigen hat. Saskia Sassen hat in einem einfachen Beispiel auf die soziale Struktur des elektronischen Raumes aufmerksam gemacht:

»Globale Metropolen sind Hyperkonzentrationen von Infrastruktur mit angrenzenden Ressourcen, während große Teile der weniger entwickelten Gebiete massiv unterversorgt sind. So hat New York City die höchste Konzentration an Gebäuden mit Glasfaserverkabelung, während das Schwarzenghetto Harlem nur gerade ein solches Gebäude aufweist.« ▸06

Aber nicht nur der »Elektronische Raum« als eigenständige Sphäre ist intern sozial gegliedert, es herrschen auch nach wie vor territoriale Begrenzungen vor, die Nationalstaaten und deren Konsortien die Entscheidungsbefugnis über Technologienutzungen zuweisen. Territoriale Nutzungsrechte sowie Eigentumsrechte an Grund und Boden bilden einen harten Kern im Technologietransfer. Denn entgegen der eleganten Leichtigkeit der Metapher vom Transfer werden elektronische Technologien nicht über Grenzen hinweg in einem virtuellen elektronischen Raum verschoben, sondern sind als Sender- und Empfängerstationen ortsgebunden und insofern auch immer raum- und zeitabhängig.

Während Politiker gerne die Technik selbst als prometheische Kraft preisen, die sich am Ariadnefaden der Ökonomie von allein durch das Labyrinth der Welt hindurch aufrollt und sich dabei als Leitfaden einer neuen Weltordnung entfaltet, sind die Techniktheoretiker sehr viel vorsichtiger.

Die neue Drahtlosigkeit

Der gefesselte Prometheus der Technik

wird im Medium der Politik ausgebremst. Die Selbstentfaltung der technologischen Produktivkräfte, an die Politiker und Marktlibertäre (und Marxisten) appellieren, wird von den Denkern der Medientechnologien keineswegs unisono und eindeutig als positives Potential und Reservoir sozialer Praktiken eingeschätzt. Die eingangs monierte zeitliche Verschiebung in McLuhans Konzept selbst ist dafür nur ein Indikator. Fast analog entwickeln sich die derzeitigen Debatten zum Internet. Nach den euphorischen Verlautbarungen der ersten Stunde mehren sich nun Anzeichen und Stimmen, die auf die einseitige Integration hinweisen, die mit der Ausweitung des Internets vom Expertenmilieu der Akademiker zum ›Massenmedium‹ einhergeht:

»Gerade weil das Internet ein spezieller Raum und dezentrale Macht so selten und wichtig ist, erscheint ihr Fortbestand als essentiell. Die Diskrepanz zwischen der E-Mail einer armen Person (langsam, am Ende einer Warteschlange) und der einer reichen (schnell, prioritär) ist Realität. Könnte die Zukunft nicht so aussehen, daß das Netz des armen Mannes am Rande vegetiert, zusehends isoliert vom blühenden, in steigendem Maße kommerzialisierten und privatisierten Netz des reichen Mannes?« ▸**07**

Dass technischer Fortschritt nicht automatisch sozialen nach sich zieht, liegt am komplexen Faktorengefüge moderner Gesellschaften und moderner Weltgesellschaft. Sozialer Fortschritt ist nun einmal unauflösbar ans Gerechtigkeitsprinzip geknüpft, technischer kann ein Medium sozialen Fortschritts, nicht aber dieser selbst sein. Medientheoretiker wie Ithiel de Sola Pool haben immer darauf hingewiesen, dass, wie sein posthumer Herausgeber schreibt, »weniger der Technologie als den Regierungen zu mißtrauen wäre«, da »nicht Computer, sondern die Politik die Freiheit bedrohen«. ▸**08** Ironisch könnte man in Abwandlung Hannah Arendts sagen, dass unter

---

05 Vgl. hierzu Monique van Dusseldorp, »... Visions of Shared Human Enrichment ... The G7 Conference on the Information Society«, in: Deniz Derman (ed.), »Communications Revolution«, Ankara 1996, S. 57.

06 Saskia Sassen, »Digitale Netzwerke und Macht«, in: Jörg Huber und Martin Heller (Hg.), »Konturen des Unentschiedenen. Interventionen 6«, Stroemfeld/Roter Stern/Museum für Gestaltung, Zürich 1997, S.193.

07 Vgl. hierzu Saskia Sassen, a.a.O., S.196.

08 Ithiel de Sola Pool, »Technologies Without Boundaries. On Telecommunication in a Global Age«, edited by Eli M. Noam, London 1990.

modernen Rahmenbedingungen das ›Natalitätsmoment der Technik, dass sie nämlich im Augenblick ihrer Entdeckung offen, aber eben auch abhängig von sozialen Einschreibungen und Förderungen ist, äußerst kurz ist und ›immer schon‹ das Prokrustesbett sozialer Zeiten und Räume ihre Wiege ist, wenn nicht schon das Lager ihrer Zeugung. Nun ist die Frage nach den determinierenden Faktoren in der Herkunft insoweit von geringem Interesse, als kein einziges praktisches Problem von Mediennutzung aufgelöst werden kann durch den trotzigen Hinweis auf originäre Qualitäten. Allenfalls wenn die Idee der simultanen Ubiquität und des gleichen und gleichzeitigen Zugangs, die sich mit bestimmten elektronischen Medientechnologien verbinden lässt, praktisch wird im Sinne einer gemeinsam im Horizont aller möglichen Erfahrung dieser Medien, ließe sich eine Politik vorstellen, die das elektronische Medium des Computers als dezentrales Kommunikationsmedium einer dann ebenfalls globalisierten, kosmopolitischen Zivilgesellschaft vorstellbar macht.

Der entflammte Prometheus der Massenmedien

Im Verlaufe der eskalierenden Ereignisse in Bosnien, die über die Massenmedien auf West- und Mitteleuropa zurückwirken, überschüttet sich Graham Bamford mit Benzin und zündet sich auf dem Parliament Square in London an, um gegen die britische Bosnien-Politik zu protestieren. Als lebende Fackel macht er seinen eigenen Körper zum Medium einer Mitteilung und einer vermittelten Erfahrung, die ausschließlich aus den Massenmedien gewonnen wurde. ▸09 Wie hat es dazu kommen können? Als symbolisch-politische Aktion ist die öffentliche Selbstverbrennung keine neue Form. Bisher allerdings war sie eine Form des lokalen Protestes von Menschen, die sich direkt als Betroffene eines Konfliktes sahen. Der Fall von Bamford liegt anders, denn mit seiner körperlichen Aktion reagiert er auf eine durch und durch massenmedial vermittelte Erfahrung von Grausamkeit und körperlichem Schmerz; auf Tötungen, der andere zum Opfer fielen, mit denen er weder die Erfahrung noch ihre Androhung zu teilen hatte. Weder hat die britische Regierung britische Staatsbürger im Zuge ihrer Bosnien-Politik der Nichteinmischung gefoltert oder körperlich bedroht, noch drohten Graham Bamford von anderer Seite die Gefahren, auf die er aufmerksam machen wollte. Natürlich kann man diese Aktion, sowohl als persönlichen Akt als auch als politisches Symbol, für skurril und unangemessen halten. Man kann dafür Gründe haben, die Bamfords Gründe gleichsinnig aufnehmen oder sie an (politischen, moralischen usw.) Stan-

Die neue Drahtlosigkeit

dards der Angemessenheit kritisch beurteilen. Erstaunlich ist das Maß an Identifikation, das medial vermittelte Erfahrungen ermöglichen. Identifikation mit dem Leiden Anderer, die weder zur eigenen Kultur, Religion oder zu irgendeiner anderen, bestimmbaren konkreten Gruppe mit gemeinsamen Kriterien gehören: Solidarität unter Fremden. Außer einem kurzfristigen moralischen Gefühl dafür, dass die Belange eines Jeden zu den Belangen eines jeden Anderen gehören, lässt sich offenbar wenig an Motiven Bamfords festhalten, sein öffentliches Leben fällt mit seiner Tat zusammen, danach wird er Gegenstand aber nicht mehr Akteur des Öffentlichen. Das Erstaunliche ist die starke Erzeugung eines moralischen Gefühls durch die Massenmedien, das zur Motivation der Selbsttötung führt. Natürlich ist die Idee des Selbstopfers nicht neu, sie hat eine lange Tradition, die auf vielfältige Rettungs- und Erlösungskonzepte religiöser und säkularer Art zurückgreifen kann.

Dennoch erscheint mir John B. Thompsons Analyse des Falls überzeugend, die er mit der Bemerkung schließt: »This moral circumstance, in which mediated experience can give rise to claims on the self and to a sense of responsibility for distant others or events, is relatively new as widespread phenomenon.« ▶10 Denn auf der Ebene der Analyse von massenmedial vermittelten Affekten steht der spektakuläre Fall der Selbstverbrennung weniger isoliert da. Er ist neben vielen anderen der extreme Hinweis darauf, dass die Globalisierung der Datenströme nicht nur Informationen, sondern auch Gemüter bewegt.

Einen anderen Extremfall massenmedial induzierter Handlungsfolgen stellen die Pogrome und Übergriffe dar, die von deutschen Soldaten im Zweiten Weltkrieg unmittelbar nach Vorführungen des antisemitischen Spielfilms »Jud Süß« begangen worden sind. An den beiden Extremfällen stellt sich die Frage, inwieweit Massenmedien hinreichende bzw. notwendige Bedingungen für die Handlungsmotivation Einzelner stellen. Ich gehe davon aus, dass im Falle der Vernichtungsaktionen die Vorführung des Films weder eine hinreichende

---

09 Dieses Beispiel habe ich aus dem Buch von John B. Thompson, »The Media and Modernity. A Social Theory of the Media«, Stanford University Press 1995, S. 234. Thompson hat den Fall dem Bericht aus dem »Guardian« entnommen, aus dem hervorgeht, dass es sich um einen nur vage an politischen Fragen interessierten Fernsehzuschauer handelte, den die Fernsehberichte zu seiner Selbsttötung den Anlass lieferten.

10 Ebenda.

noch eine notwendige Bedingung gestellt hat. Die Disposition zum Töten von Juden war, sehr abstrakt gesagt, eingebettet in ein Netz von strukturellen, kulturellen und sozialpsychologischen Gegebenheiten, die unabhängig von einer einzelnen Vorführung bestanden. Die massenmediale Vermittlung des Antisemitismus gehörte zweifellos zu einer Strategie der Selbstlegitimierung der Vernichtungsakteure, indem die Objektbeziehungen zu den Juden auf der kulturellen und sozialpsychologischen Ebene in ein Phantasma übergeleitet wurden, das die Juden als konkrete Andere auf den bloßen Körper reduzierte, der als Projektionsfläche antisemitischer Überschreibungen dienen konnte. In dieser Überblendung phantasmatischer Vorstellungen mit konkreten Körpern werden die Topographien der Vernichtung gebildet: Aus den einzelnen Goldzähnen der Hungerskelette in Gettos und Lagern bildet sich der Schatzberg aus ›jüdischem Gold‹, der nachträglich die Vorstellung zu bestätigen scheint, dass sich bei ›den Juden Reichtümer finden‹. Eine Überblendungsfigur filmischer Rhetorik, die von Veit Harlans Film eifrig genutzt worden ist. Die projektive Legitimation kann von den Massenmedien unterstützt werden, ist aber keine Eigenschaft der Massenmedien, sondern eine durch sie ermöglichte Praxis.

Der Unterschied zu Bamfords Selbsttötung liegt auf der Hand: Bamford handelt, weil er etwas gesehen hat, das er ändern möchte. Er möchte eine Änderung im Handeln anderer erreichen. Sein Handeln ist symbolisch, insofern er seinen Körper als Medium einsetzt in einem Schauspiel, dem er kathartische Kraft zutraut: die öffentliche Selbstverbrennung. Er setzt seinen eigenen Körper als Zeichen für den konkreten Tod Fremder. Er steht mit seinem Leben für das Anderer ein. Von den üblichen Buddy/Body-Politics der militärischen und paramilitärischen Organisationen trennt ihn die völlige Vereinzelung, eine extreme Individualisierung, die selbst bestimmt, was fern- und was naheliegend ist. Der konkrete Andere wird virtuell. Dafür sind die global operierenden Informationsmedien eine notwendige Bedingung.

Massen- und Informationsmedien öffnen virtuelle Räume, auf die sich je Einzelne in ihren Vorstellungen und Handlungen beziehen. »Ein virtuelles X«, so führt Peirce aus, »ist etwas, das zwar kein X ist, aber die Wirksamkeit *(virtus)* eines X hat. Das ist die richtige Bedeutung des Wortes, es wurde jedoch weitgehend mit ›potentiell‹ verwechselt, was beinahe sein Gegenteil ist. Denn das potentielle X hat die Natur eines X, hat aber keinerlei tatsächliche Wirksamkeit ...«▸11

Die neue Drahtlosigkeit

Für X läßt sich hier der Begriff Solidarität einsetzen: Solidarität unter Bedingungen globaler medialer Kommunikation unter Abwesenden ist virtuelle Solidarität, insofern sie die Handlungswirksamkeit von Solidarität entwickelt, ohne Solidarität im Sinne eines reziproken Organisationszusammenhangs zu sein. Ähnlich ließe sich das Problem der Identität in der massenmedialen Vermittlung beschreiben: Im Internet kommunizieren Abwesende unter der Bedingung virtueller Geschlechtlichkeit zum Beispiel. Ob eine Person, die als Mann oder Frau kommuniziert, auch als solche(r) (an)erkannt wird, hängt davon ab, ob ihr Sprachhandeln diese Wirkung erzeugen kann. Ob diese Person potentiell ein Mann oder eine Frau *ist*, ist ein ganz anderes Problem, das erst unter Anwesenden in Bezug auf ihre natürlichen Körper Bedeutung gewinnen würde.

Tatsächlich ändern sich die Bedingungen von Kommunikation mit den global operierenden Massenmedien. Ihre Bedingungen schaffen Räume und Identitäten, die weder fiktional sind, also einer ausschließlich gedachten Welt entstammen, noch universell im Sinne der simultanen unio mystica, sondern virtuell im Sinne von symbolischen und Sprachhandlungen. Die Globalisierung der Massenmedien ist eine notwendige Bedingung für die eindrucksvolle Erweiterung virtuellen kommunikativen Handelns. Sie wird von einem (wohl nur unvollständig aufzählbaren) Set weiterer notwendiger Bedingungen historischer, kultureller, institutioneller, politischer und sozialer Vorfindlichkeiten sekundiert, kanalisiert und implementiert. Ein Begriff der Medienglobalisierung, der dem Eigensinn symbolischer Medien gerecht werden könnte, ohne der ökonomistischen Reduktion des Globalisierungsbegriffs zu verfallen, müßte die Virtualität (sensu Peirce) kommunikativen Handelns (sensu Habermas) ins Zentrum stellen.

11 Aus der Definition von virtuell, die Peirce in Baldwins »Dictionary II« gibt. Hier zitiert nach Fußnote 10 zu Charles S. Peirce, »Einige Konsequenzen aus vier Unvermögen«, in: ders., »Schriften I«, hg. von Karl-Otto Apel, Suhrkamp Verlag, Frankfurt a. M. 1967, S. 184–231, S. 228.

Harun Maye

Edgar Allan Poes Tradition

Im Malstrom der Medien mit Edgar Allan Poe und Marshall McLuhan

Für Thomas und Gudrun Schmitz

Abstract

Edgar Poe's Tradition ist ein Essay Marshall McLuhans von 1944. Überliefert werden *purloined letters*, d.h. bewegliche Lettern, Briefe, Literatur und anderes Schrifttum als Allegorien von und über Medien, die Edgar Allan Poe fast genau 100 Jahre vor McLuhans Umschrift veröffentlicht hat. McLuhans Interesse galt den Effekten von Poes Interesse an Technik und Medien: »My interest in Symbolist poetry from Poe to Valéry inspired my interest in the study of media. With the media we have massive effects and little study of causes since the user of the media, wether a language or the electric light, is the ›content‹ of the media« (McLuhan). Kein Zufall also, wenn in der Überlieferung Poes durch McLuhan nicht Inhalte oder Urgründe, sondern Medientechniken und -operationen wie das Tradieren, Entwenden, Speichern und Verarbeiten selbst zum Gegenstand der Übertragung werden. Nicht zuletzt wird dabei deutlich, dass die von Poe gestohlenen Metaphern selber Medien sind, die nicht aufhören, übertragen zu werden (metaphorá, lat. translatio = Übertragung, anderswohin tragen, übersetzen). Eine dieser zentralen Metaphern ist die vom »Sturz in den Malstrom«. Es wird zu zeigen sein, wie diese Metapher von E. A. Poe durch die Vermittlung von McLuhan auch in der Rhetorik von Globalisierung & vernetzter Welt wiederkehrt und sinnvoll auslegbar ist.

I.

Das Meer ist seit der Antike ein Feld für die Imaginationen der Literatur und ihrer Produzenten. Wie Ernst Robert Curtius in seinem Buch über *Europäische Literatur und Lateinisches Mittelalter* gezeigt hat, wurde schon bei Cicero, Horaz, Ovid, Quintilian, Seneca u.a. Autoren die Abfassung eines Werkes mit der Ausfahrt eines Schiffes auf das offene Meer verglichen. ▸01 Die Segel setzen, absegeln, Ankerwurf und navigieren sind alte, literarisch vermittelte Metaphern und Analogien für die Risiken und Chancen schöpferischer (poetischer) Prozesse, die als feste Kopplung von Bildspender und Bildempfänger im kulturellen Gedächtnis verankert sind. Der Topos von Steuermann und Staatsschiff belegt diese auch für das politische Denken folgenreiche Verbindung bis heute. ▸02 Das Internet greift diese altbekannte Metaphorik wieder auf und nutzt sie zielgerichtet zu seiner Selbstbeschreibung. Diese nautische Metaphorik hat gerade in der Kommunikation über das Internet eine zentrale orientierende wie auch eine erwartungsstrukturierende Funktion im kreativen Umgang mit dem Medium. Die Metaphern fungieren als Leitbilder, motivieren und sichern Folgekommunikation. Dass das Internet ein *Datenmeer* sei, wird selten wörtlich angeführt. Die Wassermetaphorik steht im Hintergrund, verdrängt durch die Raummetaphorik des *Cyberspace* und der *Datenautobahn*. Trotzdem muss die Meeres- und Wassermetaphorik als notwendige Hintergrundvorstellung der global vernetzten Informationsmaschine Internet gedacht werden. ▸03

Edgar Allan Poes Tradition

Aber schon die Metapher und Operation des »surfens« als der zentralen Form des Umgangs mit dem Netz der Netze lässt sich ohne die Vorstellung des Flüssigen nicht denken. Aber kann man hier, im Kontext von Literatur und Philologie, das Surfen *mobilis in mobili* ▶04, d.h. als Beweglichkeit im beweglichen Element, wirklich ernst nehmen? Was impliziert das Bildfeld des Flüssigen, der Navigation und des Surfens, was wird dadurch ausgesagt über das Medium Internet? Nicht nur weltumspannende Ausdehnung und Tiefe des Meeres spielen eine Rolle, sondern auch die Erwartung von Abenteuer, Gefahren, Schatzsuche und Entdeckung. Was hier vorliegt ist eine bemerkenswerte Übertragung sehr alter kultureller Metaphern auf die neuen elektronischen Medien zur Bezeichnung ihrer Möglichkeiten. Das Internet führt neue (nichtlineare) Formen des Umgangs mit Information in die Gesellschaft ein, und gerade diese werden mit den Termini der Navigation und dem Bild vom Surfen bezeichnet. Diese Metaphorik bezeichnet zugespitzt die Gleichzeitigkeit von Desorientierung und Innovationschance. Die Hoffnung, dass aus dem Unbekannten vielleicht das Neue entsteht. Ob *Internet Explorer* oder *Netscape Navigator*, die Strategien des Suchens und Findens im Internet plausibilisieren sich über eine nautische Metaphorik. Es beginnt mit dem »Einloggen« im Datenhafen, am »port«. Denn schon etymologisch und medienhistorisch ist die Operation des *log in* am Computer mit der *Geschichte der Navigation* verbunden. Dem englischen Wort »log« entspricht das heute kaum noch gebrauchte niederdeutsche Wort »Logge« und verweist damit auf ein technisches Gerät, das erstmals im 16. Jahrhundert in England zur Fahrtmessung eines Schiffes eingesetzt

---

01 Ernst Robert Curtius: »Europäische Literatur und Lateinisches Mittelalter« (1948). 11. Aufl. Tübingen/Basel: Francke 1993, S. 138–141. Eine gute Fallstudie bietet Manfred Landfester: »Funktion und Tradition bildlicher Rede in den Tragödien Senecas«, in: »Poetica. Zeitschrift für Sprach- und Literaturwissenschaft 6« (1974), S. 179–204.

02 Hierzu ist vor allem die schöne und bisher zu wenig beachtete Studie von Irene Meichsner interessant: Irene Meichsner: »Die Logik von Gemeinplätzen. Vorgeführt an Steuermannstopos und Schiffsmetapher«, Bonn: Bouvier 1983.

03 Ausführlich zu diesem Thema vgl. Matthias Bickenbach und Harun Maye: »Zwischen fest und flüssig. Das Medium Internet und die Entdeckung seiner Metaphern«, in: »Soziologie des Internet. Handeln im elektronischen Web-Werk«, hg. v. Lorenz Gräf und Markus Krajewski, Frankfurt a. M., New York: Campus 1997, S. 80–98.

04 ›Mobilis in mobili‹ ist eine Entlehnung aus dem wahrscheinlich berühmtesten der außergewöhnlichen Reiseromane (voyages extraordinaires) von Jules Verne, denn genau so lautet die Inschrift auf dem Unterwasserschiff Nautilus in Jules Vernes kuriosem Roman über die Curiositas, die theoretische Neugier des Meeresbiologen Aronnax, 20.000 Meilen unter den Meeren.

wurde.»Beim Gebrauch des Geräts mußte der Seemann beobachten, in wieviel Zeit ein bestimmtes Stück einer Leine auslief, an der ein hölzernes Scheit befestigt war, welches ins Wasser geworfen wurde, eben um die Fahrt zu messen. [...] Doch hat die ziemlich spät erfundene Logge dem Verfahren der Navigation, wie gesagt Grundlage aller Navigation, den Namen gegeben«, ▸05 so berichtet Hans-Christian Freiesleben in seiner Geschichte der Navigation. Auch das Moment von Entdeckung und abenteuerlicher Reise ist dem Internet inhärent. Programmierer sprechen von einem ›Kolumbus-Gefühl‹ beim Programmieren, Hacker bezeichnen sich als Entdecker und Piraten im Netz. Einführungen in die *Techniken des Suchens und Findens im Internet*, wie der *Internet Navigator* von Paul Gilster, wollen dem User helfen,»den richtigen Kurs im Netz der Kommunikation zu steuern«, und warnen gleichzeitig vor den»Fallen und Gefahren« sowie den»Tücken der Werkzeuge (Tools). Das Suchen im Internet ist nur halb so effizient, wie es eigentlich sein sollte, doch die Spannung, das Unerwartete zu entdecken, macht die Reise lohnenswert.«▸06 Aus dieser Verbindung von nautischer und Reisemetaphorik ergeben sich Einsichten in die Risikoproblematik der Wissensgenerierung im Internet. Metaphorisch»flüssige« Medien wie das Internet erfordern einen spezifischen Umgang mit den»Fallen und Gefahren« der Informationsverarbeitung, der riskante Manöver als Normalität betrachtet – denn auch im Datenmeer droht der Schiffbruch. Verlangt werden daher Kenntnisse und taktische Verhaltensweisen, die in den Metaphern und Operationen vom »Surfen« und »Browsen« kulminieren und auf einen Zustand von Information hinweisen, wie ihn digitale Technik anbietet: beweglich, dynamisch und von allen (Frage-)Richtungen aus ansteuerbar, unbegrenzt kopier- und kombinierbar.

Dagegen stehen standardisierte Vorstellungen von Rationalität und Technik, die einen schnellen, zielgerichteten und vor allem sicheren Zugriff auf die angeblich wenigen relevanten Daten und Informationen empfehlen. Versprochen wird ein Direktzugriff, der konkretes, anwendungsbezogenes Wissen gegenüber der grossen Masse von ›Datenmüll‹ abheben und jederzeit abrufen können soll. Das Entwickeln von Kompetenzen, die ohne Umwege und Kontexte einen solchen direkten Zugriff auf verwertbare Informationen versprechen, scheint allerdings nicht nur unwahrscheinlich, sondern vor allen Dingen nicht erstrebenswert zu sein. Solche Operationen kommen nicht ohne feste Orientierungsvorschriften und klassifikatorisches Wissen aus, wie Suchmaschinen in der Bauart von *Yahoo* schon lange beweisen.▸07 Dabei besteht gerade bei schnellen, flüssigen Medien wie dem Internet die Gefahr, hinter den Ent-

wicklungen her zu orientieren. Dagegen empfiehlt sich das
Risiko, ohne kulturkritische Vorbehalte mit dem Strom zu
schwimmen, so wie es Edgar Allan Poe in seiner Kurzgeschichte *Ein Sturz in den Malstrom (A Descent into the Maelström)*
schon 1841 beschrieben hat. Man muss mit Strömungen und
Unterscheidungen arbeiten, nicht gegen sie. Diese medientechnische Hypothese ist der Literatur schon lange vertraut
und soll hier exemplarisch bei Edgar Allan Poe und Marshall
McLuhan beobachtet werden.

II.

Als Chefredakteur von *Graham's Magazine* veröffentlichte Edgar Allan Poe im Mai 1841 ebenda eine kurze Geschichte, die
zu den berühmtesten seiner *Tales of Terror* gehört und bis
heute die Interpreten fasziniert. *Ein Sturz in den Malstrom* erzählt die Geschichte von drei Brüdern, die mit einem zweimastigen Fischerboot bei den Lofoten, einer von ständigem Wind
und Sturm heimgesuchten Inselgruppe vor der norwegischen
Küste, auf Fischfang fahren. Nach einem reichhaltigen Fang
geraten sie auf der Heimfahrt in einen schrecklichen Orkan;
die Masten brechen, gehen sofort über Bord und reißen den
jüngsten Bruder mit sich. Durch den Verlust der Masten manövrierunfähig geworden, treibt das Fischerboot unaufhaltsam
auf die eigentliche Ursache der starken Strömung zu: den
omnivoren Strudel des Malstroms. Als das Schiff in den Abgrund des Strudels hinabstürzt, klammert sich der ältere Bruder an einem vermeintlich sicheren Ringbolzen am Fuß des
zerstörten Vordermastes fest, während der Ich-Erzähler mit
einem kleinen, leeren Wasserfass, das unter der Steuerbank
angebunden war, vorlieb nehmen muss. Aber die erwartete
Katastrophe tritt nicht ein. Statt dessen wird das Schiff in konzentrischen Kreisen und abrupten Sprüngen in dem Trichter
des Strudels herumgeschleudert und nähert sich langsam aber
sicher dem todbringenden Abgrund des Malstroms. In dieser
Lage entwickelt der Ich-Erzähler eine merkwürdige Distanz
zur eigenen Situation; man könnte auch sagen, er wird zum

[05] Hans-Christian Freiesleben: »Geschichte der Navigation«, 2. Aufl., Wiesbaden, Steiner 1978, S. 36 f.
[06] Paul Gilster: »Suchen und Finden im Internet«, München, Wien, Hanser 1995, S. XXII–XXIII. Und ders., »Der Internet Navigator«. München, Wien, Hanser 1994 [Klappentext].
[07] Zur berechtigten Kritik der Suchalgorithmen von Internetbrowsern siehe Hartmut Winkler: »Suchmaschinen. Metamedien im Internet?«, in: »Virtualisierung des Sozialen. Die Informationsgesellschaft zwischen Fragmentarisierung und Globalisierung«, hg. v. Barbara Becker und Michael Paetau, Frankfurt a. M., New York, Campus 1997, S. 185–202.

Beobachter seines eigenen Schiffbruchs: »Ich erzählte Ihnen schon von der unnatürlichen Neugierde, die an die Stelle meiner ursprünglichen Angst getreten war. Sie schien nur zu wachsen, je näher ich meinem schrecklichen Untergang zutrieb. Ich fing an, die Gegenstände, die mit uns dahintrieben, mit ganz eigentümlichem Interesse zu betrachten. Ich muß wohl von Sinnen gewesen sein, denn es machte mir Vergnügen, über die verschiedene Geschwindigkeit ihres Hinabstürzens in den Schaum da unten Betrachtungen anzustellen.«
▶ 08

Auf diese Weise sieht er, wie Baumstämme, zerbrochene Kisten, Fässer, Planken u.a. Schiffstrümmer, die eben noch unterhalb des eigenen Schiffes trieben, schon nach kurzer Zeit scheinbar am Schiff vorbei und die Wasserwand des Strudels hinaufzuklettern scheinen. Die Ursache für diese hoffnungsvolle Betrachtung will der Fischer in drei allgemeinen Gesetzen erkannt haben: erstens, »daß ein Körper, je größer er ist, desto schneller sinkt«; zweitens, »daß bei zwei Körpern von gleichem Volumen, von denen der eine von sphärischer, der andere von irgendeiner anderen Gestalt war, der sphärische stets rascher unterging«; drittens, »daß bei zwei Körpern von gleichem Volumen, von denen der eine zylindrisch, der andere von irgendeiner anderen Gestalt war, der Zylinder am langsamsten eingesogen wurde« (S. 272). Diese Einsicht rettet dem Fischer das Leben. Er bindet sich das Wasserfass mit den Seilen um den Leib und springt in den Strudel. Sein Bruder, der noch an die vermeintlich festere Sicherheit des Schiffes glaubt, wird vom Malstrom verschlungen, während Poes Protagonist auf seinem Fass weniger schnell und tief dem Abgrund entgegeneilt. Mit der Ebbe kommt schließlich auch die Rettung in Form eines anderen Fischerboots, das den Erschöpften aus dem inzwischen wieder beruhigten Meer ziehen kann, damit er ihnen und damit er uns seine Geschichte erzählen kann.»Jetzt habe ich sie Ihnen erzählt – aber ich darf kaum erwarten, daß Sie ihr mehr Vertrauen schenken als die fröhlichen Fischer von Lofoten«
▶ 09 – so endet wenigstens Poes Protagonist seine Erzählung, und viele Interpreten haben dieser Erwartung mehr unterlegt, als ihr Autor hoffen durfte.

III.
Diese ›Geschichte des Grauens‹ bündelt in der Tat viele zentrale Motive der Erzählungen Poes, die nach Deutung verlangen und auch gefunden haben: die phantastische Fahrt, die Verwandlung der allgegenwärtigen Angst in Neugier, der detektivische Spürsinn des Protagonisten, die schreckliche Erhaben-

Edgar Allan Poes Tradition

heit eines gewaltsamen Todes, der scheinbare Gegensatz zwischen spätromantischer Naturdarstellung und rationalistischer Analyse u.v.a.; aber sie alle werden gleichsam überschattet und fortgerissen vom Sog des einen Leitmotivs: des Schiffbruchs im Malstrom. Diese verhängnisvolle Verbindung von zwei Katastrophen und der immer wieder als »schwebend« oder »fliegend« bezeichnete Zustand der Protagonisten, die sich zwischen diesen Katastrophen in der Falle und in Gefahr befinden, sind auch in anderen Geschichten Poes dominant. Gerade diese Situation der Poeschen (Denk-) Figuren prädestinierte viele seiner Erzählungen zu Parabeln für die Wunschkonstellationen ihrer Leser, d.i. was immer auch unter den ›Herausforderungen der Moderne‹ vorgestellt werden konnte.

Die kurze Geschichte vom *Sturz in den Malstrom* ist also ohne Zweifel ein zentraler Text von Edgar Allan Poe, und nicht zu Unrecht könnte man darin eine Allegorie seines ganzen Werks erblicken. In Marianne Kestings Studie *Entdeckung und Destruktion. Zur Strukturumwandlung der Künste*, die Poes Katarakt sogar als Titelemblem präsentiert, findet diese These eine ausführliche Behandlung. Kesting findet in dem Motiv der abenteuerlichen Seereise und der Gefahr des Schiffbruchs im Malstrom »unter anderem eine Selbstmeditation der Dichtung verklausuliert. Die Seereise beschreibt den Gang der modernen Ästhetik, ihre Loslösung von der Faktizität, die als trügerisch entlarvt wird, ihren Aufbruch in die Welt der Imagination und die Welt des schlechthin Unbekannten.« ▶10 Dass diese abenteuerlichen Fahrten bei Poe immer zwischen Angst und Curiositas wie zwischen Skylla und Charybdis hindurchmanövrieren müssen, führt zu Risiken, denen sie zugleich ihre Entdeckun-

---

08 Edgar Allan Poe: »Ein Sturz in den Malstrom« (1841), in: ders.: »Erzählungen. Phantastische Fahrten, Geschichten des Grauens und Detektivgeschichten«. Mit 103 Illustrationen von Alfred Kubin. Herausgegeben, bearbeitet und übersetzt unter Verwendung früherer deutscher Übertragungen und der amerikanischen Gesamtausgabe (Virginia Edition), New York, 1902 von Roland W. Fink-Henseler, Bayreuth, Gondrom 1985, S. 271. Alle Zitate von Edgar Allan Poe und die dazugehörigen Seitenangaben in Klammern beziehen sich auf diese Ausgabe. Auf die sonst übliche Übersetzung von Arno Schmidt und Hans Wollschläger wird absichtlich kaum zurückgegriffen, da sie für die hier interessierenden Stellen oft unpassender überträgt. Die Besitzer dieser Gesamtausgabe mögen das verzeihen.

09 Edgar Allan Poe: »Ein Sturz in den Malstrom« (1841), in: ders.: »Gesammelte Werke«, Bd. 2. Aus dem Amerikanischen von Arno Schmidt und Hans Wollschläger. Zürich, Haffmans 1994, S. 315.

10 Marianne Kesting: »Der Schrecken der Leere. Zur Metaphorik der Farbe Weiß bei Poe, Melville und Mallarmé«, in: dies.: »Entdeckung und Destruktion. Zur Strukturumwandlung der Künste«, München, Fink 1970, S. 94–119, hier S. 112.

gen verdanken. Die jederzeit drohende Katastrophe des Schiffbruchs im Malstrom ist bei Poe zur Normalität der Allegorie von der Seereise als »Fahrt der Dichtung« geworden. Dieser Auffassung möchte ich mich anschließen, allerdings mit einer Verschiebung der Fragestellung. Der Faszination des Bildes erlegen, hat man die Auslegung der Allegorie fast immer in der Antwort auf die scheinbar alles entscheidende Frage gesucht: *Was ist der Malstrom?* Auf diese Frage kann es nur viele unterschiedliche Antworten geben, und es ist vielleicht eine Form von repressiver Toleranz einer Literaturwissenschaft, die sich darin als liberal gefällt, solche Ergebnisse als notwendige Mehrdeutigkeit von guten Texten auszugeben, d. h. normalerweise die verschiedenen Deutungen unbearbeitet – im Jargon: ›gleichberechtigt‹ – nebeneinander stehen zu lassen oder in der historischen Abfolge der Interpretationsgeschichte eines Textes oder Autors aufzuheben.

»Vielleicht formulierte sich im Bild des Katarakts, der unwiderstehlich alles in seinen Schlund zieht, eine geschichtliche Erfahrung [...] Der reißende Fluß, der gewaltige ›Strom, der ans Ende will‹ – in diesen Bildern drückt sich das Gefühl aus, daß den Handelnden das Gesetz des Handelns entglitte und alle in den unwiderstehlichen Sog der Geschichte gerissen würden.« ▸11 So deutet Marianne Kesting den Malstrom als Sog der Geschichte und lässt keinen Zweifel, welchen Sog und welche Geschichte sie damit eigentlich meint. Ulrike Brunotte hat über das »Rätsel des Maelstroms« gleich ein ganzes Buch geschrieben: »*Hinab in den Maelstrom*«. *Das Mysterium der Katastrophe im Werk Edgar Allan Poes.* Für Brunotte sind Katarakt & Katastrophe schlicht eine »archaische Weiblichkeitskonstruktion«. Poe schildere »in der Erzählung *The Descent into the Maelstrom*« wie sonst nirgends in seinem Werk Katastrophenlust als Versuch des Subjekts, hinter die unerträglich gewordenen Konflikte der Autonomie zurückzukehren und im (weiblichen) Ursprung zu verlöschen. [...] Das literarische Naturbild des brodelnd-saugenden Maelstroms knüpft dabei an älteste gattungsgeschichtliche Schreckbilder des weiblichen Ursprungs als Chaosmacht an [...] Der Poesche Heros [...] versucht durch Eintauchen in den formlosen Ursprung selbst, der ›Geschlechterspannung‹ zu entgehen. [...] Sein Enträtselungsversuch hat die im Untergangssog wiederkehrende Geschlechterspannung als eine zwischen der Mutter und dem männlichen Kind nicht mitreflektiert. Folglich wird die zentrale Angstlust, verschlungen zu werden, die eigene Identität zu verlieren, nicht bearbeitet, sondern nur gebannt.« ▸12

Edgar Allan Poes Tradition

Diese beiden Beispiele sollten nicht nur die Bandbreite des Möglichen andeuten, sondern vor allem die Verlockung nicht des weiblichen Ursprungs, sondern des rhetorischen Modells aufzeigen. Indem Brunotte den Opferwunsch des »Poeschen Heros« verkündet, fällt sie selbst dem Malstrom zum Opfer. Der Prozess der Interpretation ist nicht mehr Klärung der rhetorischen Figur und Bestimmung ihres Sinns, sondern einer, »der durch diese Klärung zum Prozeß einer fortgesetzten Verunsicherung darüber wird, ob sie überhaupt Interpretation sei und nicht vielmehr eine weitere Figur aus dem Repertoire der Texte, auf die sie sich bezieht«. ▸13 Die Frage: *Was ist der Malstrom?* kann nicht anders verfahren, als der inneren Logik der rhetorischen Figur, die der Malstrom uneigentlich ist, zu folgen. Die Geschichte seiner Auslegung wiederholt zwanghaft die Geschichte und das Repertoire der rhetorischen Figur. ▸14 Nur die Rollen können unterschiedlich besetzt werden, je nach dem ob man *die* Geschichte, *die* Weiblichkeit, *die* Leere, *das* Nichts oder andere Protagonisten auf dem »Amphitheater« des Malstroms sehen will. Die Deutung des Malstroms als Amphitheater findet sich bereits 1833 in einer Vorstudie zum *Sturz in den Malstrom*. In *Das Manuskript in der Flasche (MS. Found in a Bottle)* heißt es bei Edgar Allan Poe: »Es ist unmöglich, sich mein Entsetzen vorzustellen. Und doch überwiegt die Neugierde, die Geheimnisse dieser furchtbaren Regionen zu ergründen. [...] O Grauen über Grauen! Die Eismauern öffnen sich plötzlich zur Rechten und zur Linken, und wir wirbeln pfeilgeschwind in ungeheuren konzentrischen Kreisen rund um ein *riesenhaftes Amphitheater*, dessen Gipfel sich in der Finsternis des Raumes verliert. Es bleibt mir nur wenig Zeit, an mein Schicksal zu denken. Die Kreise verengen sich mit reißender Schnelle, wir geraten in den Schlund des Strudels, und unter dem Brüllen, Bellen, Donnern des Ozeans und des Sturms geht ein Schauer durch das Schiff – und – o Gott! – es – schießt – hinab...« (S. 216).

---

11 Marianne Kesting: »Im Maelstrom der Geschichte. Die politische Parabel bei Edgar Allan Poe«, in: dies.: »Entdeckung und Destruktion«, a.a.O., München, Fink 1970, S. 69–93, hier S. 83.

12 Ulrike Brunotte: »›Hinab in den Maelstrom‹. Das Mysterium der Katastrophe im Werk Edgar Allan Poes«, Stuttgart, Weimar, Metzler 1993, S. 181–184.

13 Werner Hamacher: »Unlesbarkeit«, in: Paul de Man: »Allegorien des Lesens«, Frankfurt a. M., Suhrkamp 1988, S. 9.

14 Ein solcher Sturz in den Abgrund der Interpretation ist sogar bis in den Titel einer Studie vorgedrungen: Gerald J. Kennedy: »The Narrative of Arthur Gordon Pym and the Abyss of Interpretation«, New York 1995.

So lauten die letzten Sätze der kurzen Erzählung, die das Protokoll der eigenen Vernichtung als Flaschenpost auf den Weg und an die dem Autor unbekannten Leser der Poeschen Literatur bringt. Es ist unmöglich, sich das Entsetzen des Schreibers vorzustellen, und doch überwiegt die Neugierde, die Geheimnisse dieser furchtbaren Literatur zu ergründen: »Es ist klar, daß wir irgendeiner furchtbaren Entdeckung zueilen, einem unmitteilbaren Geheimnis, dessen Offenbarung den Untergang bringen muß« (S. 216). Diese Erzählung kommentiert das Verfahren ihrer eigenen Hervorbringung: Sie bricht das Schreiben über das Schreiben ab. Anschreibbar bleiben nur noch diese Abbrüche (Aposiopese) und ein unbewusstes Wort, das, in seiner Buchstäblichkeit unlesbar und in seiner übertragenen, figurativen Sinnbildlichkeit auf das Segel des Schiffs geschrieben, unmitteilbar ist: »Während ich über mein seltsames Geschick nachgrübelte, strich ich in Gedanken mit einer Teerbürste über den Rand eines Beisegels, das sorgfältig gefaltet auf einer Tonne neben mir lag. Dieses Segel ist jetzt aufgezogen worden, und die ganz unbewußt gemachten Bürstenstriche bilden das Wort *Entdeckung*« (S. 212). Die Reise auf dem gespenstischen Landentdecker-Schiff ist buchstäblich eine Fahrt der Dichtung in den Strudel der Rhetorizität »und eröffnet schwindelerregende Möglichkeiten referentieller Verirrung« ▶15, die den (Ab-)Grund der Poe(sie) ausmachen. Die unmitteilbare Entdeckung besteht in der amüsanten Einsicht in die rhetorische, figurative Macht der Sprache, mit der diese Literatur gleichgesetzt werden kann.

Die Katastrophenlust der Deutung liegt wahrscheinlich in der besonderen Art der Allegorie vom Schiffbruch im Malstrom begründet, denn »ebenso wie das einzelne Symbol [der Strudel] in ihr, hat sie selbst eine unendliche Kapazität, Bedeutungen verschiedener Art anzunehmen, mit anderen Worten«▶16, sie ist eine Daseinsmetapher im Sinne von Hans Blumenberg. Wie gesagt, was das Dasein für den Einzelnen auch immer bedeuten mag, darüber schweigen Poes Texte und reden nur seine Deuter. Aber die Verknüpfung von Schiffbruch mit Zuschauer, Neugierde und (Welt-) Theater ist keine Erfindung Poes, sondern gehört zum Repertoire der Daseinsmetapher vom Schiffbruch, auch und gerade wenn der Zuschauer/Leser selbst (möglicherweise als Schauspieler) in die Katastrophe mit einbezogen ist.

Wenn man mit Fragen wie *was ist der Malstrom?* also nur Struktur und Repertoire der Rhetorik und Performanz eines literarischen Textes wiederholt, empfiehlt sich – Niklas Luhmann hat es immer wieder gelehrt – eine Verschiebung der

Edgar Allan Poes Tradition

Fragestellung. Man muss von *Was*-Fragen auf *Wie*-Fragen umstellen können. *Wie* der ›Poesche Heros‹ sich aus dem Malstrom befreien konnte ist eine ganz andere Frage, als die Bedeutung des Malstroms zu erkunden. Sie scheint fast so einfach zu sein, dass sich kaum jemand lange mit ihr beschäftigt hat. Hier gibt es keine Mehrdeutigkeit und widersprechende Interpretationen. Bei Ulrike Brunotte heißt es lapidar dazu: »Der Faszination, in die Macht des ›Sogs‹ einzutauchen, setzt der Denkende sein Wissen entgegen. Im Akt der Rettung bedient sich der Heros seiner naturwissenschaftlichen Erkenntnisse. [...] Er hat das Eigentliche, seine Verknüpfung mit dem ›Sog‹, nicht erkannt, und er erwehrt sich des Maelstroms mit bewährten logozentrischen Mitteln.« ▸17 Oder wie Frederick S. Frank und Anthony Magistrale in freier Übersetzung formulieren: »Der Matrose rettet sich durch die Anwendung seiner neu erworbenen Dupin-gleichen Fähigkeiten der Analyse [Dupin-like powers], indem er intuitiv das verborgene Gesetz der Hydrodynamik anhand der ihn im Strudel umgebenden Objekte beobachten kann.« ▸18 Kurz und bündig resümiert Walter Lennig die geläufige Anschauung: »Auf die kürzeste Formel gebracht: es wird in dieser Geschichte gezeigt, daß der denkende, der logisch kalkulierende Mensch der drohenden Vernichtung durch Naturgewalten etwas entgegenzusetzen hat.« ▸19

Das mathematische oder auch detektivische Kalkül scheint so offensichtlich zu sein, dass es entweder, wie bei Brunotte, als regressives Moment abgeurteilt oder im Gegenteil als spezifische Modernität Poes von anderen Interpreten gefeiert wird. Dabei verkennen sie die rhetorische und erkennen auch nicht die historische Dimension dieser Daseinsmetapher. Denn auch hier ist Poe nicht originell, sondern bewegt sich noch vollständig im topischen Repertoire seiner bevorzugten Trope: »Der Römer Lukrez hat die Konfiguration geprägt. Das zweite Buch seines Weltgedichtes beginnt mit der Imagination, vom festen Ufer her die Seenot des anderen auf dem vom Sturm aufgewühlten Meer zu betrachten. [...] Nicht darin besteht freilich die Annehmlichkeit, die dem Anblick zugeschrieben wird,

---

15 Paul de Man: »Semiologie und Rhetorik«, in: ders.: »Allegorien des Lesens«, a.a.O., S. 31–51, hier S. 404.
16 Marianne Kesting: »Entdeckung und Destruktion«, a.a.O., S. 103.
17 Ulrike Brunotte: »Hinab in den Maelstrom«, a.a.O., S. 183–184.
18 Frederick S. Frank und Anthony Magistrale: »The Poe Encyclopedia«, a.a.O., S. 95.
19 Walter Lennig: »Edgar Allan Poe«, Reinbek bei Hamburg, Rowohlt 1959, S. 104.

daß ein anderer Qual erleidet, sondern im Genuß des eigenen unbetroffenen Standorts. Es geht überhaupt nicht um das Verhältnis unter Menschen, leidenden und nicht-leidenden, sondern um das Verhältnis des Philosophen zur Wirklichkeit: um den Gewinn durch die Philosophie Epikurs, einen unbetreffbaren festen Grund der Weltansicht zu haben. [...] Der Zuschauer genießt nicht die Erhabenheit der Gegenstände, die ihm seine Theorie erschließt, sondern das Selbstbewußtsein gegenüber dem Atomwirbel, aus dem alles besteht, was er betrachtet – sogar er selbst.« ▸20

Die Distanz des ›Poeschen Heros‹ zur eigenen Situation, seine plötzliche Gelassenheit im Angesicht der Katastrophe, wie auch seine Selbst-Rettung durch die abendländische Wissenschaft der Logik und Mathematik entsprechen demnach vollkommen der von Lukrez geprägten und von Blumenberg kommentierten Urszene. So einfach kann die Frage nach der Methode der Rettung, die auch eine Frage nach der Originalität Poes impliziert, also nicht beantwortet werden, was die Allegorie auch in einem offenbaren Geheimnis ausspricht: Wer wie der ältere Bruder auf die vermeintliche Sicherheit des Schiffs vertraut, »jenes ungeheure Gebälk und Bretterwerk der Begriffe, an das sich klammernd der bedürftige Mensch sich durch das Leben rettet«, ▸21 der wird in dem Malstrom untergehen. Wer dagegen auf dem Rücken eines Tigers in Träumen oder eben auf Fässern – die leer und daher referenzlos sind – reitend sein Glück versucht, der kann dem Schiffbruch und auch seiner traditionellen Topik entkommen. Die Innovation Poes besteht demnach gerade nicht in dem mathematisch-strategischen Kalkül, sondern in der Taktik und Bewegungslehre seines Schiffbrüchigen, der versucht, auf den Wellen des Malstroms zu reiten. Im Original der Erzählung wird die Fortbewegungsart übrigens tatsächlich mit »riding the waves« bezeichnet. Mein Vorschlag lautet deshalb, dass der ›Poesche Heros‹ ein Surfer ist. In der Falle und Gefahr des Strudels bleibt ihm nichts anderes übrig: Er surft auf dem Malstrom und nutzt die Strömung gegen ihre eigene Gewalt.

IV.

Um diese ungewöhnliche Lektion und Lectiolehre von Edgar Allan Poe allererst lesbar zu machen, brauchte es einen eben so ungewöhnlichen Philologen, der zunächst ebenfalls als Außenseiter und Störung seiner Disziplin galt. In seinem vielleicht populärsten Buch *Das Medium ist Massage* von 1967 hatte Marshall McLuhan als erster das Verhalten von Poes Seemann als eine taktische Beweglichkeit im bewegten Element gelesen und als Modell in elektronischen Zeiten empfohlen. Im Gegen-

Edgar Allan Poes Tradition

satz zur Strategie, die einen eigenen Ort der Planung und der Übersicht voraussetzt, kennzeichnet die Taktik das Manöver im schon besetzten Gebiet. Diese zentrale Einsicht in den Unterschied von Strategie und Taktik im »Meer des Krieges« (Clausewitz) hatte fast genau zehn Jahre vor Edgar Allan Poe der preußische General Carl von Clausewitz in seiner Wissenschaftslehre *Vom Kriege* entwickelt: »[In der Taktik] reißt der Augenblick mit fort, der Handelnde fühlt sich in einem Strudel fortgezogen, gegen den er ohne die verderblichsten Folgen nicht ankämpfen darf, er unterdrückt die aufsteigenden Bedenklichkeiten und wagt mutig weiter. In der Strategie, wo alles viel langsamer abläuft, ist den eigenen und fremden Bedenklichkeiten, Einwendungen und Vorstellungen und also auch der unzeitigen Reue viel mehr Raum gegönnt, und da man die Dinge in der Strategie nicht wie in der Taktik wenigstens zur Hälfte mit eigenen leiblichen Augen sieht, sondern alles erraten und vermuten muß, so ist auch die Überzeugung weniger kräftig. Die Folge ist, daß die meisten Generale, wo sie handeln sollten, in falschen Bedenklichkeiten steckenbleiben.« ▸22

Genauer als dieser preußische General hätte McLuhan seine Lehre von der taktischen Bewegung in metaphorisch flüssigen Medien nicht formulieren können. Sein kurzer Kommentar zu Poes Erzählung steht einer Buchseite vor, die McLuhan selbst im Anzug auf dem Surfbrett inmitten der Wellen zeigt. Wegen der enormen Geschwindigkeit seiner Fahrt, vielleicht aber auch zur Andeutung eines Grußes hält der alte Herr fröhlich seinen Hut fest.

20 Hans Blumenberg: »Schiffbruch mit Zuschauer. Paradigma einer Daseinsmetapher«, Frankfurt a. M., Suhrkamp 1979, S. 31. Bei Kant hat diese Konstellation dann eine neue Idealität erhalten. In dem berühmten Paragraphen 28 »Vom Dynamisch-Erhabenen der Natur« in der »Kritik der Urteilskraft« von 1790 heißt es an zentraler Stelle ganz in der Tradition dieses philosophischen Topos: »[…] der grenzenlose Ozean in Empörung gesetzt, ein hoher Wasserfall eines mächtigen Flusses u. dgl. machen unser Vermögen zu widerstehen in Vergleichung mit ihrer Macht zur unbedeutenden Kleinigkeit. Aber ihr Anblick wird nur um desto anziehender, je furchtbarer er ist, wenn wir uns nur in Sicherheit befinden; und wir nennen diese Gegenstände gern erhaben, weil sie die Seelenstärke über ihr gewöhnliches Mittelmaß erhöhen und ein Vermögen zu widerstehen von ganz anderer Art in uns entdecken lassen, welches uns Mut macht, uns mit der scheinbaren Allgewalt der Natur messen zu können.« Immanuel Kant: »Kritik der Urteilskraft« (1790), hg. v. Karl Vorländer, Hamburg, Meiner 1993, S. 107 [104].
21 Friedrich Nietzsche: »Über Wahrheit und Lüge im außermoralischen Sinne«, in: ders.: Kritische Studienausgabe 1, hg. v. Giorgio Colli und Mazzino Montinari, Berlin, New York, de Gruyter 1988, S. 888.
22 Carl von Clausewitz: »Vom Kriege« (1832–1834). Auswahl, hg. v. Ulrich Marwedel, Stuttgart, Reclam 1980, S. 181.

»Bei seiner amüsanten Kurzweil, die einer rationalen Distanz zur eigenen Situation entsprang, wendete Poes Matrose in *Ein Sturz in den Malstrom* eine Katastrophe ab, indem er die Wirkungsweise des Wasserwirbels zu verstehen suchte. Seine Haltung bietet eine mögliche Taktik, wie wir unsere unangenehme Lage, unseren elektrisch strukturierten Wirbel begreifen können.« ▶23

Erst im Zusammenhang mit dem Selbstporträt wird verständlich, welche Haltung und Taktik damit gemeint sind. Für McLuhan ist das Surfen daher kein schiffbrüchiges ›sich-treiben-lassen‹, sondern setzt Kenntnisse und Fertigkeiten im jeweiligen Medium voraus, ist Klugheit im Umgang mit ›Informationsflut‹. Natürlich reiht sich auch McLuhan mit der Deutung des Malstroms als Wirbel der Kommunikation(-smedien), als »worldpool of information« oder als Kaleidoskop von »inter faced situations«, ▶24 in die Reihe derer, die dem Sog des Strudels einen mehr oder minder plausiblen Sinn unterlegen wollen, aber das ist für seine Betrachtungsweise gar nicht das Entscheidende. Er fragt nicht eigentlich *was ist der Malstrom?*, sondern versucht statt dessen zu begreifen, wie der Strudel funktioniert. Man könnte auch sagen, er versucht den Malstrom nicht in Begriffen, sondern rhetorisch zu denken, was man ihm vor allem in der wissenschaftlichen Gemeinschaft oft übel genommen hat. Das Selbstporträt von 1967 wirkt dabei noch bis heute fort. In einer neuen *Einführung in die Medienwissenschaft* von Peter Ludes kann man lesen: »McLuhan bemühte sich nie, seine Methoden und Konzepte systematisch zu erklären. [...] Die Gründe für sein zapping / grazing / surfing zwischen verschiedenen Konzepten, Theoriegebäuden und Denkstilen mag er vielleicht selbst durchschaut haben, vielleicht waren sie auch noch plausibel für diejenigen, die an den interdisziplinären Gesprächen seiner Kreise teilnehmen konnten. Für seine LeserInnen können sie aber kaum als selbstverständlich erscheinen.« ▶25

Dabei hätte man es besser wissen können, wenn man sich bei solchen »Einführungen« nicht beharrlich weigern würde, Marshall McLuhan wirklich zu lesen – wahrscheinlich in dem Bewusstsein ›weiter‹ zu sein oder mittlerweile eine genauere und bessere Kenntnis von Medien zu besitzen. Jedenfalls hatte McLuhan schon 1951 in dem Vorwort zu seinem ersten veröffentlichten Buch *Die Mechanische Braut* das Zapping oder Grazing als notwendige Taktik und moderne Bewegungslehre für die mediale Situation seiner Gegenwart erläutert. Das Buch versucht erst gar nicht gegen die »beachtlichen Strömungs- und Druckkräfte anzukämpfen, die sich durch die mechanischen

Edgar Allan Poes Tradition

Einwirkungen von Presse, Radio, Kino und Werbung um uns herum aufgebaut haben«, ▶26 sondern wagt die Inversion solcher Verhaltensmuster, indem es [das Buch] der Dynamik dieses (Medien-) Strudels folgt und sie zu nutzen versucht: »Wegen seines kreisenden Blickpunktes muß das Buch in keiner bestimmten Reihenfolge gelesen werden. Jeder Abschnitt liefert eine oder mehrere Perspektiven auf die gleiche gesellschaftliche Landschaft. [...] Das Buch bemüht sich, durch häufige Querverweise auf andere, hier nicht enthaltene Materialien zu veranschaulichen, daß die vorliegenden Beispiele nicht ausgewählt wurden, um etwas zu beweisen, sondern um eine komplexe Situation sichtbar zu machen. [...] Die verschiedenen Ideen und Begriffe, die in den Kommentaren eingeführt werden, sollen Positionen zur Verfügung stellen, von denen aus die Gegenstände untersucht werden können. Sie sind keine Schlußfolgerungen, bei denen man stehen bleiben sollte, sondern nur Ausgangspunkte. In einer Zeit, in der die meisten Bücher eine einzige Idee anbieten, um ihr eine ganze Reihe von Beobachtungen einheitlich unterzuordnen, ist eine solche Vorgehensweise nur schwer verständlich zu machen.« ▶27

---

23 Marshall McLuhan und Quentin Fiore: »Das Medium ist Massage« (1967), Frankfurt a. M., Berlin, Ullstein 1969, S. 150–151.

24 Alle Zitate bei Marshall McLuhan und Quentin Fiore: »The Medium is the Massage«, New York, London, Toronto, Bantam Books 1967, S. 10–14.

25 Peter Ludes: »Einführung in die Medienwissenschaft. Entwicklungen und Theorien«. Mit einer Einleitung von Jochen Hörisch, Berlin, Erich Schmidt 2000, S. 88. Diese ›Einführung‹ und auch das Vorwort von Jochen Hörisch sind ein gutes Beispiel für die mittlerweile schon standardisierte Fehllektüre McLuhans – gerade weil man es ja eigentlich ›gut meint‹.

26 Marshall McLuhan: »Die mechanische Braut. Volkskultur des industriellen Menschen« (1951), Dresden, Basel, Verlag der Kunst 1996, S. 7. »McLuhan verwendet in ›Das Medium ist Massage‹ das gleiche Zitat aus E. A. Poes ›Ein Sturz in den Malstrom‹ wie im Vorwort zur ›Mechanischen Braut‹. Der gleiche Verweis auf den im Strudel um sein Leben kämpfenden Seemann verdeutlicht die Veränderung in McLuhans Medienkonzeption: Was 1967 einen ›elektrisch strukturierten Wirbel‹ beschreibt, soll 1951 noch die ›mechanischen Einwirkungen‹ von Presse, Radio, Kino und Werbung umfassen. McLuhan schreibt in der ›Mechanischen Braut‹ also immer auch schon über die elektronische Welt der Gegenwart. Seine Schwierigkeiten bei der Wahl der richtigen Terminologie zeigen, wie stark mechanische und elektronische Medien Ende der 40er, Anfang der 50er Jahre vor dem entscheidenden Schritt in die Halbleitertechnologie [...] noch ineinander verwickelt erscheinen.« Jürgen Reuss / Rainer Höltschl: »Mechanische Braut und elektronisches Schreiben. Zur Entstehung und Gestalt von Marshall McLuhans erstem Buch«, in: ebenda, S. 240.

27 Ebenda, S. 8 f.

Bereits 1951 also hatte McLuhan seinen viel später niedergeschriebenen Slogan »Das Medium ist die Botschaft« sehr konsequent verfolgt, denn dieses Paradox erweist sich als indirekter Effekt der Malstrom-Situation. Wer die Neuen Medien mit Hilfe der Alten verstehen will, so die unzeitgemäße Einsicht McLuhans, der muss zuerst deren Zugriffstechnik und Geschwindigkeit der neuen Dynamik anpassen. In diesem technologischen Konzept – oder bei McLuhan besser: *percept* – einer neuen Buchstruktur die Präfiguration einer Hypertextarchitektur zu lesen, bleibt jedem freigestellt. Sicher ist nur, dass McLuhan-Bücher für eine herkömmliche Lektüre kaum mit Gewinn zu lesen sind, denn sie verlangen auch von ihrem Leser die Fähigkeit und Bereitschaft, eine große Menge von heterogenen Ideen und Zugriffen simultan zu verarbeiten und in Analogien zu lesen. Dem Wechsel zwischen verschiedenen Denkstilen korrespondiert ein Verhalten in elektronischen Medien, das – bleiben wir im Bilde – zum Schwimmen befähigt. Oder genauer: zum Surfen.

Die Gutenberg-Galaxis ist so ein Buch. Als Reaktion auf eine sog. ›Zerstreuung‹ ▸ 28 der physiologischen Wahrnehmung durch die neuen Medien entwirft McLuhan dort einen Text, der die Gleichzeitigkeit der Ereignisse und Informationsflüsse als Effekte einer Zersplitterung inszeniert und dessen Struktur mit einem zentralen Begriff McLuhans als *Mosaik* ▸ 29 bezeichnet werden kann. McLuhan schrieb dieses Buch in Toronto, wie schon sein Kollege Harold A. Innis vor ihm Bücher geschrieben hatte: Jede Woche nahm Innis einen ganzen Beutel voller Bücher mit nach Hause, destillierte ihren Inhalt auf Karteikarten, die er in verschiedenen Stapeln auf dem Fußboden seines Büros anordnete. Karte für Karte wurden aus diesen Stapeln Bücher, die nicht einfach zu lesen sind. Wie Edmund Carpenter berichtet, hatte McLuhan nicht nur diese Methode, seltsame Bücher aus seltsamen Büchern zusammenzuschreiben, von Innis übernommen, sondern auch die Gabe, diesen Büchermix noch zu konzentrieren: »Skip content. Skim books, alternate pages only. Distill four hundred pages to four sentences. His plan: weave insights, headlines, ads, lyrics, jokes, puns, into an all-media Baedeker, Joycean style. [...] Everything, absolutly everything, went into this mix. Marshall skimmed several books a day, jotting notes. These became the next article. [...] Marshall's files were a pirate's wardroom, loot from Seven Seas, previous owners forgotten.« ▸ 30

In einem Interview hatte McLuhan behauptet, *Die Gutenberg-Galaxis* von 1962 sei ein »Bündel« von zusammengeschnürten breitgestreuten Materialien, deren Elemente durcheinander zirkulieren können und sollen, damit die komplexe strategische Situation der mediatisierten Gesellschaft greifbar werden kann. Ganz im Sinne des deutschen Dichters Friedrich Gottlieb Klopstock, der 1779 in seiner sprachwissenschaftlichen Schrift *Von den abwechselnden Verbindungen und dem Worte »verstehen«* die hermeneutische Zentralvokabel ›verstehen‹ aus dem Verb ›begreifen‹ zu einer Materialität der Kommunikation und Epistemologie ableitete, ▸31 meint ›greifbar werden‹ auch eine taktile Erkenntnis. ›Taktil‹ bedeutet bei McLuhan nicht eigentlich den Tastsinn, sondern das gleichzeitige Zusammenwirken aller Sinne – ein *interplay of senses* –, und das ist auch notwendig geworden, denn bei »der großen Schnelligkeit elektrischer Kommunikation taugen rein visuelle Mittel der Welterfassung nichts mehr; sie sind einfach zu langsam, um noch eine Bedeutung oder Wirkung zu haben«. ▸32 Diese notwendig gewordene Taktilität im Umgang mit Medien gilt auch für das Mediendesign von McLuhans eigenen Büchern. Der Buchumschlag von *Das Medium ist Massage* zeigt den Abdruck eines tastenden Fingers, der Umschlag von *Counterblast*, eine Sammlung von Aufsätzen McLuhans, zeigt direkt den elektronischen Strudel. Das Buch, welches das Ende aller Bücher prognostiziert hatte, rekurrierte in der Selbstbeschreibung seiner Struktur und Methode dann folgerichtig noch einmal auf den Malstrom: »Was konnte für einen Mann, der zwischen der Scylla der literarischen Kultur und der Charybdis einer nach-alphabetischen Technik gefangen ist, zweckmäßiger sein, als sich ein Floß aus Werbetexten zu zimmern? Er verhält sich ähnlich wie Poes Seemann im Malstrom, der die Bewegung des Wirbels studier-

---

28 Zu dem Begriff der Zerstreuung im Zusammenhang mit McLuhan, dem Fernsehen und der Kulturtechnik des Zappings gibt es das sehr lesenswerte Buch von Hartmut Winkler: »Switching, Zapping. Ein Text zum Thema und ein parallellaufendes Unterhaltungsprogramm«, Darmstadt, Häusser 1991, S. 33–53.

29 Kein Zufall also, dass der erste Internet-Browser von Marc Andreessen genau diesen Namen erhalten hatte.

30 Zu der Arbeitsweise von Harold Innis und Marshall McLuhan siehe den bisher leider unveröffentlichten Text von Edmund Carpenter: »That Not-So-Silent Sea«. Unveröffentlichtes Typoskript ca. 1992. Für die Kopie danke ich Erhard Schüttpelz, der eine Übersetzung und Veröffentlichung dieses Texts besorgen wird. Aus dieser Arbeitsweise entstand in Toronto in den 70er Jahren das Projekt eines Inventars der wichtigsten Durchbrüche und Paradigmenwechsel in der gegenseitigen Beeinflussung zwischen Kunst und Naturwissenschaft von 1900 bis zur Gegenwart. Dieses Inventar wurde auch als »Intellectual Baedeker of the Twentieth Century« bezeichnet. Kurz aber informativ dazu: Karlheinz Barck: »Intellectual Baedeker. Marshall McLuhans Projekt zu ›ARTS & Sciences‹«, in: »Trajekte«, Newsletter des Zentrums für Literaturforschung Berlin 1 (2000), Nr. 1, S. 7–11.

te und darum überlebte. Könnte es nicht unsere Aufgabe im elektronischen Zeitalter sein, die Bewegung des neuen Wirbels im Strom der älteren Kulturen zu studieren?« ▶33

Wenn man schon einmal die Gelegenheit bekommt, in einer Hochschule für Künste über den Strom und die Unterströmungen (»undercurrent« bei Poe) bei Marshall McLuhan sprechen zu dürfen, sollte man noch eine kunstgeschichtliche Ergänzung anbringen. Denn die Denkfigur des Malstroms hat McLuhan nicht von Poe allein übernommen, sondern auch von dem englischen *Vortizismus*, einer künstlerischen Avantgardebewegung (ca. 1914–1918) rund um Wyndham Lewis und Ezra Pound, über die McLuhan nicht nur einige Aufsätze verfasst hat, sondern mit denen er auch im Briefwechsel stand. Der Name Vortizismus stammte von Ezra Pound und leitet sich von dem lateinischen Wort *Vortex* ab, was soviel bedeutet wie ›Wirbel‹, ›Kreisel‹ und vor allem ›Strudel‹ – die bis heute gebräuchlichste Übersetzung im Englischen. Der Vortex wurde bei den Vortizisten zur zentralen Metapher für die mediale Situation der modernen Gesellschaft und auch der ihr angemessenen Kunst. So bezeichnete Pound 1913 London als einen riesigen Vortex, der seine Energien von der Peripherie her beziehe. »In diesem Strudel der urbanen Metropole kreiselt wiederum die Gruppe der Vortizisten als ein eigenständiges Energiezentrum, und jedes ihrer Mitglieder bildet seinerseits einen rotierenden Mikro-Vortex. Denn jeder bildende Künstler und Dichter muß, wie Pound im September 1913 schreibt, ›ein Krater [crater] oder ein Vortex‹ werden. Dieser Vortex wiederum erzeugt weitere Trichterwirbel in Gestalt der Kunstwerke.« ▶34

Bevor die Metapher vom Malstrom 1951 bei Marshall McLuhan angekommen war und zu dem zentralen Leitbild seiner Medientheorie avancieren konnte, hatte sie also schon eine kleine Karriere hinter sich und viele Ströme und Strömungen durchlaufen. Jonathan Miller sieht hier wohl zu Recht einen moralisierenden Kulturkonservativismus als geistigen Hintergrund McLuhans, der in Poe und seinem Matrosen die Haltung und Geste eines aristokratischen Dandy-Surfers inmitten der Kultur- und Unterhaltungsindustrie feiert. ▶35 Es ist demnach auch kein Einzel- oder gar Zufall, dass rechtskonservative Künstler wie Wyndham Lewis sich die symbolische Form des Strudels als Inspirations- und Darstellungsmittel angeeignet hatten, denn schließlich entsprachen Funktion und Konnotation der Metapher sehr genau den Vorstellungen eines modernen Antimodernismus, der technisch und intellektuell allerdings mehr auf der Höhe seiner Zeit war, als viele seiner Kritiker glauben

Edgar Allan Poes Tradition

machen möchten. Auch in Deutschland war der Malstrom als Sinnbild für den »Wert des Staates und die Bedeutung des einzelnen« ▶36 (Carl Schmitt) oder als »beste Schilderung des vollautomatisierten Zustandes« der Kultur (Ernst Jünger) bei Autoren aus dem Umfeld der sog. ›konservativen Revolution‹ sehr beliebt. Ernst Jünger bezieht sich in seiner Auslegung der Metapher sogar direkt auf Edgar Allan Poe. Kurz vor dem Ausbruch des Zweiten Weltkriegs notierte der gerade zum Hauptmann beförderte Jünger am 19. 8. 1939 in seinem Tagebuch: »Die beste Schilderung des vollautomatisierten Zustandes enthält die Erzählung ›Hinab in den Maelstrom‹ von E. A. Poe, den die Goncourts in ihren Tagebüchern schon früh mit Recht als den ersten Autor des 20. Jahrhunderts bezeichneten. Sehr gut wird darin unterschieden das Verhalten der beiden Brüder, von denen der eine, vom furchtbaren Anblick des Mechanismus geblendet, sich in bewußtlosen Reflexen bewegt, während der andere sich denkend und fühlend verhält – und überlebt. In diese Figur spielt auch die Verantwortung ein, die den immer kleiner werdenden Eliten zuzufallen beginnt.« ▶37

In der zeitgleich erschienenen Erzählung *Auf den Marmor-Klippen* wird noch ein wenig deutlicher, wer diese Eliten sind, welche Geschicklichkeit und Geisteshaltung diese Surfpoeten und Datendandys kennzeichnen. Der Ich-Erzähler und sein

---

31 »Die Wörter, durch welche wir die Handlung der Seele, das Verstehen ausdrücken, scheinen beim ersten Anblick von sinnlichen Handlungen […] hergenommen zu sein […] Man faßte also etwas, um es zu heben, fortzutragen usw., man faßte es aber auch, um es zu fühlen oder genauer anzusehen; und nun wurde die erreichte Absicht, nämlich das Erkennen, durch das Wort der Handlung, die in dieser Absicht geschehen war, nach einem gewöhnlichen Gedankengang, bezeichnet. (Für fassen brauchte man im Niedersächsischen sogar das Wort packen.) Begreifen zeigt eine genauere Untersuchung als fassen an.« Friedrich Gottlieb Klopstock: »Von den abwechselnden Verbindungen und dem Worte ›Verstehen‹. Fragment«, in: ders.: »Werke in einem Band«, hg. v. Karl August Schleiden, München, Wien, Hanser 1969, S. 973–975.

32 Marshall McLuhan und Quentine Fiore: »Das Medium ist Massage«, a.a.O., S. 63.

33 Marshall McLuhan: »Die Gutenberg-Galaxis. Das Ende des Buchzeitalters«, Düsseldorf, Wien, Econ 1968, S. 109.

34 Hubertus Gassner: »Der Vortex – Intensität als Entschleunigung«, in: »BLAST. Vortizismus – Die erste Avantgarde in England 1914–1918«, hg. v. Karin Orchard, Hannover, Sprengel Museum 1996, S. 23. In diesem Ausstellungskatalog finden sich auch die sehr interessanten Bilder, Collagen und »Vortographien« zum Konzept des Vortex.

35 Jonathan Miller: »Marshall McLuhan«, München, dtv 1972, S. 56–59.

36 Carl Schmitt: »Der Wert des Staates und die Bedeutung des einzelnen«, Tübingen, Mohr 1914, S. 41. Hier wird der ›Wirbel der Kommunikation‹ auch für die Entwertung der politischen Begrifflichkeit verantwortlich gemacht.

Bruder gehörten früher dem Orden der »Mauretania« an, einer Geheimgesellschaft, die sich der ihr zufallenden Lage, aber nicht unbedingt der Verantwortung bewusst war: »Wenn der Mensch den Halt verliert, beginnt die Furcht ihn zu regieren, und in ihren Wirbeln treibt er blind dahin. Bei den Mauretaniern aber herrschte unberührte Stille wie im Zentrum des Zyklons. Wenn man in den Abgrund stürzt, soll man die Dinge in dem letzten Grad der Klarheit wie durch überschärfte Gläser sehen. Diesen Blick, doch ohne Furcht, gewann man in der Luft der Mauretania, die von Grund auf böse war. Gerade wenn der Schrecken herrschte, nahm die Kühle der Gedanken und die geistige Entfernung zu. [...] Damals wurde es mir deutlich, daß die Panik, deren Schatten immer über unseren großen Städten lagerte, ihr Pendant im kühnen Übermut der wenigen besitzt, die gleich Adlern über dumpfem Leiden kreisen. Einmal, als wir mit dem Capitano tranken, blickte er in den betauten Kelch wie in ein Glas, in dem vergangene Zeiten sich erschließen, und er meinte träumend: ›Kein Glas Sekt war köstlicher als jenes, das man uns an den Maschinen reichte in der Nacht, da wir Sagunt zu Asche brannten.‹ Und wir dachten: Lieber noch mit diesem stürzen, als mit jenen leben, die die Furcht im Staub zu kriechen zwingt.« ▸38

Die Einsicht in die Wirkungsweise und Rhetorik des Strudels hat also ihre eigene Vorgeschichte, und Marshall McLuhan kann in diesem Zusammenhang keineswegs als originell gelten. Aber singulär und gleichzeitig innovativ wie regressiv ist die Verarbeitung dieses Denkmodells durch Wyndham Lewis. Er entwickelte aus diesem Konzept eine künstlerische Utopie der *Entschleunigung* von Medien, die auch McLuhans Konzeption und Lektüre des Medienstrudels stark beeinflusst hat. Im Inneren des Vortex, so verkündet Lewis, befinde sich »ein großer stiller Ort, und dort, im Konzentrationspunkt, steht der Vortizist!« ▸39 Der Künstler ist, wie Poes Fischer oder später Jüngers Mauretanier in der unberührten Stille im Zentrum des Zyklons, ein distanzierter Beobachter inmitten des rasenden Strudels, dessen Kunstfertigkeit paradoxerweise darin bestehen soll, langsam zu werden – und dadurch den Strudel für sich anhalten zu können. In dem Essay *Wyndham Lewis: Seine Kunst- und Kommunikationstheorie* von 1953 beschreibt McLuhan diese Utopie von Kunst als Technik oder »Mittel, das Rad des Lebens anzuhalten oder uns von seinem Zeitmechanismus zu befreien. Das ist, nach Wyndham Lewis, auch die Funktion von Kunst. [...] Die Kunst erscheint Lewis in diesem Sinn als ein natürlicher Wirbel strukturierter Energie, die uns die kreativen Kerne und Vortices der Kausalität vor Augen hält. Im Zentrum dieser Kerne und Wirbel ist absolute Stille, aber an

Edgar Allan Poes Tradition

der Peripherie herrscht Gewalt, die den unverkennbaren Charakter großer Energie hat. Diese ›tumultlosen Kraftwirbel‹ befinden sich im Zentrum jeden entscheidenden Kunstwerkes, wie sie auch in jeder bedeutenden Zivilisation zu finden sind. Lewis ist vermutlich der Ansicht, daß es die Aufgabe des Künstlers in der Gesellschaft ist, sie mit Energie aufzuladen, indem er solche intellektuell gereinigten Bilder [...] schafft«. ▸40

Lewis' Botschaft ist ohne Zweifel bei McLuhan angekommen. Wenn man sein Vorwort zu *Die mechanische Braut* in diesem Kontext noch einmal einer Relektüre unterzieht, findet sich das Ausgangsszenario exakt um die Medienutopie von Wyndham Lewis erweitert. Hier noch einmal die Ausgangsszene: »Poes Seemann rettete sich, indem er die Dynamik des Strudels studierte und sie sich zunutze machte. In ähnlicher Weise unternimmt auch das vorliegende Buch weniger den Versuch, gegen die beachtlichen Strömungs- und Druckkräfte anzukämpfen, die sich durch die mechanischen Einwirkungen von Presse, Radio, Kino und Werbung um uns herum aufgebaut haben.« ▸41

---

37 Ernst Jünger: »Strahlungen I. Gärten und Straßen. Das erste Pariser Tagebuch. Kaukasische Aufzeichnungen«, München, dtv 1988, S. 65–66. Ernst Jünger war einer der ersten in Deutschland, der die allegorische Tiefe und Modernität Poes lesen und einschätzen konnte. Natürlich hat auch er der Metapher des Malstroms eine bestimmte übertragene Bedeutung unterlegt, aber gleichzeitig auch schon die Taktik der Befreiung richtig erkannt: »Das Außerordentliche an diesem Geiste [E. A. Poe] liegt in der Sparsamkeit. Wir hören das Leitmotiv, noch ehe sich der Vorhang hebt, und wissen bei den ersten Takten, daß das Schauspiel bedrohlich werden wird. Die knappen, mathematischen Figuren sind zugleich Schicksalsfiguren, darauf beruht ihr unerhörter Bann. Der Maelstrom, das ist der Trichter, der unwiderstehliche Sog, mit dem die Leere, das Nichts anzieht. [...] Das Pendel ist das Sinnbild der toten, meßbaren Zeit. Es ist die scharfe Sichel des Chronos, die an ihm schwingt und den Gefesselten bedroht, doch die ihn zugleich befreit, wenn er sich ihrer zu bedienen weiß«. Ernst Jünger: »Der Waldgang« (1951).
38 Ernst Jünger: »Auf den Marmor-Klippen« (1939), in: ders.: »Sämtliche Werke«, Bd. 15, Stuttgart, Klett-Cotta 1978, S. 266.
39 Wieland Schmied: »Ezra Pound, Wyndham Lewis und der Vortizismus«. In: »BLAST. Vortizismus – Die erste Avantgarde in England 1914–1918«, a.a.O., S. 92.
40 Marshall McLuhan: »Wyndham Lewis: Seine Kunst- und Kommunikationstheorie« (1953), in: ders.: »Die innere Landschaft. Literarische Essays«, hg. v. Eugene McNamara, Düsseldorf, Claassen 1974, S. 121. Zu dem Verhältnis und Einfluss von Lewis auf McLuhan vgl. Ludwig Seyfarth: »Wyndham Lewis und Marshall McLuhan«, in: »BLAST. Vortizismus – Die erste Avantgarde in England 1914–1918«, a.a.O., S. 100–102.
41 Marshall McLuhan: »Die mechanische Braut«, a.a.O., S. 7.

Flüchtige Gegenwart

Wenn man die Rezeption von Wyndham Lewis durch McLuhan nicht kennt, wird der direkt folgende Satz in seiner Brisanz nicht deutlich und also leicht überlesen; er bringt jedoch die entscheidende Wende von einer Strategie der Reaktion zu einer Taktik der Aktion im Sinne von Lewis: »Vielmehr versucht es [das Buch: *Die mechanische Braut*], den Leser in den Mittelpunkt eines durch diese Kräfte in Rotation versetzten Bildes zu stellen, von wo aus er die Vorgänge beobachten kann, die gerade ablaufen und in die jeder verwickelt ist. Aus der Analyse dieser Vorgänge werden sich hoffentlich viele individuelle Strategien von selbst ergeben.« ▸42

Erst jetzt – jenseits von einem begeisterten Gerede über rhizomatische Strukturen und Hypertextarchitekturen – wird wirklich verständlich, wieso McLuhan den 1951 für einen Philologen sicherlich innovativen Satz schreiben konnte: »Wegen seines kreisenden Blickpunktes muß das Buch in keiner bestimmten Reihenfolge gelesen werden. Jeder Abschnitt liefert eine oder mehrere Perspektiven auf die gleiche gesellschaftliche Landschaft.« ▸43 Aber der aufmerksame Poe-Leser und Mediensurfer McLuhan folgt dem Vortizisten Lewis nicht bis auf den Grund des Malstroms, weil er weiß, dass dort nicht der »Konzentrationspunkt«, von dem aus der Wirbel angehalten werden könnte, auf ihn wartet, sondern der Tod: »Denn McLuhan weiß sehr wohl, daß im Zentrum des von ihm zitierten Poeschen Strudels nicht die Ordnung, sondern das [Zitat Poe] ›Chaos‹ und die Stille des Todes warten, für den, der sich wie der ältere Bruder des Seemanns (und wie Lewis) an alte vermeintliche Sicherheiten klammert.« ▸44

Wenn man auch – belehrt durch die soziologische Systemtheorie – nicht mehr davon ausgehen kann, dass es eine privilegierte Beobachterposition für die Gesellschaft und ihre Kommunikationen geben kann, ebensowenig wie einen rotierenden Mittelpunkt derselben, so sind doch (»hoffentlich viele«) individuelle Taktiken als konkrete technische Operationen einer Kunst und auch einer Kunstkritik denkbar, die, technisch aufgeklärt, eine rationale Distanz zur eigenen Situation entwickeln und den Malstrom gegen seine eigene Gewalt nutzen könnten. Der Angst vor Flut und Schiffbruch begegnet man durch Kenntnisse sowie indem man Techniken erlernt, die das Gefährliche der Situation in einen flüssigen Umgang mit dem medialen Strudel verwandeln. Im Ernstfall hilft nur Ausprobieren.

Sicher ist jedoch, dass diese Möglichkeit einer technisch-aufgeklärten Operativität allen Thesen von einer prinzipiellen

Edgar Allan Poes Tradition

Überforderung der Künste durch das Tempo der elektronischen und digitalen Medien widerspricht. Zuletzt konnte man solche Verlautbarungen von Hartmut Böhme hören und jetzt auch lesen, natürlich mit dem obligatorischen Hinweis auf Edgar Allan Poe. Der moderne Künstler und auch der Theoretiker seien beide im Malstrom gefangen, aber »nicht mehr, wie bei E. A. Poe, im Malstrom eines heimtückischen, doch berechenbaren Meeres, sondern eines rasenden Wissensstroms mit unbekannter Richtung«. In der dazugehörigen Fußnote führt er weiter aus: »Poes Erzählung ist auch eine Allegorie einer noch durch Aufklärung und Besinnung möglichen Rettung inmitten einer sich im Tempo und durch das Tempo steigernden Gefahr. Es ist die Frage, ob uns heute beim ›Sturz in den Cyberspace‹ diese Aufklärung noch gelingen, und wenn ja, ob sie uns retten wird.« ▸45

Keine Frage, dass auch Böhme die Auslegungstradition vom angeblich mathematisch-detektivischen Kalkül des ›Poeschen Heros‹ fortschreibt und dementsprechend auch die Methode der Rettung verkürzt. Denn die Originalität Poes besteht ja gerade nicht, wie bereits gesagt, allein in der rationalen Analyse der Situation, sondern in der Taktik und kunstvollen Bewegungslehre seines Schiffbrüchigen, der versucht, auf den Wellen des Malstroms zu reiten.

---

42 Ebenda, S. 7.
43 Ebenda, S. 9. In den darauffolgenden Sätzen wird die rechtskonservative Tradition dieses Konzepts noch deutlicher und erweist sich McLuhan fast schon als ein spätes Mitglied der konservativen Revolution: »Seit Burckhardt erkannte, daß die Bedeutung von Machiavellis Vorgehen darin bestand, den Staat durch rationale Beeinflußung der Macht in ein Kunstwerk zu verwandeln, besteht die Möglichkeit, die Methode der Kunstanalyse für eine kritische Bewertung der Gesellschaft einzusetzen. Das wird hier angestrebt. […] Die Kunstkritik besitzt die Freiheit, auf die verschiedenen Mittel hinzuweisen, die für eine bestimmte Wirkung verwendet wurden. […] Als solche kann sie, mit Blick auf den modernen Staat, ›eine Zuflucht umfassender Erkenntnis inmitten der verschwommenen Träume des kollektiven Bewußtseins sein‹ [Herv. H. M.], ebenda.
44 Jürgen Reuss und Rainer Höltschl: »Mechanische Braut und elektronisches Schreiben«, a.a.O., S. 241.
45 Hartmut Böhme: »Über Geschwindigkeit und Wiederholung: das Alte im Neuen«, in: »Interface 5. Die Politik der Maschine. Ein Symposion und eine Ausstellung«, Hamburg 2000, S. 15. und S. 21, [http://www.interface5.de]. Mit einem genaueren Blick für die Problematik, aber mit ähnlichem Resultat Hans Ulrich Gumbrecht: »Wahrnehmen versus Erfahrung oder die schnellen Bilder und ihre Interpretationsresistenz«, in: »Bild und Reflexion. Paradigmen und Perspektiven gegenwärtiger Ästhetik«, hg. v. Birgit Recki und Lambert Wiesing, München, Fink 1997, S. 160–179.

Das aber heißt mindestens, dass man in der Lage sein muss, die Tempi zu wechseln. Sicherlich ist eine Kunst der Entschleunigung der notorisch schnellen Medien eine gute Strategie, um den Wirbel für eine Momentaufnahme anzuhalten, um Tiefenschärfe zu gewinnen, wo es sich lohnen könnte, um Stellenlektüren zu ermöglichen. Wie zuletzt Matthias Bickenbach exemplarisch gezeigt hat, kann sich die Entdeckung der Langsamkeit dabei nicht nur auf den schönen Roman von Sten Nadolny stützen, sondern auch auf eine breite philologische Tradition – inklusive Nietzsche – und ihr Ideal eines statuarischen, eines langsamen Lesens als privilegierter Erkenntnismethode. Aber um inmitten der schnellen Medien langsam zu lesen und zu arbeiten, muss man erst einmal schnell werden können, »z.b. beim Surfen im Internet oder beim Zappen am TV, auch wenn sich das allgemeine Niveau der Geschwindigkeit erhöht haben wird. Es kommt also nicht nur auf Langsamkeit an, sondern auf eine *Taktik*, die inmitten der ›Fluten‹ sich dem ›rasenden Stillstand‹ (Virilio) anzupassen weiß. [...] Also: Mit der Geschwindigkeit gehen, um langsam werden zu können, wo es sich lohnt.« ▸46 Dagegen erscheinen die kultur-kritischen Bemühungen von Ulrike Brunotte, die in Poes Erzählungen eine Kritik an der ›leeren, rasenden und ziellosen Geschwindigkeit des Fortschritts‹ ▸47 entdeckt haben will, sowie auch die Prognosen von Hartmut Böhme, der die Geschwindigkeit der Medien für Künstler und Kulturwissenschaftler als uneinholbar und genau deshalb auch als unbegreifbar darstellt, nur unterkomplex und als einseitige Verkürzungen. In der Metapher vom Surfen hat sich dagegen eine adäquate Bezeichnung für eine moderne Bewegungslehre etabliert, die als Einheit der Differenz von schnellen und langsamen Operationen (der Lektüre) im Malstrom der Medien verstanden werden kann.

V.

Trotzdem bleibt im ›Expertendiskurs‹ das Surfen als Basisoperation aller Internet-User ein Urlaubsspaß. Die gängigen Einführungskurse in Standard-Software für das Internet bestätigen eine geläufige Unterscheidung: »Wenn Sie so auf Informationssammlung sind, nennt man das browsen. [...] Wenn Sie nur so zum Spaß browsen, nennt man das in der WWW-Gemeinde *surfen*. Sie gleiten praktisch auf einer Informationswelle durch die Rechner dieser Welt – wie ein Surfer durch die Brandung.« ▸48 Surfen, Browsen oder gleich Blättern – die uneigentliche Zugangsweise scheint dem Medium inhärent. Browsen als Synonym für ein flüchtiges Lesen, d.h. Blättern, verweist eben nicht nur auf eine durch die gelehrte Tradition diskreditierte Lektürehaltung, sondern vor allem auf das technische Medium Buch. Nur ob das Internet als ein Buch oder als eine Sammlung vieler Bücher vorgestellt werden kann, bleibt fraglich. Der selektive ›Sprung‹ von *web site* zu *web site* legt in der deutschen Sprache die falsche Assoziation mit der *Seite* (engl. *Page*) nahe. Im Gegensatz zur *Homepage*, die nur eine einzige (erste) Seite innerhalb eines Netzangebots meint und tatsächlich auf eine Buchmetaphorik rekurriert, ist *site* der Ort oder Platz aller Dokumente und Informationen, die zu einer bestimmten Adresse gehören. Die *site* ist ein Topos, ein fester Platz, an dem nicht nur Daten abgelegt sind, sondern an dem auch die Vorstellung haftet. Denn wer nicht »nur so zum Spaß« auf Informationssammlung durch den Computerverbund blättert, weiß ja schon, dass es keinen Ursprungstext, keine erste und letzte Seite, kein ›eigentliches‹ Dokument gibt, auf das alle anderen Dokumente zu beziehen wären. Nicht umsonst wird deswegen gerade in Datenbankprogrammen und anderer wissensbasierter Software eine nautische Metaphorik gebraucht. Den Surfer, Netz-Navigator oder Cybernaut verbindet das gemeinsame Interesse, die Metapher der Kybernetik wieder wörtlich zu nehmen. Was Norbert Wieners Grundlagenwissenschaft im Namen trägt, bedeutet übersetzt nichts anderes als »Steuermannskunst«.

In der Netzpraxis haben sich die sportiven Manöver des Surfens und die unbegrifflichen Einsichten der nautischen Metaphorik jedoch längst als erfolgreich bewiesen. Jakob Nielsen, Softwareingenieur bei der Firma *SunSoft* in Kalifornien, hat in seinem Standardwerk über Grundlagen und Praxis des elektronischen Publizierens ein ganzes Kapitel über die Navigationsdimensionen und Navigationsmetaphern im Internet geschrieben. Sie bezeichnen nichts weniger als die reale Schnittstelle zwischen den digitalen Netzwerken des Computerverbundes und den neuronalen Netzwerken der User: »Die Wahl der Dimensionen und Metaphern ist sehr wichtig, da sie dem Benutzer erlauben, die Struktur des Informationsraumes und seine eigenen Bewegungen zu verstehen.« ▶49

---

46 Matthias Bickenbach: »Die Ideale des langsamen Lesens und ihre Grenzen«, in: »Über die Langsamkeit«, Beiträge zu einem Symposion vom 2. bis 3. September 2000, hg. v. Förderkreis Schloss Plüschow e.V., Lübeck 2000, S. 46–70, hier S. 66.

47 Ulrike Brunotte: »Hinab in den Maelstrom«, a.a.O., S. 257–261, besonders S. 261.

48 Thomas Kobert: »HTML 4. Das Einsteigerseminar«, Kaarst, bhv 1999, S. 22. Dabei ist dem angeblich ernsten Informationsmanagement der unseriöse Medienumgang schon im Namen eingeschrieben: »to browse« heißt nichts anderes als blättern, stöbern, überfliegen, (herum)schmökern, flüchtig lesen usw.

Flüchtige Gegenwart

Der Praktiker Nielsen macht schnell und plausibel deutlich, dass die zweidimensionale Buchmetapher denkbar ungeeignet ist, um die komplexe Architektur eines Systems von zusammenhängenden Medienobjekten adäquat darzustellen. Die *absolute Metapher* ▸50 der Navigation deutet schon an, welche Metaphernfelder als geeigneter gelten.

VI.

Lassen sich einzelne Bücher noch durchlesen, zwingt schon der Umgang mit den Bibliotheken zu dem, was als Surfen nicht mehr nur eine modische Metapher ist. Bedeutsam ist diese Metapher, weil sie für eine Form des Informationsumgangs steht, die sich deutlich von den bislang institutionalisierten Formen des Wissenserwerbs unterscheidet. Die Relevanz der Metapher als Denkmodell basiert vor allem auf der Konsistenz des Bildfeldes, das sie aufruft. Das Spiel mit der Metapher erzeugt neue Anschlüsse und Denkmöglichkeiten, es regt zu einer erweiterten Auslegung an, ist selber poetisch. Über den Erfolg allerdings entscheidet erst wieder die geronnene Form. Denn selbst die abenteuerlichste Fahrt muss am Ende wieder in den Heimathafen, zu der eigenen Homepage zurückkehren. Erst dort können die Kollektaneen ausgeweidet und sinnvoll in der eigenen Datenbank oder dem Zettelkasten weiterverarbeitet werden. Der Surfer versucht demnach eine Navigation im Hypertext, deren Sinn sich erst durch seine eigenen Projekte und Manöver konstituiert. Nicht Kanones, Passwörter oder intelligente Agenten sind die Lösung, sondern die Fähigkeit, selbst eigene Kanones zu bilden, Bookmarks und Handel mit Link-Listen. »Der Austausch der Navigationserfahrung im Netz«, so Heiko Idensen, sei »ein wichtiger Bestandteil der Netzwerk-Kultur. Die Veröffentlichung von hotlists ist eine Öffnung des eigenen Lese-Raums, eine konkrete Weitergabe von Quellen, Referenzen«, ▸51 interessanter Navigationsrouten (sog. knowledge-trails und History-Funktion). Ob auf diese Weise die Metapher vom Surfen eine angemessene Beschreibung für den Umgang mit großen Datenmengen sein kann, steht noch nicht für jeden fest. Manche Medienexperten empfehlen eine andere Taktik gegen die schon sprichwörtliche ›Informationsflut‹: »Wir brauchen Kanonbildungssoftware, die aus den rasant sich beschleunigenden Datenmengen die vergleichsweise wenigen Daten, die für vergleichsweise viele relevant sind, herausfischt.« ▸52

Anstelle der Freiheit und Offenheit der Meere wünscht sich Hörisch Internetzugänge, die nur auf Binnengewässer, die nur auf den eigenen Kanon zugreifen dürfen. Der Surfer setzt dagegen auf eine alte Tugend, die tatsächlich zu seiner Hauptbeschäftigung gehört: das genaue Beobachten des Meeres und das Warten auf die geeignete Welle. Oft ist das Warten natürlich ergebnislos, und nicht immer kommt er mit einem so reichhaltigen Fang in den Hafen zurück wie der Fischer und sein Bruder in Edgar Allan Poes Erzählung. Dass aber die Beschäftigung mit ihm und seiner Bewegungslehre eine bildende Funktion hat, darf angenommen werden. Dazu noch einmal Hans Blumenberg: »Ich unterstelle, dass ›Bildung‹ – was immer sie sonst noch sein mag – etwas mit dieser Verzögerung der funktionalen Zusammenhänge zwischen Signalen und Reaktionen zu tun hat. Dadurch werden ihre Inhalte, ihre ›Werte‹ und ›Güter‹, sekundär. Die Diskussion um diese Werte wird meistens mit einer ungeprüften Beweislastverteilung geführt: Wer tradierte Bildungsgüter verteidigt, soll beweisen, was sie noch wert sind. Nehmen wir an, daß sie als solche überhaupt nichts wert sind, so wird ihr ›rhetorischer‹ Charakter deutlich: Sie sind Figuren, Pflichtübungen, obligatorische Umwege und Umständlichkeiten, Rituale, die die [...] Heraufkunft einer Welt der kürzesten Verbindungen zwischen jeweils zwei Punkten blockieren, vielleicht auch nur verlangsamen.« ▸53

So betrachtet bleibt der *Sturz in den Malstrom* was er schon immer war: eine rhetorische Figur und ein kanonischer Text, dessen Bildungswert in der unmitteilbaren Entdeckung und Einsicht besteht, dass es einen direkten Zugriff, einen Klartext dieses Strudels, auch wenn er elektronisch strukturiert ist, nicht geben kann.

---

49 Jakob Nielsen: »Multimedia, Hypertext und Internet. Grundlagen und Praxis des elektronischen Publizierens«, Braunschweig, Wiesbaden, Vieweg 1996, S. 268.
50 Zu dem Konzept einer »absoluten Metapher« innerhalb einer »Theorie der Unbegrifflichkeit« vgl. Hans Blumenberg: »Schiffbruch mit Zuschauer«, a.a.O., S. 87–106. Sehr ausführlich zu dem erkenntnistheoretischen Problem der absoluten Metapher ist natürlich nach wie vor Hans Blumenberg: »Paradigmen zu einer Metaphorologie« (1960), Frankfurt a. M., Suhrkamp 1998, vor allem S. 23–48.
51 Heiko Idensen: »Schreiben/Lesen als Netzwerk-Aktivität. Die Rache des (Hyper-) Textes an den Bildmedien«, in: »Zur Fiktion des Computerzeitalters«, hg. v. Martin Klepper, Ruth Mayer und Ernst-Peter Schneck, Berlin, New York, de Gruyter 1996, S. 81–107, hier S. 87.
52 Jochen Hörisch: »Medienmetaphorik«, in: »Universitas«. Zeitschrift für interdisziplinäre Wissenschaft 51 (1996), Nummer 600, S. VII.
53 Hans Blumenberg: »Anthropologische Annährung an die Aktualität der Rhetorik« (1971), in: ders.: »Wirklichkeiten in denen wir leben«. Aufsätze und eine Rede, Stuttgart, Reclam 1981, S. 124.

186
187

Wolfgang Schmitz

»Der dezentrale Blick« bei Edgar Allan Poe

Gedanken »in diese Richtung« resultieren aus meiner Beschäftigung mit E. A. Poe im Rahmen meines Anglistikstudiums an der Universität Köln in den frühen sechziger Jahren. Das Thema einer Seminararbeit hieß: »Der Begriff der Komposition bei E. A. Poe«. Später ergaben sich Parallelen bei Überlegungen zur Methodik künstlerischer Arbeit, vor allem im Medium »Zeichnung«.

Die Erzählung *A Descent into Maelstroem* berichtet über Stufen in der Rettung durch dezentrale Wahrnehmungsvorgänge.
Zuvor ein Hinweis auf eine irreführende Übersetzung: Das »A Descent into Maelstroem« wird in der ro-ro-ro-Übersetzung von 1953 zum »Sturz in den Malstrom«. Wo der »Abstieg« bei E. A. Poe über Stufen wachsender Erkenntnis im Maße der Annäherung an das totale Unheil berichtet – im gegenläufigen Sinne zu dem »gradus ad Parnassum« der poetischen Erkenntnis –, vernachlässigt der Begriff »Sturz« die graduellen Nuancen im Untergangs- und Rettungsszenario. Die Wahrnehmungsvorgänge beim Abstieg sind gekennzeichnet durch zunehmende Aktivierung der Sinne, die sich der Lähmung durch Konzentration auf den alles auf sich ziehenden Schlund verweigern:
» ... jetzt, da wir im Rachen des Abgrundes waren, fühlte ich mich ruhiger als vorher«.
»... daß ich mich damit abgefunden hatte, nichts mehr zu hoffen, befreite mich zum großen Teil von dem Schrecken, der mich zuerst gelähmt hatte ...«
»ergriff mich die heftigste Neugier«.
»... ich nahm meinen Mut zusammen und blickte wieder auf meine Umgebung«.
»... ich begann mit sonderbarem Interesse die vielen Dinge zu beobachten, die mit uns zusammen herumjagten ...«
»... Hoffnung entstand aus der Erinnerung, teils aus augenblicklicher Beobachtung ...«

»Illustration« zu E. A. Poe, »philosophy of composition«
»5. 9. 98 Anne, Michael; R. Kochplatz«

Öffnen der Augen, Blicken auf die Umgebung, Beobachten und Kombinieren der Beobachtung mit der Erinnerung ... man könnte auch meinen, es handele sich um die Beschreibung des zeichnerischen Vorgangs. Ähnlich vehement wie hier wird die unheilvolle Wirkung der bohrenden Fixierung auf einen Punkt, der alle Energien auf sich zieht, dargestellt in den Erzählungen.

The Oval Portrait und *The Purloined Letter*
Als Motto steht über der letzteren Erzählung ein Ausspruch von Seneca: »Nil sapientae odiosius acumine nimio« (Nichts ist der Weisheit verhasster als zu großer Scharfsinn), wobei acumen nicht nur die Schärfe des falschen Blickes benennt, sondern sogar die »Spitzfindigkeit«.

Hier befinden wir uns in der Region des scharfsinnigen Polizeipräfekten, dessen bohrender Blick konsequent zum Einsatz eines Bohrers führt, der im Stuhlbein nach dem Brief sucht.

__Anbei:__

__Zur Zeichnung:__

Protokoll zum
~~Port~~
Doppelporträt A.L und
M.Z.:

~~...~~

Das "bohrende"
Interesse an der
zentralen Figur
führte zu deren Auf-
lösung und unmerk-
lichen Erscheinung
der Randfigur.

Wolfgang Wendt

»Depth is not always found in a well.« Plädoyer für den schwebenden, abgehobenen Blick der poetischen »Imagination«, die kompositorische »Bewegung« zwischen gleichberechtigten Elementen ermöglicht, statt die immergleiche Dominanz des eh schon »Wichtigsten«, Interesse Fordernden zu bestätigen. Im *Purloined Letter* liegt die Wahrheit an der Oberfläche, nicht in der Tiefe, aus der sie »expressiv« herausgeholt werden muss.

Aus ähnlichen Werten und Umwertungen resultieren die Ablehnung der »Repetition« als Mittel im künstlerischen Gestaltungsprozess, die Verdammung des Spiegels als Mittel der »Vorspiegelung« von Vielfalt in der *Philosophy of Furniture*. Die realistische Verdoppelung der Gestalt der Geliebten im *Oval Portrait* führt zu deren Tod im Augenblick der Vollendung des Gemäldes. Statt dessen fordert die poetische Wahrnehmung und Gestaltung die lebendige »Variation« statt der mechanischen Wiederholung.

Ähnliches Denken findet sich bei Ivan Illich: »More of the same leads to utter destruction« oder bei Walter Benjamin: »Die Sterne, das Vexierbild der Ware, das Immergleiche in großen Mengen«. Hinweise auf die Aktualität solcher Warnungen erübrigen sich.

Die auf den »ersten Blick« überraschende Verdammung des »Kaleidoskops« begründet sich darin, dass die bizarre Faszination der darin erzeugten Bilder ausschließlich aus der mehrfachen symmetrischen Spiegelung (Repetition) der jeweils neu zusammenstürzenden Glasscherbenhaufen entsteht. Auch für Benjamin ist dies ein Bild für die jeweils sich aus Katastrophen neu bildende bürgerliche Ordnung.

Darum sind für Poe »Magnificence« (Anhäufung der Pracht durch »Vergrößerung«) und »Beauty« unvereinbar. Der Vorspiegelung von Schönheit durch Anhäufung des Immergleichen entspricht »Fancy« als Wahrnehmungsform.

Der Imagination ist die reine Wiederholung als Gestaltungsmittel unerträglich, weil sie wiederum nur quantitativ ist und zerstörerische Konzentration bedeutet. Die Aufforderung, »by sideway glances« die Dinge der Welt »wahrzunehmen«, erinnert an die Beschreibung der Arbeit des Malers in der Aufforderung Manets an seine Schülerin, den Blick jeweils »schleifen« zu lassen und bereits (die) nächsten Partien des Bildes anzuvisieren, während der Pinsel noch anderswo tätig ist.

»Der dezentrale Blick« bei Edgar Allan Poe

Ein Blick auf drei Sterne dient bei E. A. Poe als Beleg für die Behauptung, dass man mit der Retina genauer wahrnimmt als mit dem »zentralen« Blick: »Too close a scrutiny may even make Venus disappear from heaven ...«

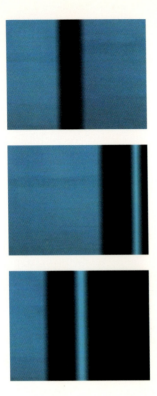

Jean-François Guiton
»Tramage«

Peter Rautmann, Nicolas Schalz

Flüchtiger Augenblick

Zur Rolle von Bild und Klang in den Video-Arbeiten von
Jean-François Guiton

Ausgangspunkte

Die künstlerischen Arbeiten von Jean-François Guiton umfassen selbstständige Videos, Künstlerfilme und Video-Installationen. Rauminstallationen können auch in Videos einmünden oder in einem Wechselverhältnis zu letzteren stehen. Schwerpunktmäßig konzentrieren wir uns in diesem Essay auf die autonomen Videos. Zentral für ein Video ist, im Unterschied etwa zum Tafelbild, die mediale Ordnung der visuellen Bilder in einer zeitlichen Struktur. Wie auch immer diese beschaffen sein mag – als Evozierung eines Zeitablaufs, als Zeitlupe oder Zeitraffer, in einem sprunghaften Verlauf, fragmentarisch, überlappend, sich dehnend oder gar zu einem zeitlichen Stillstand tendierend –, der Parameter Zeit bildet die Grundlage. Zudem kommt hinzu, im Unterschied zu dem historisch vorangehenden Zeitmedium Film, dass es keine zeitliche Differenz zwischen Aufnahme und deren Wiedergabe mehr gibt. Dieses close circuit-Verfahren bildete den Ausgangspunkt für die eher dokumentarische Frühphase des Videos in den siebziger Jahren des 20. Jahrhunderts. Heute, an der Wende zum 21. Jahrhundert, ist zu solchen Anfängen eher eine Distanz zu verzeichnen, einerseits die künstlerische Eigenständigkeit des Mediums in der spezifischen Untersuchung der Zeit, andererseits auch die mediale Auseinandersetzung mit der Tradition der Künste. Ein besonderes Gewicht bekommt letztere aufgrund einer radikalen Umschichtung in dem Leitmedium der visuellen Moderne, der Malerei. Auch die Raumkunst Malerei muss zunehmend in einer zeitlichen Struktur gesehen werden, wobei Zeit nicht so sehr als linearer Zeitverlauf aufgefasst wird, sondern eher in Zeitpartikeln, in Zeitballungen (wie bei

Twombly etwa) oder in farbiger Gliederung oder Staffelung, in einem meditativen Sinn, wie bei Rothko, oder auch in der Wahrnehmung zurückgebunden wird, wie bei Turrell. Solche Phänomene öffnen nun ihrerseits neue Anknüpfungspunkte für die Videokunst.

Das konstituierende Moment einer Zeitbearbeitung ermöglicht natürlich auch neue Aspekte einer Verbindung und Verzahnung von visuellen und akustischen Bildern, von Kunst und Musik, von Bild und Klang. Der Einbezug des akustisch-musikalischen Elements erscheint uns ein in der bisherigen Auseinandersetzung mit dem Werk von Guiton unterschätzter Bereich zu sein. Es handelt sich dabei nicht um spezifische Vertonungen für einzelne Filme, sondern um ihr »akustisches und klangliches Environment« oder Gewand.

Das Musikalische in den meisten der Videos von Guiton ereignet sich auf einer Grundlage von »musique concrète«, d.h. von in der Umwelt aufgelesenen, gesampelten und verarbeiteten Klängen bzw. Geräuschen; deren intensivster Parameter ist der Rhythmus, konkret: Das Klanggewand wird von unterschiedlich repetitiv verlaufenden rhythmischen Zeitstrecken dominiert. Dieses Klanggewand steht immer in Relation zum Bildkörper – beide formen und beeinflussen sich gegenseitig, und die Bedeutung des Ganzen baut auf diesem jeweils spezifischen Zusammenspiel auf: Grundsätzlich gibt es in den Videos eine ausgeglichene Balance zwischen Bild und Klang, in einigen liegt der Primat jedoch im Bildlichen, in anderen im Klang oder Ton.

Zeitbogen von »Tramage« (1999) zurück zu »Holzstücke« (1982)

Tramage
In dem von Guiton kreierten Titel *Tramage*, einer sinnreichen Wortverschachtelung, laufen viele Bedeutungen oder Assoziationen zusammen, die alle für eine Interpretation dieses Filmes nützlich zu sein scheinen: »trame« (frz.) – ein Leit- oder Lebensfaden, eine Versuchsanordnung, ein Rahmen (»frame«, engl.), ein Raster; »tram« – die populäre Abkürzung für »tramway«; »ramage« – Ranken (von Blumen), Gesang oder Zwitschern (der Vögel), Singsang; schließlich »hommage« – Widmung.

Tramage ist in hohem Maß ästhetisch charakterisiert durch das eingangs angesprochene Ineinandergreifen von visuellen und akustischen Aspekten. Dabei spielt der Rhythmus eine ausschlaggebende Bedeutung. Die Bilder sind in einer zeitlichen

Flüchtiger Augenblick

Struktur geordnet, die dem Wechsel von Beschleunigung und Verlangsamung folgt und sich vom Einfachen zum Komplexen, vom Abstrakten zum Konkreten auf- und auch wieder abbaut. Die Zeitlichkeit der Bilder meint auch deren Ineinandergreifen, ihr Gegeneinandergeführtwerden, ihr Sich-Überlappen, Sich-Durchdringen: letztlich ihre Veränderung. Zeitlichkeit und Veränderung werden anschaulich in einer Struktur der Wiederholung: Die blauen Bildstreifen wachsen von einer Monitorseite ins Bild, immer wieder verschwindend, wieder auftauchend, dabei kontinuierlich zunehmend, bis sie das ganze Bild ergreifen. Das gleiche geschieht von der gegenüberliegenden Seite, bis beide sich in der Bildmitte treffen und überlagern. Es ist keine maschinelle Aneinanderreihung, sondern eine pulsierende, voller Leben.

Strukturell stellt sich eine Art Rahmenordnung aus mehreren Sequenzenblöcken (insgesamt vier) her, deren zweite und zeitlich etwas kürzere Hälfte in asymmetrischer Spiegelung Sequenzen aus der ersten Hälfte wieder aufgreift und an den Anfang »zurückspulen« lässt. Mit dem dritten Sequenzenblock beginnt der Höhepunkt, in dem schnell wie in einem Allegro furioso die einzelnen Sequenzen aufeinanderfolgen bzw. -prallen, immer wieder auch unterbrochen werden.

Beherrschend ist ein lichtes, mediterranes Blau, das allmählich den Bildschirm erobert und durch die dazwischen geschossenen orangefarbigen Streifen eher noch gesteigert wird. Die Farbe ist präsent und allgegenwärtig; sie erzeugt einen Tiefenraum, der an Weite, an azurfarbigen Himmel denken lässt. Der erste Teil ist wie eine Hommage an die Farbe und ihre sinnliche Ausstrahlungskraft. Sie ist so präsent wie sie es nur auf Bildern von Barnett Newman sein kann. In der Präsenz der Farbe ist das Video auch eine Hommage an die Malerei, die abstrakte Malerei, und eher mit befremdendem Erstaunen registriert man unerwartet, dass es sich bei dem lichten Tierblau um die Oberfläche einer Tramwand handelt. Aus der abstrakten Farbstreifenmalerei baut sich ein unerwarteter Wechsel zu einer figürlich bestimmten Welt – der Tramfahrerin – auf, durchsetzt mit abstrakten Folgen und einer größeren Auflösung zum Schluss des Videos. Gerade in dieser abstrakten »Frühphase« setzt sich Guiton mit Farbe als Parameter des Mediums Malerei auseinander und lässt Farbe gleichsam sich selbst organisieren, in abrupten Wechseln der Schnitte wie in pulsierender Organik der Farbschichten selbst. Die Konkretion in die Gegenständlichkeit der Tram ist gleichsam ein Aufmerksamkeitswechsel, der eine neue Bedeutung schafft und mit der Figürlichkeit der Fahrerin einen, wenn auch flüchtigen, Höhepunkt setzt.

Bemerkenswert ist, dass das Video bildlos, also rein klanglich beginnt, dies noch, bevor die blauen Vertikalstreifen einsetzen. Ein hoher Ton wird hörbar, den man auf Anhieb nicht bestimmen kann, bald jedoch wird man ihn als einen »musique concrète«-Klang identifizieren, einen »Originalton«, wie Jean-François Guiton sagte: das hohe quietschende Pfeifen eines fahrenden Zugs oder einer fahrenden Bahn; er erscheint als Liegeklang, dann mischt sich ihm jedoch das tiefe und typisch ratternde Rädergeräusch eines Zugs dazu. Es beginnt eine Rhythmisierung, die sich aus folgenden Komponenten zusammensetzt: Ein weiterer hoher Ton kommt hinzu bzw. wird elektronisch aus dem ersten gewonnen, das Intervall einer nach oben ausschlagenden kleinen oder Moll-Terz; ihr zunächst gelegentliches Einfallen intensiviert sich ständig, mutiert zu rhythmischen Patterns, die sich schnell klanglich noch weiter ausdehnen: Ein hoher »Schlagklang« (Geräusch einer Weichenverschiebung) kommt dazu, gefolgt von tieferen Klängen, die das typisch Hauchige von Holzblasinstrumenten zu haben scheinen und eine Art »Holzbläser-Staccato-Harmonie« bilden (obwohl die elektronisch verarbeiteten Klänge alle aus dem initialen Pfeif-Quietsch-Ton stammen), dies in dem Augenblick, wo der orangefarbige Streifen dazukommt. Danach folgt noch ein monotones rhythmisches Einton-Kontinuum, zusammen mit den blauen von links nach rechts durchlaufenden Vertikalstreifen. Man ist geneigt zu sagen: Dies ist eine musikalische Ouvertüre, dies ist das akustische, klangliche Portal des ganzen Videos; dem würde entsprechen, dass sich in der zunehmenden Intensivierung der musikalischen Repetitionsgesten eine ästhetische Grundintention des Videos ankündigt: strukturell eine »Geschichte« um Verdichtung (und Auflösung), der semantisch eine Geschichte um Vorübergehen, Vorbeifahren, um flüchtige Begegnung, um Passage, Durchgang, Näherkommen und Sich-Entfernen übergeordnet ist. Wenn die »abstrakte« Sequenz der sich allmählich eindringenden Vertikalstreifen einsetzt, nimmt sie den Intensivierungscharakter der Musik an und intendiert ihrerseits den Zugang, die Vorbereitung auf eine Erzählung, die mit dem deutlichen Eintritt des Figürlichen definitiv in Gang kommt.

Im zweiten Teil (ab 3'55"), der Fragmente des ersten aufnimmt und sich vollends ins Figürliche wendet, verstärkt das klangliche Geschehen den aufbauenden wie sich selbst wieder auflösenden Charakter dieses Teils; die Bild-Durchlöcherungen gewinnen durch die sie sekundierenden Klang-Durchlöcherungen eine hohe melancholische Intensität, im Sinne einer unterbrochenen Assoziationskette über Zerfall und Verschwinden. Diese Sequenz scheint notwendig, um das Allegro furioso zu

Flüchtiger Augenblick

Beginn des dritten Teils um so plastischer in Erscheinung treten zu lassen. Die Bewegung der Bilder schlägt plötzlich (bei 7'10") in schnelle Sequenzen um, im gleichen Maß wie auch die Klangereignisse hier kulminieren: höchste Intensität der einsetzenden Repetitionsstrukturen; auch die Klangdynamik geht ins crescendo über; die klangliche Kulmination assoziiert einen relativ hohen Gesamtklang, wie aus einem Topf, in dem leicht schleifende Klänge herumgerührt werden. Der ganze Teil mutet an wie ein Rondo, in dem die Allegro furioso-Sequenz zur zentralen, mehrfach wiederkehrenden Hauptsequenz mit Ripieno- oder Tutti-Charakter wird und sich zwischen die einzelnen Folgen dieser Hauptsequenz Interludien schieben, Interludien, die Unterbrechungsstrukturen darstellen; eine erste davon setzt schon bei 7'50" ein, gefolgt von der Nummernsequenz 02/03 (Nummer der Bahn?); eine zweite greift diese Nummernsequenz auf, grundiert auf einem leisen dumpfen Räderrollen und abgelöst von einer Sequenz aus Pausen, blauen und orangefarbigen Vertikalstreifen, wieder Pausen; eine weitere assoziiert eine Melodie aus Quint-, dann Dreiklangsstrukturen; wieder eine andere zitiert Geräusche der fahrenden Bahn, Klingeln, dazu Bremsgeräusche, während sich das Bild in ein totales Blau verwandelt; in diese Bläue hinein mischen und verweben sich immer intensiver Sequenzen aus figürlichem Material: Bahn, ihre Türen, ihr Türknopf, Passanten; der Kopf der in der Bahn sitzenden Frau erscheint ein paar Mal; wieder Passanten, man hört nur deren Schritte. Die Allegro furioso-Ripieno-Sequenz setzt ein letztes Mal ein, bildlich begleitet von dem schnellen Ineinandergeschiebe der Bahntüren, das Bild der Frau erscheint zum letzten Mal, dann fährt die Bahn an, verschwindet in der wiederkehrenden Bläue der Schirmoberfläche. Der Schlussteil ist eigentlich nur eine Coda (von einer runden Minute Dauer); klanglich beginnt er mit der Verselbstständigung der Fahrgeräusche der Bahn, die zum gleichmäßigen Patternnetz mutieren; das Klanggeschehen verschwindet in dem Maße, wie sich die Bilder auflösen, d.h. das Blau der Vertikalstreifen allmählich erlischt. Der Schluss kehrt in das Nichts zurück, aus dem das Ganze sich am Anfang herausgeschält hatte.

Es gelingt Guiton, in *Tramage* aus dem Prozess einer musikalisch-kompositorischen Verarbeitung Naturhaftes im Sinne von instrumental Geformtem herauszulösen oder wenigstens zu suggerieren. Dieses Pendeln zwischen Originalton und Studioklang und wieder zurück zu einer Originalton-Suggestion ist ein faszinierendes Klangmodell, mit dem Guiton auch in anderen Videofilmen arbeitet. Dieser klanglichen Struktur entspricht die visuelle, die in ihrem Verhältnis von abstrakt-konkretabstrakt einem ähnlichen Wechsel der Bedeutung folgt. Dabei prägt die Musik sehr stark den »gebrochenen« Charakter innerhalb der Bilderwelt der Interludien emotional mit. In der Coda des Videos, die inhaltlich wieder an den Anfang zurückführt, ist die Bild-Klang-Relation vollkommen ausgeglichen, insofern als beide Ebenen synchron ins Verlöschen zurückgenommen werden.

Tramage bearbeitet das Moment des Flüchtigen. Diese Zeiterfahrung ist nicht, wie wir gesehen haben, im Sinne eines flüchtigen filmischen Eindrucks oder einer Verwischung präsent, sondern in einer strukturellen Gliederung der Zeitfolge, die sich ihre wesentlichen Merkmale aus einer rhythmischen Bewegungsgliederung holt, die akustisch unterstützt und mitgeprägt wird. Die Viererteilung, die variierende Wiederholung im dritten Teil, auch die gegenläufigen Bewegungsrichtungen gliedern alle die Form der Bewegung, sie führen aber auch zu einer Steigerung vom ersten Auftauchen der Trambahnfahrerin bis zu ihrer nochmaligen, intensiven Erscheinung und ihrem erneuten Verschwinden.

In dem Moment des Flüchtigen wie dem Auftauchen der Frau sehen wir eine doppelte Erinnerung an Charles Baudelaire: Baudelaire als Schriftsteller und Kritiker wie als Dichter, so dass die unterschwellige Anspielung im Titel (Tramage = Hommage) auch als eine Hommage an den Dichter der *Blumen des Bösen* zu deuten wäre. In seinem Essay über die Modernität charakterisiert Charles Baudelaire diese als ein doppeltes Phänomen: »Die Modernität ist das Vergängliche, das Flüchtige, das Zufällige, die eine Hälfte der Kunst, deren andere Hälfte das Ewige und Unwandelbare ist. [...] Mit einem Wort: Damit jede Modernität einmal Antike zu werden verdient, muss die geheimnisvolle Schönheit, die das menschliche Leben ihr unwillkürlich verleiht, herausgefiltert worden sein.« ▸01 Diese Definition entspricht genau dem, was in *Tramage* sich vollzieht: Guiton sucht sich sein Grundmaterial in der Realität, das dann im Studio, am Schneidetisch, einer zeitlichen Strukturierung unterzogen wird; erst in der Schnittfolge, in der Montage der sich wiederholenden Großstadtbilder entsteht das sich einprägende und herausgehobene »Bild« der Flüchtigkeit.

Entscheidend für diese Bildlichkeit ist, dass es sich nicht um eine bloße Folge sich überlagernder Blau-Sequenzen, durchschnitten von orangefarbigen Streifen und durchlöchert von Schwarzbildern, handelt – so wichtig diese Basis ist –, sondern dass das Ganze in dem Bild einer Frau, einer Fahrerin in der Trambahn, mündet: Im Profil sitzend, wendet sie den Kopf

Flüchtiger Augenblick

nach außen; es ist ein anonymer Blick, unbestimmt in die Ferne gerichtet, nur kurz scheint sie ein Gegenüber zu fixieren. Durch diesen Außenblick und die rote Signalfarbe ihrer Jacke zieht sie die Aufmerksamkeit des Betrachters unwiderstehlich an, zumal sie sogleich wieder verschwindet, um dann erneut aufzutauchen. Gerade dieses Verschwinden und unerwartete erneute Auftauchen spannen die Neugierde des Betrachters, der doch von ihr räumlich getrennt ist wie zeitlich durch das unwiderruflich Vorbeiziehende und Entschwindende der Bahn. Wieder lässt sich an Baudelaire denken, und zwar an sein berühmtes Gedicht *À une Passante*: »Der Straßenlärm betäubend zu mir drang. / In tiefer Trauer, schlank, von Schmerz gestrafft, / Schritt eine Frau vorbei, die mit der Hand gerafft / Den Saum des Kleides hob, der glockig schwang; / [...] Ein Blitz ... dann Nacht! – Du Schöne, mir verloren, / Durch deren Blick ich jählings neu geboren, Werd in der Ewigkeit ich dich wiedersehn?«▸2 Hier kommt in poetischer Weise das zusammen, von dem Baudelaire in seiner Modernitäts-Definition spricht: das Flüchtige und das Ewige, nur wird es hier zum Sprachklang, was allerdings nur die französische Fassung verrät: »Soulevant, balançant le feston et l'ourlet (Den Saum des Kleides hob, der glockig schwang)«. Im Sprachklang der Worte sucht Baudelaire eine Schönheit, die das azurne Blau und seine eingesprengten Kontrastfarben in *Tramage* auf der visuellen Ebene erreichen. Insofern das Bild der Schönheit aber ein flüchtiges, unerreichbares ist, wird *À une Passante* auch zur Allegorie der Schönheit in ihrer Vergänglichkeit. Etwas von dieser Trauer nimmt *Tramage* in dem Motiv der Regentropfen auf, die auf die Glasscheiben fallen und das Bild der »Passante« zum Verschwimmen bringen. So ist *Tramage* auch ein Preis der Schönheit in ihrer Vergänglichkeit.

Holzstücke

Nachdem wir ein spätes Video behandelt haben, scheint es uns sinnvoll, an den zeitlichen Anfang der Video-Arbeiten von Jean-François Guiton zurückzugehen, an das noch analog her-

---

[01] Charles Baudelaire, »Werke«, Bd. V, S. 226 f.
[02] Charles Baudelaire, »À une Passante«, zitierte Verse im frz. Original: La rue assourdissante autour de moi hurlait. / Longue, mince, en grand deuil, douleur majestueuse, / Une femme passa, d'une main fastueuese / Soulevant, balançant le feston et l'ourlet; / (…) Un éclair … puis la nuit! – Fugitive beauté / Dont le regard m'a fait soudainement renaître, / Ne te verrai-je plus que dans l'éternité?

Flüchtige Gegenwart

gestellte Band mit dem Titel *Holzstücke*, das 1982 entstanden ist. Auf diese Weise wird es uns möglich sein, die Spanne zu präzisieren, die im bisherigen Œuvre zurückgelegt wurde; zu bestimmen also, was an Ansätzen geblieben ist und was sich wohin verändert hat.

Holzstücke ist eine auf Slapsticks beruhende, geradezu chapli-neske Arbeit, voller umwerfender Komik und Spannung, ausgerichtet auf den Suspense mit eingelösten und nicht-eingelösten Erwartungen. Dies ist um so frappierender, als nicht Personen Inhalt sind, sondern Dinge, »Holzstücke« eben, die in mehrere akrobatische, »halsbrecherische« Balanceakte gebracht werden und dabei, bis auf eine Sequenz, natürlich mit Getöse in sich zusammenfallen, dann aber elektronisch in den Erstzustand zurückgebracht werden, gewissermaßen dabei neuen Atem schöpfen. Das Geräusch der zusammenfallenden Hölzer (es sind eigentlich Bretter-Arrangements) ist wieder eine reine »musique concrète«; insofern kommt es bei dieser Videoarbeit, musikalisch gesehen, nur auf einen Parameter an, auf die Rhythmus-Gestaltung.

Es folgen, durch knappe Pausen unterbrochen, insgesamt sechs Sequenzen, und alle leben aus der Spannung, wann und wie denn der Zusammenbruch erfolgen wird. Zeigt schon die zweite Sequenz sich als virtuoses und geradezu absurdes Spiel zwischen Destruktion (Zusammenbrechen eines Bretterhaufens) und Re-Konstruktion (elektronisch wiederhergestellter Erstzustand des Haufens), wobei die Klangrhythmik das destruktive Moment betont, so kennt die vierte Sequenz kein Pardon mehr in Bezug auf das infernalische Spiel zwischen Destruktion und Re-Konstruktion: ein ohrenbetäubendes Ostinato aus Achtelschlägen, ein gehämmertes, nicht enden wollendes Continuum, die grotesk absurde Courante sozusagen in der sechsteiligen Suite. Es ist ein grandioser Einfall des »Komponisten«, dass er die fünfte Sequenz beim reinen Balanceakt und damit beim Spiel mit der (enttäuschten) Erwartung eines Zusammenfalls belässt; musikalisch unterstreicht er diese totale Differenz, indem er auf die Fortissimo-Sequenz Nr. 4 die Tacet-Sequenz Nr. 5 folgen lässt. Der kurze sechste Teil, der Abschluss, erscheint wie die Coda-Reminiszenz auf die zweite und vierte Sequenz; dreimal noch fällt der zwischendurch rekonstruierte Bretterhaufen in sich zusammen.

La longue marche
Hier sei kurz noch auf eine andere Arbeit eingegangen, die vom Rhythmischen her sicher eine der faszinierendsten ist und die Differenzierung des Rhythmischen geradezu zum

Flüchtiger Augenblick

Mittelpunkt und Ziel hat; dementsprechend ist der Bildanteil eher auf das Wesentlichste reduziert. Es handelt sich um das Video *La longue marche* von 1987.

Der Inhalt ist schnell erzählt. Zuerst hört man Schritte im Schnee, laut knirschend, dann sieht man von oben herab auf zwei Füße in dicken Lederschuhen, die unablässig nach vorne ausschreiten, aber ohne je die Person wahrzunehmen, die da geht oder, besser gesagt, marschiert. Am Grundgestus des Marschierens ändert sich bis zum Schluss eigentlich nichts, außer dass seine Kadenz sehr oft wechselt und das Gehen über Schnee mitunter auch auf (verschneitem) Steingeröll oder holzartigen Planken weitergeht und dann einen etwas anderen Klang annimmt. Manchmal öffnet sich das Bild auf eine Winterlandschaft aus grauweißen Wolkenschwaden. Inhaltlich weist das Video, wie der Titel sagt, auf einen »langen Marsch«, fast könnte man sagen auf einen langen, weil ziellosen, somit auch eher bedrückenden und melancholischen Marsch, denn auf ein unbekümmertes Schreiten.

Musikalisch entsteht hier eine rhythmische Studie aus der Differenz von Normalschritt-Verschnellerung-Verlangsamung, zentral eine Studie über den Gegensatz von accelerando und ritardando. Des weiteren verändern sich Betonungen des Marschierens von der charakteristischen Eins auf synkopische Verzerrungen hin oder sie überstürzen sich hektisch; mal wird der Schritt nur eines Fußes von dem anderen abgetrennt, isoliert und dann zu schnellen, mechanischen Repetitionen verselbstständigt. Immer wieder kommt es zu solcher Pattern-Bildung, und überhaupt wechseln die rhythmischen Patterns oder Ostinati sehr oft; in der Mitte etwa folgen sie sich in einer Art virtuoser Stretta, dann wieder werden die Schrittfolgen gestört, geraten ins Stolpern. Was hier technisch beschrieben wird, dient einer inhaltlichen Interpretation: Die rhythmische Differenzierung steht für das, was die bewusste Monotonie der Bilder verschweigt, für die Affekte, das Hin-und-Her der Emotionen, Ängste, Hoffnungen, Ratlosigkeiten, die im Innern der marschierenden Person ablaufen – die Musikalisierung decouvriert das psychische Intérieur des »langen Marsches«.

Weitere Arbeiten

Coup de vent

Coup de vent (1990) ist eine der komplexesten Videoarbeiten Guitons, in der im hohen Maße an die Imaginationsfähigkeit des Betrachters appelliert wird. Dies setzt schon im Videotitel ein: »Coup« hat viele Synonyme, meint zunächst Schlag oder Stoß, auch Stich, Hieb, sogar Knall, Schuss, des weiteren Schlag im Sinne von Schock, Schicksalsschlag. »Vent« heißt Wind, Luft, Atem, auch Sturm, Orkan, Rauschen. Ein »coup de vent« ist an erster Stelle ein »Windstoß«, meint sekundär aber auch Varianten dieses Grundgeräuschs wie Lufthauch, Orkanböe, Atemzug, Schlag durch die Luft. Auch die einzelnen Motive werden mehr angedeutet als gezeigt und wirken so im Kopf des Betrachters nach: Der ganze Film scheint als Basis die Dunkelheit eines Raumes der Erinnerung zu haben, in dem Fetzen, Fragmente von Erinnerung aufblitzen, von einem Windstoß (coup de vent) aufgewirbelt, ehe sie wieder in der Dunkelheit verschwinden: ein Raum der Erinnerung aus Lauten, Geräuschen, Stimmen (Hufgeklapper, Pferdegewieher, der scharfe Laut von Windböen, das Knattern von Tuch), Gesten und Zeichen (eine handschuhgeschütze Hand, die eine runde Stange als Waffe umfasst und in schnellen Bewegungen gegen einen unsichtbaren Gegner richtet, ein aus der Dunkelheit sich herausschälender Oberkörper in blauem Pullover, auftauchend, sich aufbauschend, sich drehend und wieder versinkend), Bewegungen/Rotationen: ein rhythmisch immer wiederkehrendes aufgespanntes weißes Tuch; klangliche Grundlage ist ein harter Schleifton.

Musikalisch am auffälligsten ist eine am Ende des ersten Drittels unerwartet einsetzende Fanfarenmusik (mit Trompeten, Posaunen und Schlagzeug); in sie verwoben ist der von einer Männerstimme gesprochene Satz »Von dieser Stunde an wird jeder wissen, dass eure Unbesiegbarkeit nur eine Legende ist«, der mit lautem Lachen endet; die letzten Klänge der Fanfarenmusik schließen diese Sequenz ab. Das Lachen und die Fanfare (zusammen mit den Kampfgeräuschen aus einem Kung-Fu-Film zitiert) erklingen später noch ein weiteres Mal, markieren dann den Übergang zum letzten Drittel. Das vielfältige Arsenal akustischer Phänomene ist das eine, die Art ihrer punktuellen, sparsamen Dosierung und Verteilung das andere. Schon der Anfang ist ungewöhnlich: Der Ton, der Klang (pfeifender Wind, knarrende Tür, Wiehern und Galoppieren von Pferden) ist der eigentliche Ausgangspunkt: Die Musik ist »vor« dem Bild, ist buchstäblich Vor-Bild für das Bild, anders gesagt: wird im Bild nach-geahmt. Es geht in *Coup de vent* zunächst um die von

Flüchtiger Augenblick

Guiton geliebte und mehrfach gestaltete Geschichte des Don Quichotte (nach Cervantes), der die alten Ritter des Mittelalters nachzuahmen sucht; wir wissen, dass alle seine Bemühungen jedoch vergeblich sein werden.

Wenn von »punktueller, sparsamer Dosierung und Verteilung« der akustischen Momente die Rede war, so gilt das insbesondere für den mittleren Teil, der noch stärker gebrochen wirkt als die beiden äußeren Drittel. Er enthält viele und relativ große Klangpausen; zum anderen setzt er mehr auf leise, sanfte Klänge (Atemgeräusche) oder dämpft die einzelnen Geräusche zum Dumpfen hin ab, so auch die Kampfgeräusche, die hier verstärkt, wenn auch nur äußerst fragmentarisiert, einsetzen. Es ist ein Teil der huschenden Bilder, wie es einer der huschenden, letztlich leisen Klänge ist. Nur einmal bricht ein starkes Windrauschen aus dem Feld der klanglichen Splitter, Andeutungen und Assoziationen heraus.

Am beeindruckendsten im dritten Teil erscheint eine zentrale Sequenz aus erstickten Schreien und abgedämpften Kampflauten; ihr folgt eine lange Stille, bevor noch einmal das Weggaloppieren von Pferden zu hören ist und mit einer Folge von Ausschnitten aus vorbeihuschenden Windmühlenflügeln das Band fast lautlos abbricht. Diese bildlichen wie klanglichen Abbreviaturen oder Skizzen erzeugen eine Art narrativer Handlung und, hat man erst das Tuch als die Flügel einer Windmühle identifiziert, liegt, wie schon gesagt, die Assoziation mit dem gegen die Windmühlen ankämpfenden Don Quichotte am nächsten. Das ist aber nur eine mögliche (Traditions)spur, die gelegt wird; es lässt sich auch an andere Geschichten denken, wie etwa an die von japanischen Samurais. Das alles sind beziehungsreiche Kopplungen selbstständiger, autonomer Bildeinheiten, die erst der Betrachter vollzieht. Für solche Erzählungen »im Kopf« ist die spezische Bild- und Klangsprache Guitons, ihre Mixtur abstrakter und realistisch-figürlicher Bildeinheiten wie ihre eigentümliche Landschaft aus Klangtrümmern, wichtig. Aus solchen Einheiten wachsen die imaginierten Kämpfe heraus: Kämpfe gegen imaginäre und reale Gegner, Kämpfe gegen den Wind und gegen die Windmühlen, Kämpfe des Lichtes gegen das Dunkel, Kämpfe der Farbe Blau gegen Weiß und Schwarz, Kämpfe, wohl auch, der Imagination gegen die mechanische Monotonie der Fernseh-Bilderwelt. Erst aus den leeren Dunkelräumen zwischen den Bildzeichen, aus Material-, Motiv- und Klangtrümmern bauen sich die Geschichten der Betrachter auf, ihre eigenen Geschichten aus Kampf, vergeblichen Mühen und Anläufen, Intensität, Sieg und Niederlage.

Da Trapani

Da Trapani (1992) ist der subjektive Blick auf die Geschichte um die Ermordung des Richters Falcone, seiner Frau und seines Leibwächters in Palermo durch die Mafia. Zu Beginn wird die Witwe des Leibwächters vor die Kamera gezerrt, um eine Aussage zur Tat zu machen; vor ihr eine Schar von sensationslüsternen Journalisten und eine riesige Volksmenge, die applaudiert, als sie die Worte ins Mikrophon weint: »sie wollen nicht ändern« (mit dem impliziten Unterton: sie wollen »nichts« an den Zuständen ändern, und: sie wollen »sich selbst« natürlich auch nicht ändern). Diese kurze Szene, die am Ende des Videobandes nochmals zitiert wird, bildet somit den Rahmen des Videobeitrags, dem es in seinem breiten Zentralteil um eine Anklage- und Trauerarbeit geht. Die Frage ist: Wer sind »sie«, die da nichts ändern wollen?

Unter den vielen Videoarbeiten Jean-François Guitons gibt es kaum eine, die so stark und fast ausschließlich mit der Kategorie der Wiederholung arbeitet und damit dieses formale und strukturelle Moment auch zur Hauptchiffre des Inhalts macht. Klammern wir die Rahmenwiederholung mit der weinenden Frau mal aus, klammern wir auch solche Phänomene aus, die nur einzeln, allenfalls zweimal vorkommen, so ergeben sich an wichtigsten, in mehrfache Wiederholungsstrukturen gebrachte Sequenzen: Die zentrale, weil am häufigsten, am Schluss geradezu bis zur Obsession (achtzehnmal!) repetierte ist die eines explodierenden und in Flammen aufgehenden Autos. Dieses Bild mit seiner »Tongestalt« (Detonationsknall und zischendes Geräusch des aufflammenden Feuermeers) löst musikalisch eine Rotationsstruktur aus, letztlich ein Rondo mit Ripieno-Charakter (vergleichbar der Anlage des dritten Sequenzenblocks in *Tramage*), dessen Interludien aber selbst wiederum aus Binnen-Rondos bestehen, nämlich den Wiederholungen der anderen noch wichtigen Sequenzen. Diese sind: ein in Zeitlupe ablaufender Beerdigungszug mit vorbei defilierenden Carabinieris; diese Sequenz ist die am meisten variierte, insofern als die Polizisten mal wie erstarrt stehen, mal durch das Bild hindurch gehen, wie in einer Prozession; aus ihr lösen sich einzelne. Passanten und Zuschauer geraten ins Blickfeld, schließlich auch hohe Militärs. Weitere Wiederholungssequenzen sind: ein Polizeiauto mit rotierendem Blaulicht, eine Kirchenszene: Sie zeigt den Abschluss eines Gottesdienstgebetes durch einen hohen Würdenträger mit dem Text »der lebt und herrscht in alle Ewigkeit. Amen«. Schließlich wird eine Reihe isolierter Gesichter eingeblendet; für Augenblicke werden ihre Angst und ihr entsetztes Verstummen festgehalten.

Flüchtiger Augenblick

In *Da Trapani* gibt es keine Hierarchie zwischen Bild und Klang: Beide sind aufeinander zugeordnet bzw. gehen ineinander auf: Dadurch wird der Gestus der Sequenzen insgesamt ritualisiert, man könnte sagen: Die Katastrophe wird zum Ritual, das unabänderlich wiederholt werden kann. Das Wiederholungs- und Additionsprinzip beschwört das Immergleiche, das unaufhörlich Schreckliche, anders gesagt: Das Anonyme wird durch die Wiederholung nicht aufgeklärt, sondern in eine Art mystisches Arcanum gezogen; damit wird die Vergeblichkeit von subjektivem Leiden angezeigt. Im Rondo ripieno des explodierenden und flammenden Autos wird ein doppeltes Inferno zum Ausdruck gebracht, das sichtbare der Opfer, aber auch das unsichtbare, dahinter versteckte der Täter. Indem Bild und Musik nicht mit Entwicklung oder organischer Entfaltung arbeiten, allenfalls mit quantitativen Varianten des Gleichen, gerät die konkrete Geschichte zum fatalistischen Puzzle. Doch bleibt die Anklage nicht auf die Täter beschränkt, sondern das Wiederholungskarussell des Bandes zeigt auch die Unempfindlichkeit oder die Hilflosigkeit der Zuschauenden, ob das nun die Pflicht- oder Routinearbeit von Polizei und Militär betrifft oder die Gleichgültigkeit der Zuschauer oder die in sich »ewig« gleich kreisende politische Indifferenz der Kirche: Sie alle »wollen nicht(s) ändern«, sie lassen zu, was zu ändern wäre und doch unabänderlich weiter geschieht. Die visuelle wie klangliche Formanlage als ein Rondo mit einem Ritornello ripieno und mehreren Binnen-Ritornellos schafft einen dichten Gürtel aus Rotationsbewegungen, der wie ein Netz der ausweglosen Verstrickung anmutet. Eine Abweichung von diesem Hauptgestus des Videos gibt es aber doch; sie verwirklicht sich in der Musik. Gegen Ende von *Da Trapani* nimmt man wahr, dass es einen Moment innerhalb der akustischen Ebene gibt, mit dem qualitativ »gearbeitet« wurde: Die sirenenhafte »Signalmusik« von Polizeiautos und Notarztwagen wird von Guiton in einen Veränderungsprozess gebracht, insofern als sie immer stärker klanglich »abgesenkt« wird, bis dass sie in einer Orkustiefe nahezu verschwindet; dem entspricht eine abnehmende Dynamik und damit ein Gang in die innere Wahrnehmung, in die Stille. In diesem Augenblick schlägt der Anklagegestus in einen der Trauerarbeit um, in die schmerzliche Erkenntnis, dass die Dinge so sind (und bleiben), wie sie sind.

Den verlangsamten Fluss des Geschehens zerschneiden immer wieder brutal Explosion und Feuerwand als der Einbruch des ganz Anderen. Gegen diese unverhüllte Gewalt kommen die Trauer und die Verzweiflung der Leidtragenden nicht an. Das Feuer löscht alles Leben aus, scheint gar den Bildschirm zu zersprengen, indem es alles in seiner Gewalt niederreißt.

Gegen die Bilder der Menge, der Polizisten, der Zuschauer und der Leidtragenden, gegen das Bild der Gesellschaft bleibt das Bild der Zerstörung, der Gewalt, anonym. Es hat kein Gesicht, es ist der Einbruch archaischer, mythischer Macht, nicht in ihrer zu aktualisierenden Bedeutung, sondern in ihrer Irrationalität, ihrer Unverständlichkeit, ihres alles Maß sprengenden Gewaltpotentials. Es bräuchte eine kollektive, von einer Mehrheit von Änderungswilligen getragene Initiative, um den Status quo radikal und entscheidend zu brechen.

Ästhetische Schlussfolgerungen

Flüchtigkeit und Passage

Guitons Videoarbeiten stehen im Kontext der sich seit den siebziger Jahren des 20. Jahrhunderts entwickelnden Videokunst. Bei deren maßgeblichen Vertretern lässt sich ein intensiver Umgang mit der Zeit und der Reflexion von Zeit als konstituierendem Merkmal beobachten. Es sei nur an die Arbeiten von Bill Viola erinnert. Beispielsweise kennzeichnet dessen *The reflecting pool* die Gleichzeitigkeit von Bewegung (die sich kräuselnde Wasseroberfläche des Schwimmbassins) und Erstarrung (der auf dem Scheitel des Bewegungsbogens angehaltene Sprung eines Mannes in das Wasserbassin), während in dem fast fünfzigminütigen, für das Fernsehen entstandenen Film *The Passing*, in dem wenige Motivsequenzen – Geburt, Tod, Schlaf und Erwachen, Zerstörung und Verfall, Gehen und Fahren, Licht und Dunkelheit – zu immer neuen Konstellationen von Veränderung gereiht werden, der Eindruck eines sich in der Vorstellung des Schlafenden abspielenden Lebensverlaufs und seiner Hinfälligkeit und Begrenzung evoziert wird. Neben anderen Videokünstlern wie Gary Hill oder auch Nam June Paik lässt sich solch künstlerischer Bearbeitung von Zeit auch die zeitgenössische Musik an die Seite stellen, wie etwa mit Mathias Spahlingers Orchesterwerk *passage / paysage* von 1989/90, eine Komposition, in der die Permanenz der Bewegung und Veränderung zum tragenden Thema wird. Arbeiten Guiton und Viola mit zeitlichen Momenten der Wiederkehr, der Wiederholung von Motiven, der Umkehrung von Zeit, ihrer Beschleunigung und Verlangsamung, um auf diese Weise eine künstlerische Zeit, die Eigenzeit des Kunstwerks gegenüber der linear gerichteten Zeit des alltäglichen Lebens, zu gewinnen, so zielt Spahlinger mit der Vorstellung andauernder Veränderung auch auf einen philosophischen Begriff von Zeit, als einer notwendigen andauernden Veränderung auch im politischen Sinn: Ordnung kann nur eine vorübergehende sein, muss ihre eigene Aufhebung zum Ziel haben, um vor Erstarrungen und

Flüchtiger Augenblick

Hierarchisierungen zu schützen. Insgesamt ist bei Künstlern wie Komponisten der Umgang mit der Zeit auch eine Form der Erinnerung, die Hereinnahme oder die Reflexion des Vergangenen im Gegenwärtigen.

Die Bedeutung der Videokunst oder allgemeiner die Bearbeitung von Zeit in der gegenwärtigen Kunst hängt auch mit der grundlegenden Bedeutung zusammen, die die Kategorie der Geschwindigkeit in der zeitgenössischen Realität gewonnen hat. Von der Entwicklung von Maschinen im Industriezeitalter als schnelleren Beförderungsmöglichkeiten (Eisenbahn, Auto, Flugzeug – Durchbrechung der Schallmauer, Rakete – Durchbrechung der Hitzemauer), der Entwicklung von Übertragungsmöglichkeiten (Funk, Elektronik) bis zu den elektronischen Medien mit Lichtgeschwindigkeit reicht die Dynamik der Beschleunigung. Im Golfkrieg führte dies erstmalig zu Echtzeittechnologien, indem der Fernsehbetrachter zum (ohnmächtigen) Teilnehmer des Raketenbeschusses auf Bagdad wurde. Solchem Geschwindigkeitsrausch wollen die Künstler keinen Tribut leisten. Die Erfahrung von Zeit bildet zwar die Grundlage ihrer künstlerischen Arbeit, aber im Sinne einer Zeitgewinnung: Zeit für einen Raum der reflektierenden Vorstellung und Wahrnehmung von Zeit, sei es im visuellen, sei es im akustischen Sinn. Es ist ein Signum unserer Zeit, dass sich an die Kategorie der Geschwindigkeit fast automatisch die des Flüchtigen, Vorübergehenden, zugleich Sich-Wiederholenden koppelt; dies kennzeichnet, außer den bereits besprochenen, noch viele andere Videoarbeiten und Installationen Guitons, so *In der Arena, Balanceakt* oder *Pour faire le portrait d'un oiseau*.

Der neue Umgang mit der Kategorie der Zeit, der in der zeitgenössischen Videokunst zum Ausdruck kommt, erfordert neue ästhetische Begriffe, die das Besondere dieser Zeiterfahrung zu benennen suchen. Es sind dies, da es um komplexe, nichtlineare Vorgänge geht, antinomische Kategorien, die Polares bündeln wollen. Wir haben sie mit dem Oberbegriff der »Passage« in vier Kategorien zu skizzieren versucht: 1. die Erfahrung von Einmaligkeit und Veränderung, 2. die Einheit von Bewegung und Stillstand, 3. die Verknüpfung von Gegensätzlichem und 4. die Entdeckung von Varianten. ▶03 Die Arbeiten von Jean-François Guiton sind in hohem Maße von solch ästhetischem Bewusstsein getragen: In der vierten Kategorie lassen

---

03 Siehe hierzu: Peter Rautmann, Nicolas Schalz, »Passagen. Kreuz- und Quergänge durch die Moderne«, ConBrio-Verlag, Regensburg 1998, S. 36–39.

Flüchtige Gegenwart

sich beispielsweise Bewegungen in Kreis- und Spiralform denken, und so entstehen Verkettungen, Variationen, Überlagerungen und Verdichtungen von Motiven, Formen und Anschauungen – eine zusammenfassende Beschreibung der Zeit in *Tramage*, wogegen in *Holzstücke* etwa eine Einheit von Bewegung und Stillstand (1. Kategorie) als zentrales Motiv vorliegt. Guitons Arbeiten zeigen damit, was Kunst im gegenwärtigen Augenblick sein kann: Erforschung von Grundlagen unserer Wahrnehmung und unseres Erlebens, die uns erst in die Lage versetzen, der Allmacht der Bilderwelt im Medienzeitalter nicht hilflos ausgesetzt zu sein, sondern ein selbstbewusstes Verhältnis dazu einnehmen zu können. Seine Arbeiten sind aufklärerisch in dem Sinne, dass sie uns nicht un-mündig oder, auf die Künste bezogen, un-sehend und un-hörend lassen wollen.

Flüchtigkeit und Tod

Ein zunehmend beherrschendes Moment der künstlerischen Arbeit Guitons ist die Auseinandersetzung mit dem Tod, wie u.a. *Da Trapani* zeigt. Speziell sind es Totenköpfe, die sich in die Arbeiten einmischen – wie bei *Voyages* – oder bildbeherrschend sind wie in *Le temps d'un portrait*. Aus vier Teilen setzt sich das Bild eines Totenkopfes zusammen, dessen Elemente von unterschiedlichen Köpfen stammen und sich nie wirklich zu einem Bild zusammenschließen; Fremdheit, Verfall, Höhlen und Dunkelheit bestimmen diese Landschaft aus Knochenformen. Am intensivsten erscheint die Todesthematik in der Videoinstallation *La Ronde*, die zuletzt in dem Ausstellungsprojekt der Hochschule für Künste im Bremer Dom 2000 zu sehen war. *La Ronde* besteht aus vier quadratisch zueinander gestellten Monitoren, deren Bildschirme von dem Flammenmeer eines Vulkanausbruchs erfüllt sind. Da der Boden des viereckigen Gehäuses eine Spiegelfläche ist, reflektiert diese das Flammenmeer unzählige Male, so dass der Eindruck eines unendlich in die Tiefe stürzenden Schachtes entsteht. Über diesem Schlund kreist ein sich drehendes Band von Totenköpfen. Assoziationen von Totentanz, Fegefeuer und Hölle stellen sich ein, das Thema ist gleichsam an einen seiner Ursprungsorte, den Kirchenraum, zurückgekehrt, denn die Installation war in dem dunklen, abgeschirmten Sockelraum des nördlichen der beiden Westtürme des Bremer Doms aufgebaut. Die Videoinstallation greift also ein christliches religiös-archaisches Thema auf, sucht die Grenze zwischen Leben und Tod auszuloten. Diese Grenze erscheint als Schock, und daran ändert auch nichts die Tatsache, dass man die mediale Inszenierung als solche durchschauen kann; die maschinenartigen Geräusche – man assoziiert den Dampfhammer einer Fabrikanlage, also auch schon eine untergegangene Produktionsform –

Flüchtiger Augenblick

unterstützen den Eindruck. Gegenüber der Schreckensinszenierung mittelalterlicher Kirchenwände besticht *La Ronde* wiederum durch die aktuelle Form der Verbindung von Präsenz und Flüchtigkeit: Die Totenköpfe tauchen unentwegt auf und verflüchtigen sich genauso, sie sind nicht zu greifen. Das moderne elektronische Medium ruft alte archaische Bilder herauf, markiert aber nicht die Allmacht des Mediums, sondern der Natur: die zerstörerische Kraft des Urelements Feuer. Das technische Medium verweist auf Natur als ihr Anderes. Die Erfahrung des Gegenwärtigen wird zurückgebunden an mythische Bilder, deren Erinnerung im Gedächtnis auch der heutigen Menschen aufbewahrt ist – nicht, indem wir in sie hineintauchen, sondern uns mit ihnen und ihren Inhalten konfrontieren, auseinandersetzen.

Abschließende Betrachtung

Ruft man sich so zentrale Aspekte der Videokunst Guitons ins Gedächtnis wie ihre Bildlichkeit, ihre Affinität zum Klang, das Moment des Flüchtigen, die Todesthematik, scheint der Aspekt der Zeit den gemeinsamen Nenner darzustellen. Guitons Äußerung, dass häufig eine Klangvorstellung den Ausgangspunkt für die Videoarbeiten bildet, hängt wohl mit diesem Zeitaspekt zusammen, denn Klang ist nicht ohne Zeitvorstellung, Zeitraffung und Zeitdehnung denkbar. Klang und Rhythmus können von daher zum Strukturelement des Bildlichen werden. Ein darüber hinausgehendes eigentümliches Merkmal ist der Abbreviaturcharakter innerhalb seiner ästhetischen Vorstellung, die dem Betrachter Freiräume für eigene Assoziationen gibt. Damit ist eine Kunst der Andeutung, des Fragmentarischen gemeint, die auch Aspekte des Spielerischen freisetzt: spielerisch im Sinne einer lustvollen Kombination selbstgesetzter Regeln wie deren Durchbrechung. Seine Arbeiten besitzen häufig eine heiter-ironische Komponente, eine Fähigkeit, scheinbar sich widersprechende »Lösungen« in ein Bezugsfeld zu setzen und damit den Betrachter zu eigenen Stellungnahmen herauszufordern. Guiton ficht, metaphorisch gesprochen, mit leichtem Florett, nicht mit schwerem Säbel; ein mozartscher Esprit beflügelt viele seiner Arbeiten. Das schließt tragische Momente (*La longue marche, Da Trapani, La Ronde*) nicht aus; es geht dabei aber nie um Überwältigung. Guitons ästhetische Haltung lässt sich wohl am ehesten mit der Godards vergleichen, bei dem die Vielfalt der Konnotationen, das Schillernde der Bedeutungen, die Experimentierfreude sich mit künstlerischer Stringenz und sozialem Engagement verzahnen.

Flüchtige Gegenwart

Postscriptum
Dieser Text ist zuerst erschienen im Doppelkatalog »abwechselnd gleichzeitig« des Kunstvereins Ludwigshafen a.Rh. und »gleichzeitig abwechselnd« des Ludwig Museums, Koblenz, zu einer Ausstellung mit Skulptur-Arbeiten von Jan Levens, Fotografie-Arbeiten von Ursula Wevers und Video-Arbeiten von Jean-François Guiton, 2001 herausgegeben von Barbara Auer (Kunstverein Ludwigshafen a.Rh.) und Beate Reifenscheid (Ludwig Museum, Koblenz). Der Aufsatz über Jean-François Guiton wird hier mit der freundlichen Erlaubnis des Künstlers und der Herausgeberinnen publiziert.

Jean-François Guiton
»Tramage«

Anne-Kristin Beutel, Mirko Philipp Eckstein

net.art

Ein Referat im Rahmen der Veranstaltung
»Globalisierung und die Rolle der Künste heute«

1.0 Definition – net.art
Netzkunst wird vielfach unter der Bezeichnung »Kunst im Internet« subsummiert. Man muss jedoch zwischen der reinen Präsentation von Kunst im Internet und der Produktion von Kunst im Internet unterscheiden. Die Bezeichnung »Kunst im Internet« kann auf die Präsentation von Kunstwerken angewendet werden, die unabhängig vom Medium Internet produziert werden. Das Internet fungiert dabei als reines Präsentationsmedium. Zum anderen trifft diese Bezeichnung auch auf Kunstwerke zu, die das Internet sowohl als Präsentationsmedium als auch als Produktionsmedium nutzen. Diese Kunstwerke entstehen im Internet und sind ohne dieses nicht denkbar. Mit ihnen ist eine neue Kunstgattung entstanden, die als eine Form der interaktiven Medienkunst angesehen werden kann. Diese Kunstform bezeichnet man als net.art oder Netzkunst.

1.1 Vorgeschichte net.art
Größere Aufmerksamkeit erlangte Netzkunst erstmals auf dem Linzer Ars Electronica Festival 1995 durch die Einführung der Kategorie World Wide Web Sites für den Prix Ars Electronica.

Der Begriff net.art bzw. Netzkunst entwickelte sich in den Jahren 1995 und 1996. Auch die ersten Online-Galerien wie äda'-web und Turbulence gingen 1996 ans Netz. Ein wichtiges Ereignis, das die Aufmerksamkeit für Netzkunst beförderte, war – neben der bereits erwähnten Ars Electronica 1995 – die documenta X 1997.

Flüchtige Gegenwart

Es gibt bestimmte Werke bzw. Kunstentwicklungen, die aufgrund ihrer Eigenschaften und Erscheinungsformen als Vorläufer von Netzkunst bezeichnet werden können. Es gibt dabei zwei Stränge von Parallelen, die Netzkunst mit deren Vorläufern verbinden. Der eine folgt dem zugrunde liegenden Konzept und der Ausdrucksform der Arbeiten. Der andere beruht auf Gemeinsamkeiten, die auf die verwendeten Kunstmedien zurückzuführen sind.

In Netzkunstwerken tauchen nicht selten Elemente aus Arbeiten der 50er und 60er Jahre auf. Doch die Vorgeschichte von Netzkunst lässt sich zum Teil bis in die 20er Jahre zurückverfolgen. Der interaktive und prozessuale Charakter vieler Werke der Happening- und Fluxus-Bewegung taucht – in einer durch die technischen Bedingungen abgewandelten Form – als Bestandteil von Netzkunst wieder auf. Die Dematerialisierung des Kunstgegenstandes, wie sie für die Werke der Konzeptkunst typisch ist, wird in der Netzkunst technologisch wie gedanklich weitergeführt. Die zunehmende Integration des Betrachters in den Kunstprozess, ohne die der größte Teil der Netzkunstwerke nicht denkbar wäre, stellt Netzkunst in eine Linie mit Aktionen des Happenings und mit den in den 70er Jahren aufkommenden reaktiven und interaktiven Installationen und Enviroments.

Zum Verständnis der technischen Grundlagen von Kunstproduktionen, die mit Kommunikationsmedien arbeiten, muss man kurz Teile aus der Geschichte der Kommunikationsmedien darstellen.

1.2 Einflüsse der Medien

Die Ausdifferenzierung einzelner Kunstgattungen geschieht aufgrund charakteristischer Darstellungsweisen, die nicht selten auf das verwendete Kunstmedium zurückzuführen sind. Die für Netzkunst spezifische Darstellungsweise beruht auf dem Medium Internet, also auf der Verbindung aus Computern und Telekommunikationsnetzen. Sie kann daher auch als Telekommunikationskunst bezeichnet werden und steht in einer Reihe mit Kunstwerken, die andere Telekommunikationsmedien wie beispielsweise Radio oder Fernsehen als Kunstmedium nutzen.

Zum besseren Verständnis der technischen Grundlagen, auf denen Netzkunstwerke und viele ihrer Vorläufer beruhen, ist ein Blick auf die historische Entwicklung der verwendeten Kommunikationsmedien hilfreich. Im Wesentlichen kann man dabei auf den Aufsatz »Geschichte der Kommunikationsme-

net.art

dien« von Friedrich A. Kittler (1993) zurückgreifen. Laut Kittler sind Kommunikationssysteme Medien, die den Verkehr von Nachrichten, Personen und Gütern regeln und vom Straßensystem bis zur Sprache unterschiedliche Formen umfassen.

Kittler unterteilt die Geschichte der Kommunikationsmedien in Schriftgeschichte und Geschichte der technischen Medien. Erstere gliedert er in Handschriften und Druckschriften, die zweite in Analogtechnik und Digitaltechnik. Den historischen Übergang von Mündlichkeit zu Schriftlichkeit macht er an der Trennung von Interaktion und Kommunikation fest. Der Übergang von Schrift zu technischen Medien zeigt sich an der Entkopplung von Kommunikation und Information.

1.3 Digitale Typografie

Mit dem Medium Schrift war es wahrscheinlich zum ersten Mal möglich, Speicherung und Übertragung (Inschrift und Post) zu koppeln. Über Raum und Zeit der Kommunikation entscheiden dabei physikalische Materialien, wie Schreibzeug und Schreibfläche. Die Schrift spielt eine wesentliche Rolle in der Entwicklung der Kommunikationsmedien. Der Transport von Schriften reicht von der Überbringung von Papyrus und Steinplatten bis in die Darstellung von Schrift im Internet heute. Das Trägermedium sowie auch das logistische Transportmedium haben sich daher den technischen Entwicklungen und den Bedürfnissen angepasst.

1.4 Einflüsse der technischen Medien

Mit dem Auftreten der technischen Kommunikationsmedien findet eine Trennung von Signal und Körper, von Botschaft und Bote statt. Man spricht in diesem Zusammenhang von einem Verschwinden der Ferne und teilt dieses in zwei Phasen.

Die erste Phase ist geprägt von der materiellen, körperlichen und maschinellen Überwindung von räumlicher und zeitlicher Entfernung. Eisenbahn, Auto, Flugzeug usw. dienen Körpern dabei als Maschine zur Überwindung von Distanzen. Diese werden in der zweiten Phase körperlos, immateriell überwunden. Die Botschaft reist ohne Körper. Sie wird technisch übertragen bzw. übermittelt.

In der Phase der immateriellen Kommunikation werden die Telekommunikationsmedien selbst zu Produktionsmitteln, Trägermedien, Ausdrucksmedien und Kommunikationsmedien von Kunst.

Flüchtige Gegenwart

Das Besondere der technischen Medien sieht man in deren Codes. Im Gegensatz zur Schrift arbeiten technische Medien nicht mit dem Code einer Alltagssprache. Sie nutzen mathematische Codes, die die Zeit menschlicher Wahrnehmung unterlaufen.

Im Gegensatz zu allen vormodernen Postsystemen müssen nun die Distanzen zwischen Sender und Empfänger nicht mehr berechnet werden, weil nur die absolute Geschwindigkeit zählt. Auf dieser Basis wurde der Informationsaustausch über nationale und kontinentale Grenzen hinweg ermöglicht. (Gobalisierung)

1876 meldete Graham Bell das Patent für das Telefon an. Wenig später wurden die optischen und akustischen Speichermedien Film und Grammophon erfunden. Zu Beginn des 20. Jahrhunderts wird durch die Erfindung des Radiosenders das Senden von Information auf immateriellen Kanälen möglich. Durch Selbstwahlsystem, Satellitenfunk und hierarchiefreie Vernetzung wurde mit Hilfe des Mediums Telefon die Idee des »globalen Dorfs« beflügelt.

Als Manko all dieser analogen Kommunikationsmedien sieht man das Fehlen eines allgemeinen Standards, der ihre Steuerung und wechselseitige Übersetzung regelt. Dies leistet die Digitaltechnik. Das ihr zugrunde liegende Binärzahlensystem ist die Voraussetzung für die allgemeinen Medienstandards.

Durch die Digitaltechnik ist es möglich geworden, stetige Eingangsdaten durch Abtastungen mit einem festen Zeitraster in diskrete Daten zu zerlegen und zu speichern. Dabei spielt es keine Rolle mehr, ob es sich bei den abgetasteten Daten um Bilddaten, Töne oder elektrische Impulse handelt, alles kann im gleichen digitalen Code repräsentiert werden.

Die Funktionsweise des Computers war erfunden. Jetzt galt es die zeitlichen Abläufe und die Ausmaße der Maschine zu optimieren. 1945 entwarf John von Neumann die seitdem übliche, aus Zentralelementen bestehende Architektur des Computers: eine Zentraleinheit und ein Bussystem zur sequentiellen Übertragung aller Daten.

In Verbindung mit herkömmlicher Telekommunikationstechnik wird der Computer zum Telekommunikationsmedium. Ein Beispiel hierfür ist das Internet.

net.art

Das Internet, wie man es heute kennt, geht aus dem ARPA-NET hervor, ein US-amerikanisches Projekt zur Förderung der militärischen Nutzbarkeit von Computernetzen. Das ARPA-NET ging im September 1969 in Betrieb.

1983 wurde das TCP/IP-Protokoll als allgemeiner Standard zum Austausch von Daten eingeführt, und der militärische Teil des Netzes spaltete sich von dem allgemeinen, hauptsächlich von Universitäten und Unternehmen genutzten Teil ab. Ab Mitte der 80er Jahre wuchs das Internet immer schneller; nationale Netze, wie beispielsweise das deutsche Wissenschaftsnetz (WIN), schlossen sich an. Die Einführung des am Kernforschungszentrum CERN in Genf entwickelten Hypertextsystems des World Wide Web (WWW) ermöglichte auch netz- und computertechnisch nicht Versierten, das Internet zu nutzen. Seitdem ist das WWW der am stärksten expandierende Teil des Internets. Die für die Nutzung des WWW notwendige Software, der sogenannte Browser, kam erstmals 1993 mit dem WWW-Browser Mosaic auf den Markt. Später folgten u.a. Versionen von Netscape und Microsoft. Die durch das WWW möglich gewordenen kommerziellen Online-Dienste und deren Nutzung veränderten im Laufe der Zeit die Netzpopulation. Durch die grafische Darstellbarkeit und die leichte Bedienbarkeit wurde das WWW auch zunehmend als Medium für Werbung interessant.

Der damit begonnene Wandel des Internets ist noch heute zu beobachten und wird auch in künstlerischen Arbeiten im Internet thematisiert.

2.0 Vorläufer von Netzkunst

In den 50er und 60er Jahren rücken mit dem Aufkommen von Happenings die Bedingungen von Kommunikation, das Agieren im öffentlichen Raum und die Beteiligung des Betrachters in den Blickpunkt vieler Kunstschaffender. Zu den zentralen Begriffen der Happening- und Fluxus-Bewegung werden Partizipation, Interaktion und Prozessualität. Mit dem Aufkommen der Konzeptkunst werden etwa zur gleichen Zeit Grundlagen geschaffen, die es ermöglichen, dass die Idee des Kunstwerks den Kunstgegenstand in den Hintergrund rücken lässt. Die damals im Mittelpunkt stehenden Begriffe Konzept, Prozessualität und Interaktion sind heute wesentliche Bestandteile von Netzkunst. Der für Netzkunst typische interaktive Charakter zeigt auch deren Verbindung zu interaktiven Installationen. Bei der Betrachtung interaktiver Kunst zeigt sich die Problematik, die die Verwendung des Begriffs Interaktivität mit sich bringt.

2.1 Reaktive und interaktive Installationen
Genauer muss man auf die Entwicklung von reaktiven und interaktiven Installationen und Environments schauen.

Mit dem vermehrten Einsatz des Computers in der Kunstproduktion tritt der Gebrauch des Begriffs »Interaktivität« in den Vordergrund. Dieser Begriff markiert eine neue Phase der Kunst, die Anfang der 8oer Jahre beginnt. Der Begriff »Interaktion« löst den bis dahin gebräuchlicheren Begriff »Partizipation« ab. Beide Begriffe beschreiben Werke, die es den Betrachtern ermöglichen sollen, am Kunstprozess teilzunehmen. Als reaktive bzw. interaktive Kunst werden Rauminstallationen beschrieben, die Handlungen des Betrachters hervorrufen und in das Kunstwerk einbeziehen.

Die sogenannten (Video-) »Closed Circuits«, in denen der Betrachter sich selbst auf einem Monitor sieht, wie er diesen gerade betrachtet, können als reaktive Installationen bezeichnet werden. Ende der 6oer Jahre haben beispielsweise Les Levine, Nam June Paik, Bruce Nauman, Ira Schneider und Frank Gillette Closed Circuit-Videoinstallationen entworfen.

Netzkunst kann ebenso wie interaktive Installationen als »Interaktive Kunst« bezeichnet werden. Bei reaktiven und interaktiven Installationen handelt es sich demnach um direkte Vorläufer von Netzkunst.

Die heutige Netzkunst wurde aber auch von anderen Kunstrichtungen und Entwicklungen beeinflusst, so von anderen demateriellen Werken, wie zum Beispiel der Radio-Kunst, der Nutzung des Fernsehers als Kunstmedium, der Netzwerkkunst und der Mail Art.

»Die ›Dematerialisierung des Objekts‹, die Lucy Lippard an der Conceptual Art hervorgehoben hat, ist bei der künstlerischen Arbeit mit Computer und Computernetzwerken zu ihrem technologischen Ende getrieben.« ▶01

3.0 Voraussetzungen und Charakteristika von Netzkunst
Das Charakteristische der Netzkunstwerke wird durch das verwendete Medium bestimmt. Jedes dieser Werke wird durch die technischen Bedingungen des Computers und der Informationsübertragung via Telekommunikationsnetz begrenzt. Diese Grenzen des Mediums werden in zahlreichen Arbeiten von Netzkünstlern erforscht und thematisiert. Die materiellen Bedingungen dieses Kunstmediums und die daraus resultierenden Möglichkeiten sind charakteristisch für Netzkunst.

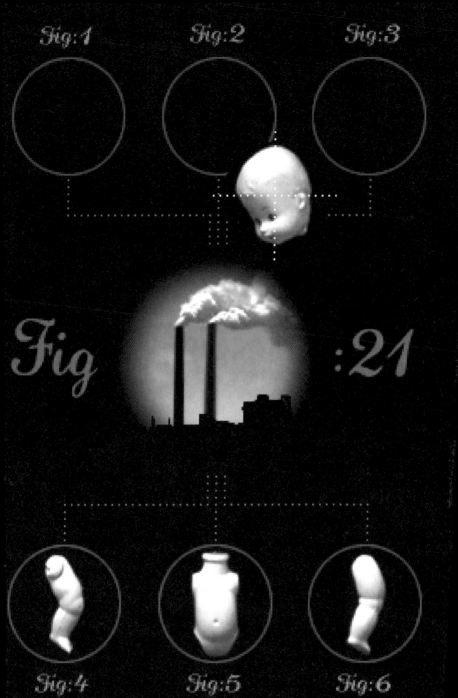

Flüchtige Gegenwart

Die unterschiedlichen Voraussetzungen für die Betrachtung eines Netzkunstwerkes, dass heißt, Browser, Schnelligkeit des Rechners, Größe des Monitors und die Umgebung, in der sich der Betrachter befindet, lassen unterschiedliche Ausführungen und Interpretationen des Netzkunstwerkes zu.

Im Unterschied zu ihren Vorläufern findet Netzkunst in erweiterten zeitlichen und räumlichen Dimensionen statt. Während beispielsweise das Happening zeitlich begrenzt stattfindet, ist die Dauer eines Netzkunstprojekts nahezu unbegrenzt. Es kann – zumindest theoretisch – in annähernd unendlichen Zeiträumen stattfinden und gleichzeitig an vielen verschiedenen Orten der Welt präsent sein.

Die Eigenschaft des Internets, die den Prozesscharakter der Netzkunstwerke ermöglicht, ist gleichzeitig dafür verantwortlich, dass ein Netzkunstwerk jederzeit verschwinden kann. Die das Werk repräsentierenden Daten müssen auf einem Server gespeichert werden, um abrufbar zu sein. Die fehlende Finanzierung dieses Speicherplatzes ist vielfach der Grund für das Ende eines Netzkunstprojekts. Auch ein begrenzter Speicherplatz kann zum Verschwinden eines Netzkunstwerkes führen, wenn dieses einem neuen Platz machen muss. Strategien zur Sammlung von Netzkunst im musealen Raum werden zur Zeit noch diskutiert.

Um Netzkunst zu sehen, muss man sich nicht an einen öffentlichen Ort begeben. Jeder Ort, an dem sich ein Computer mit Monitor und Internetzugang befindet, ist ein potentieller Ausstellungsort für Netzkunst. Das Netzkunstwerk befindet sich also immer dort, wo der Betrachter vor dem Computerbildschirm sitzt, wo er es betrachtet und er mit diesem oder über dieses interagiert. In der Regel wird Netzkunst am heimischen Computer betrachtet.

Das Netzkunstwerk existiert erst in dem Moment, in dem es auf dem Bildschirm erscheint. Vorher wird es nur durch eine bestimmte Ansammlung von Daten repräsentiert, die als technische Beschreibung des Werkes dient. Ein künstlerisch-experimenteller Umgang mit dem Medium Internet setzt in der Regel technische Kenntnisse und Programmierfähigkeiten voraus. Der Programmierer von Netzkunst vermag weitaus mehr zu entwickeln als ein Künstler oder Designer, der sich mit der eigentlichen Methode und Freiheit, die der Computer ermöglicht, nicht befassen will oder kann. Daher kommt es oft zu Kooperationsverhältnissen zwischen Künstler und Programmierer, was eine intensivere Erforschung der Möglichkeiten

net.art

zulässt. Mit dem Einsatz technischer Medien in der Kunst verschwand die zentrale Bedeutung des Unikats, da die Vervielfältigung bereits in diesen Medien angelegt ist.

Netzkunst zeichnet sich durch eine Kommunikationsstruktur aus, in der sich Begriffe wie Interaktivität, Prozess und Projekt wiederfinden, da der User (Teilnehmer, Nutzer) direkt in das Kunstwerk mit einbezogen wird; es bietet die Möglichkeit für eine Vielzahl persönlicher Eingriffe. Es fordert zu einem am Werk selbst orientierten Eingreifen auf und lädt dazu ein, sich frei in eine Welt einzufügen, die eine vom Künstler gewollte ist. Der Künstler bietet dabei dem Teilnehmer ein zu vollendendes Werk an. Er weiß nicht, wie dieses Werk vollendet wird, sieht es aber dennoch als sein Werk an.

3.1 Semantik und Materialität des Zeichen

Als zwei Seiten eines Zeichens lassen sich Semantik (Bedeutung) und Materialität unterscheiden. Unter Semantik ist zu verstehen, was für das Funktionieren des Zeichens als Zeichen unabdingbar wichtig ist. Die Funktionalität des Zeichens bleibt von dessen Materialität unbeeinflusst. Seine Materialität ist zwar unabdingbar, um die Bedeutung zum Erscheinen kommen zu lassen. Deren Spezifität (Kennzeichnung der Eigenarten und Besonderheiten) trägt aber zur Bedeutung selbst nichts bei. So kann man die Semantik (Lehre von der Bedeutung der Zeichen, hier: Lehre von der Verwendung der Zeichen) als die sinnliche »Trägermaterie« des Zeichens verstehen, die unterschiedlich beschaffen sein kann.

Die materiellen Voraussetzungen von Kommunikation müssen immer dann ausgeblendet werden, wenn die Inhalte in den Vordergrund rücken. Betrachtet man Kommunikationssysteme wie Sprache, Schrift, Film etc., wird klar, dass Kommunikation in der Regel auf einer strikten Ausblendung aller materiellen und medialen Störungen beruht. Diese Ausblendung ist notwendig, um Bedeutung zu konstruieren. Bei der Erfahrung eines Kunstwerkes kann dessen Materialität nicht ausgeblendet werden. Materialität und Immaterialität sind hier untrennbar miteinander verwoben, in der Verbindung von Immaterialität und Materialität kann man die spezifische Funktionsweise von Kunstwerken im Gegensatz zu Bildern des Alltags sehen.

01 Aus einem Artikel von Jochen Gerz: »Die Pluralskulptur«.

Flüchtige Gegenwart

Die in der alltäglichen Kommunikation ausgeblendete, mediale Störung spielt beim Kunstwerk für die Bedeutungskonstruktion eine Rolle.

Für Netzkunst heißt dies, dass das Netzkunstwerk nicht abgetrennt von den materiellen Bedingungen des Internets betrachtet werden kann. Oder: Die Materialität des technischen Mediums Internet ist immer Teil des Netzkunstwerkes.

Die Daten, aus denen mit Hilfe des Browsers die wahrnehmbare Darstellung konstruiert wird, werden im WWW als standardisierte Hypertext MarkUp Language (HTML) repräsentiert, die neben dem Browser eine weitere Ebene der Materialität von Netzkunst darstellen. Mit HTML werden Text- und Positionsattribute festgelegt, die dann vom jeweiligen Browser interpretiert und dargestellt werden. Die Darstellungsmöglichkeiten können mit Hilfe von zusätzlichen Programmiersprachen wie Java, die in die HTML-Struktur eingefügt sind, erweitert werden. Durch die Verwendung von Java ist es unter anderem möglich, den vom Betrachter verwendeten Browser zu erkennen. So kann eine passende Java-Programmierung die Darstellungsunterschiede der verschiedenen Browser theoretisch ausgleichen. Ein Beispiel für die Thematisierung des Darstellungsproblems, das durch die unterschiedlichen HTML-Interpretationen des Browsers entsteht, ist die Arbeit Good Browser, Bad Browser des Netzkünstlers Joachim Blank: Während die kommerziellen Browser von Netscape und Microsoft, die mittlerweile von über 90 % der User benutzt werden, eine Fehlermeldung anzeigen, kommt beim Einsatz des nicht-kommerziellen Browsers Mosaic ein Text zum Vorschein.

(Hans Dieter Huber vergleicht die jeweilige HTML-Interpretation des Browsers mit einer Aufführung. Dabei versteht er in Anlehnung an die von Nelson Goodman entwickelte Theorie der Notation und Aufführung die HTML-Dateien als Notation und den jeweiligen Aufruf der Seite als Aufführung und Interpretation des Werkes. Die abstrakte Notation in Form der HTML-Datei besitzt die Funktion eines Speichermediums, das beliebig vervielfältigbar und ortsunabhängig ist. In der Malerei entspräche eine Vorzeichnung oder ein Karton mit einer exakten Beschreibung zur Ausführung des Bildes der Notation und der Malakt der Aufführung.)

Die Entstehung eines für die Malerei typischen, beständigen Objektes findet in der Netzkunst in der Regel keine Entsprechung.

www.walkerart.org/gallery9/szyhalski/dingansich/

4.0 Beispiel: Bikini

Auch wenn ein beständiges Objekt nicht als charakteristisch für Netzkunst gilt, besteht die Möglichkeit der Schaffung eines solchen. Ein Beispiel für die Produktion von beständigen Objekten in der Netzkunst ist Eva Grubingers *Netzbikini*: Der Betrachter wird in dieser Arbeit aufgefordert sich das angebotene Schnittmuster für einen Bikini aus dem WWW zu laden, auszudrucken und danach einen Bikini anzufertigen. Der verwendete Stoff soll dabei möglichst einen Netzcharakter haben. Anschließend soll man den Bikini anziehen, ein Foto von sich machen und dieses der Künstlerin zusenden. Nach dem Empfang des Bildes schickt die Künstlerin per E-Mail das »grubi@thing.or.at«-Label zurück, das dann in den Bikini eingenäht werden soll. Das ausgedruckte Schnittmuster, der genähte Bikini, das Foto und das ausgedruckte Label sind die hierbei entstandenen Objekte. Wie bei Relikten, die nach traditionellen Aktionskunst-Ereignissen übrig bleiben, handelt es sich bei den hier entstehenden stofflichen Objekten m.E. nicht um wesentliche Teile des Kunstwerkes. Dessen wesentlichen Komponenten sind das zugrunde liegende Konzept und die stattfindenden Interaktionen via Internet. Geht dieses Projekt eines Tages vom Netz, stellen die verbleibenden Objekte lediglich so etwas wie Erinnerungen an das eigentliche Kunstwerk dar. Dies steht im klaren Gegensatz zu Werkobjekten in der Malerei und der Bildhauerei, bei denen die Objekte gleichzusetzen sind mit dem Kunstwerk.

4.1 Beispiel: Jodi.org

Das Künstlerduo Jodi gehört zu den Pionieren der Netzkunst. Ihre Website ist bereits seit August 1995 im WWW zugänglich. Hinter dem Pseudonym Jodi verbergen sich Joan Hermskerk und Dirk Paesmans. Beide waren, schon bevor sie zur Netzkunst kamen, künstlerisch tätig. Dirk Paesmans arbeitete mit dem Medium Video, Joan Heemskerk mit Fotografie. Sie haben zusammen an der Universität von San José eine Ausbildung zum Multimedia-Programmierer abgeschlossen und dabei ihre ersten künstlerischen Erfahrungen mit dem WWW und dem Browser Mosaic gemacht.

Der prozessuale Charakter der Netzkunst wird am Beispiel Jodi schnell deutlich. Mitte 1997 bestand ihre Homepage bereits aus über 350 Seiten. Ständig kommen Seiten hinzu oder werden überarbeitet, einige verschwinden. Im Kurzführer der dokumenta X wurde Jodis Arbeit auch mit einer wachsenden Maschine verglichen, über die man die Kontrolle verloren hat. Aufgrund ihrer ständigen Veränderung kann jede Beschreibung dieser Website immer nur eine Beschreibung des momentanen Zustands sein. Unverändert bleiben dagegen die Prinzipien, Vorgehensweisen und einige charakteristische Erscheinungsformen, welche wesentlichen Anteil am Erscheinungsbild der Arbeiten von Jodi haben. Die für Jodis Arbeiten typische collagenartige Zusammensetzung von Text- und Bildfragmenten führt zu Verwirrungen, die immer wieder Assoziationen zu Störungen und Fehlern hervorrufen. Die Schaffung eines Zusammenhangs bleibt dem Betrachter überlassen. Dirk Paesmans sagt dazu in einem Interview:»Wir benutzen unsere Homepage nicht, um Informationen zu verbreiten. Wir zeigen Screens (Bildschirmoberflächen) und Sachen, die auf diesen Screens passieren. Wir vermeiden Erklärungen.«▸02

Der unvorbereitete Betrachter vermutet möglicherweise, dass Computerviren für das Durcheinander von Texten und Fenstern verantwortlich sein könnten. Hinweise dazu finden sich auch in den Titeln einiger Seiten von Jodi, die Namen von Computerviren tragen.

Simon Lamunière formuliert die Aufgabe, welcher Jodi nachgeht, daher folgendermaßen:»Einer Maschine eine andere Bedeutung geben, sich für Viren, Störungen und Fehler interessieren, das ist die Aufgabe von Jodi.« Für Lamunière ist Jodis Arbeit ein Programm, das wie ein formelles Spiel in der Welt der Informatik ausgearbeitet wurde.

Durch eben jene Irritationen und Verwirrungen wird bei der Rezeption der Arbeit von Jodi eine Offenheit erreicht, die eine komplexe, nicht zweckorientierte Erfahrung ermöglicht. Zweckgebundene, tradierte, konventionelle, für das Internet übliche Aufmerksamkeitshaltungen müssen verlassen oder vermieden werden, um persönliche Erkenntnisse aus dieser Arbeit zu ziehen. Das Werk muss ästhetisch erfahren werden.

Dies kann nicht durch oberflächliches Betrachten der Seiten geschehen. Es erfordert ein Durchschauen der Vorgehensweise der Künstler und ein Erkennen der Zusammenhänge, in denen das Werk entstanden ist und sich weiter verändert. Dazu bedarf es einer Vermittlung der Entstehungszusammenhänge oder zumindest der Fähigkeit, sich diese Zusammenhänge selbstständig zu erarbeiten.

Das Material, das Jodi verwenden, stammt größtenteils aus dem Internet und dem Computer. Er erforscht den Computer von innen und reflektiert das im Netz. In einem Interview mit Josephine Bosma beschreibt Dirk Paesmans den Umgang mit diesem Material:

So verweisen beispielsweise die verwendeten Termini unread, unsent und reply auf eine mögliche Kommunikation per E-Mail. Durch die Vorsilbe »un« und den gesamten Aufbau der Seiten gerät die Frage nach Kommunikationsstörungen in den Vordergrund. Der in der URL enthaltene Hinweis auf eine Error-Meldung (404) unterstreicht diese Vermutung. Das grafische Erscheinungsbild der Seiten %20Unread und %20Unsend macht dabei auf den Bildcharakter der Schriftzeichen aufmerksam und kann als typisch für die Arbeiten von Jodi gelten.

Mit der Anzeige der vom Betrachter verwendeten IP-Nummer auf der Seite %20Reply machen Jodi auf unsichtbare Daten aufmerksam, die Teil des Datenaustausches im Internet sind und zu einer Identifizierung des Betrachters führen können.

Die Arbeit von Jodi zeichnet sich besonders durch die Konfrontation mit der Art und dem Inhalt der Präsentation aus.

02 Zitate von Jodi, aus einem Interview zwischen Josephine Bosma und Dirk Paesmans.

Der Netzkünstler Alexeij Shulgin beschreibt diese Form der Kommunikation folgendermaßen: »Sie kommunizieren eigentlich überhaupt nicht mit Leuten, sondern mit dem Netz selbst, dessen Anhängsel die Leute sind. Alles, was sie machen, sind Reflexionen über Dinge, die im Netz vor sich gehen, und ihre Antworten darauf, also auf technologische Prozesse, ästhetische Prozesse usw. In gewisser Weise sind sie auch sehr kommunikativ.« ▸03

Jodi benutzen die Rezeptionsbedingungen des Internets als Ausgangspunkt für ihre Arbeiten. Sie reflektieren damit Verhaltensweisen und Wahrnehmungsmuster, die beim Gebrauch des Mediums auftreten bzw. gefördert werden. Die Irritationen, die durch die Arbeit ausgelöst werden, tragen dazu bei, sich die Bedingungen bewusst zu machen, unter denen die Rezeption stattfindet. Hierbei zeigen sich die für eine rezeptionsästhetische Betrachtung relevanten Zeichen und Mittel, mit denen kommuniziert wird.

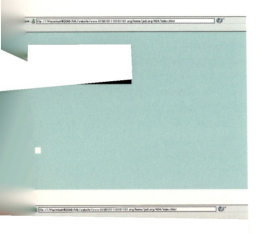

Nicht nur Farbwechsel bei
www.0100101110101101.org/
home/jodi.org/404/

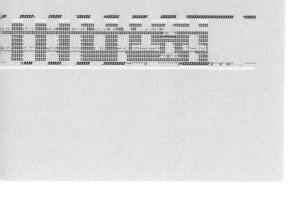

Irritationen bei
www.0100101110101101.org/
home/jodi.org/401/

4.2 Die Jodi Websites

Jodi verweigern bewusst die Unterstützung bekannter Verhaltensmuster, die den Betrachter in einer Konsumentenrolle festlegen. Sie verstehen ihre Arbeit als eine Kritik an der High Tech Kultur und der Mystifizierung des Computers. Sie sei jedoch nicht politisch orientiert, da sie weder etwas Politisches thematisiere, noch versuche, etwas zu »erzählen«: %20Options (www.jodi.org/100). Diese Seite mit dem Namen %20Options besteht aus einer schlichten Grafik, die einem Raster entsprechend vertikal und horizontal untergliedert ist. Bei jedem erneuten Aufruf erscheint diese Seite in einer anderen Farbe. %20Options ist eine Art sensitive Karte, in der unsichtbar Links zu weiteren Seiten versteckt sind. Nur mit Hilfe des Mauszeigers und der Fußzeile des Browsers ist ein Navigieren möglich. Einige über diese Links zugänglichen Seiten sollen hier exemplarisch betrachtet werden.

%20Location
Zunächst sieht man eine kryptische Aneinanderreihung von Schriftzeichen in grüner Farbe auf schwarzem Hintergrund. Dieses Erscheinungsbild erinnert an monochrome Bildschirme vergangener Computergenerationen. Bevor sich vor einigen Jahren Farbbildschirme durchsetzten, wurden hauptsächlich Computerbildschirme benutzt, die lediglich grüne oder bernsteinfarbene Schrift auf schwarzem Hintergrund darstellen konnten. Das Besondere dieser Seite kommt beim Aufrufen des Sourcecodes zum Vorschein.

3 Aus einem Interview mit Alexeij Shulgin, geführt von Armin Medosch.

net.art

Im Sourcecode einer Website erwartet man, dass sich dort normalerweise die für das Erscheinungsbild der Seite verantwortlichen Daten und Verweise, wie z.B. das HTML-Programm, befinden. Hinzu kommt, dass man den Sourcecode in der Regel nur aufruft, um zu erfahren, wie die Programmstruktur der Seite aussieht. Der Sourcecode dieser Seiten zeigt aus ASCII-Zeichen entstandene Grafiken.

Jodi haben den Bild- und Zeichencharakter der Website vertauscht, indem dort Bilder im Sourcecode auftauchen. Die dort verwendete Art der Bilderzeugung mittels ASCII-Zeichen geht auf Zeiten zurück, in denen Computernutzer ASCII-Grafiken per E-Mail verschickten, da das Versenden von Bildern zu aufwendig war. Daran lässt sich die technische Entwicklung bewusst machen, durch die sich das Erscheinungsbild neuer Medien ständig verändert.

Die Bilder können an dieser Stelle nur aus Schriftzeichen bestehen, da das Einbinden von Bildern und Grafiken im Sourcecode nicht vorgesehen ist. Diese Bilder aus Buchstaben und anderen Schriftzeichen schaffen also dort eine Bildlichkeit, wo sonst Bilder lediglich in Form von (schriftlichen) Verweisen auf Bilddateien repräsentiert werden.

%20Select und %20Quit

Unter den Bezeichnungen %20Select und %20Quit stößt man auf Seiten, die beim ersten Hinsehen einen defekten Computer oder Bildschirm vermuten lassen. Schlichte, meist in Schwarz und Weiß gehaltene Grafiken aus Linien und Buchstaben flackern über den Bildschirm.

In diesen hin- und herspringenden Bildern müssen die Links, wie bei fast allen Seiten von Jodi, mit Hilfe der Maus »erfühlt« werden. Durch die ständigen Bewegungen des Bildes oder einzelner Bildteile entsteht dabei eine Art »Hasch-mich«-Effekt, da sich die verlinkten Flächen mitbewegen.

%20Wrong (404.jodi.org)

Über die Seite %20Wrong sind die drei Seiten %20Unread, %20Unsent und %20Reply zu erreichen. Sie geben dem Betrachter die Möglichkeit, über ein Eingabefeld Wörter oder andere Zeichenkombinationen auf die jeweilige Seite zu laden.

»Hasch-mich«-Effekt bei
wwwwwwww.jodi.org/100cc/

Am unteren Rand des Browserfensters befindet sich das Eingabefeld, in das der Betrachter beliebige Zeichen eingeben kann. Diese Zeichen werden wie bei der Eingabe eines Passworts oder einer Geheimnummer durch Sternchen ersetzt. So kann diese nicht am Bildschirm kontrolliert werden. Nach der Bestätigung der Eingabe durch die Returntaste oder durch einen Mausklick wird diese an den Servercomputer von Jodi gesandt und erscheint anschließend in veränderter Form auf dem Bildschirm des Betrachters. Die drei Seiten unterscheiden sich im Erscheinungsbild und in der Art der Veränderung der Eingaben.

Einzelne Beschreibungen
Auf der Seite %20Unread erscheinen nur noch die eingegebenen Konsonanten, Zahlen und Satzzeichen. Vokale tauchen nicht mehr auf. So entstehen nahezu kryptische Zeichenreihen, die teils entschlüsselbar sind, teils nur noch grafische Gestaltfunktionen erfüllen. Die Eingaben aller Betrachter werden zeilenweise aufgelistet, so dass auch die Eingaben anderer sichtbar werden. Auffallend ist, dass viele Betrachter versuchen, das Handicap der fehlenden Vokale zu beheben, indem sie diese durch andere Zeichen oder Umlaute ersetzen. Manchmal entstehen auch kurze Dialoge, wenn gleichzeitig zwei Betrachter auf die Seite zugreifen. Dann erscheint nach der Bestätigung der Eingabe nicht nur das Ergebnis der eigenen Eingabe auf dem Bildschirm, sondern zusätzlich auch noch das Ergebnis der Eingabe einer anderen Person. Die zweite Seite, die man über %20Wrong erreichen kann, ist %20Unsent. Die Seite %20Unsent ähnelt, bezogen auf die stattfindende Interaktion, der Seite %20Unread. Hier bleiben von den eingegebenen Zeichen allerdings nur die Vokale übrig. Dadurch wird die Rekonstruktion von eingegebenen Wörtern unmöglich. Die dritte Seite unter %20Wrong nennt sich %20Reply. Beim Aufruf dieser Seite erscheinen Zahlen und Buchstabenkombinationen, die auf IP-Nummern hinweisen und am linken Bildrand aufgelistet werden. Die vom Betrachter in das Eingabefeld eingegebenen Zeichen sind nach der Eingabebestätigung auf dem Bildschirm nicht mehr sichtbar, lediglich die IP-Nummer des verwendeten Rechners wird zu der bereits bestehenden Liste hinzugefügt. Die vollständigen Eingaben der Betrachter sind nicht sichtbar, da sie in schwarzer Schrift auf schwarzem Hintergrund erscheinen. Sie werden erst dann lesbar, wenn die Fläche hinter den Nummern markiert wird und damit die Schrift vor einem weißen Hintergrund erscheint.

net.art

4.3 Netzkünstler ohne Netz

Dem Internetkunst-Duo Jodi wurde von ihrem Provider gekündigt. Der Grund: »bösartiger« Javacode.

In der Kunstszene sind Jodi berühmt. Das Duo gehörte zu den ersten, die Mitte der 90er Jahre das Internet als Medium für ihre Kunst entdeckten. Ihre Experimente im World Wide Web haben ihnen Einladungen zu einigen der wichtigsten Ausstellungen für Gegenwartskunst eingebracht, unter anderem zur documenta X. Eine wachsende Fangemeinde rund um den Globus bewundert die Programmiertricks der Holländerin Joan Hermskerk und des Belgiers Dirk Paesmans, den beiden Köpfen hinter der Website »www.jodi.org«. Im April dieses Jahres wurden Jodi mit einem »Webby-Award«, einer Art Internet-Oscar, ausgezeichnet. Bei der amerikanischen Internetfirma »ValueWeb« kann man die Begeisterung für Jodi nicht teilen: Kürzlich bekamen die Künstler von der Firma, die ihre gesamte Website »hostet« (also auf ihrem Internet-Server gespeichert hat), eine E-Mail. In der hieß es: »Wie Sie wissen, enthält eine Ihrer WWW-Seiten bösartiges Javascript, das den Browser abstürzen lässt [...] Bitte entfernen Sie diese Seite, oder wir sehen uns gezwungen, Ihre Seiten bei uns zu löschen.«

Seither sind Jodi Netzkünstler ohne Netz: Sie mussten ihre gesamte künstlerische Arbeit aus den vergangenen fünf Jahren aus dem Internet nehmen. Wer jetzt die Webadresse www.jodi.org ansurft, findet dort nur noch die Droh-Mail von »ValueWeb« und kann seine Meinung in ein Gästebuch eintragen. In einer Woche kamen dort bereits über 400 Protestbotschaften zusammen. Stein des Anstoßes ist die Arbeit OSS. Wer das Netzkunstwerk anklickt, erlebt sein blaues Internet-Wunder. Der Browser scheint plötzlich ein Eigenleben zu entwickeln und öffnet von selbst immer neue Fensterchen, die wild auf dem Monitor heruntanzen und nicht wieder zu schließen sind.

Wie man bei »ValueWeb« richtig erkannt hatte, löst eine Codezeile in der Programmiersprache »Javascript« das Computerchaos aus. »Wir wollten den Browser auseinander nehmen«, sagt Dirk Paesmans. »Das Internet ist kein Fernsehprogramm, und der Browser ist keine vollkommen stabile Software. Der kann auch verrückt spielen, wenn man sich die Homepage von Microsoft ansieht.« Kunst ist für ihn die künstlerische Überprüfung der technischen Grundlagen des Internets: »Es ist von Anfang an das wichtigste Anliegen von Jodi gewesen, im Internet alles falsch zu machen, was man nur falsch machen kann. Das ist der Kern unserer ganzen Arbeit.«

Seit 1995 betreiben Jodi auf ihrer Website den systematischen Missbrauch des Internets: Computer-Icons fliegen über den Monitor, seltsame Fehlermeldungen irritieren den Internet-Surfer, vollkommen abstrakte Seiten flackern und blinken solange, bis man die Netzverbindung kappt. Nicht nur bei »ValueWeb« hatte man in der Vergangenheit Schwierigkeiten, das organisierte Chaos des Duos als Kunst zu betrachten. Auch der Web-Index »Yahoo« verweigerte Jodi einen Eintrag in der Kategorie »Kunst«.

Obwohl die beiden Künstler in Barcelona leben, haben sie ihre Website bei dem amerikanischen Provider »ValueWeb« eingerichtet, weil bei ihm die eigene Internet-Adresse billiger zu haben ist als bei der europäischen Konkurrenz. Dass die Firma aus Florida Jodi nun aus technischen Gründen den Dienst verweigert, ist ein neues Phänomen. Bisher waren Websites geschlossen worden, weil sie Pornografie oder politisch Radikales enthielten und nicht wegen »bösartigem« Computercode.

Im Gästebuch, das Jodi auf ihrer Website angelegt haben, protestieren inzwischen Netznutzer aus der ganzen Welt gegen den digitalen Bildersturm. Ein empörter Jodi-Fan schreibt: »Die ganze Seite hat nie meinen Browser abstürzen lassen. Sie hat mich bloß immer wieder zum Lachen gebracht.«

NETZKUNST // Was Sie oben auf dem Bild sehen, heißt OSS und ist preisgekrönte Netzkunst von dem belgisch-holländischen Duo Jodi. Der Internetprovider der beiden Künstler sah das anders und nahm ihre Arbeiten von seinem WWW-Server – ein digitaler Bildersturm.
(berlin-online.de)

4.4 Beispiel: Piotr Szyhalski

Piotr Szyhalski ist Assistant Professor an dem College of Art and Design in Minneapolis (MCAD). Nachdem Szyhalski 1990 aus seinem Heimatland Polen in die USA emigrierte, unterrichtete er zuerst an der School of the Museum of Fine Arts in Boston. Vorher hatte er in mehreren unterschiedlichsten Kunstrichtungen agiert, aufgeführt und ausgestellt. Einer seiner Schwerpunkte lag in der künstlerischen Gestaltung von politischen Plakaten. Er stellte seine Arbeiten auch schon vor seinem zweifachen Abschluss als MA (Master of Art) an der Academy of Visual Arts in Poznan, Polen, international aus. Er gewann bis dato sehr viele Preise und Wettbewerbe für seine Arbeit. Szyhalski begann seine Arbeit mit dem Medium Internet 1994 und veröffentlichte ein Jahr später die ersten Arbeiten im World Wide Web.

net.art

Zu seinen bekanntesten Werken zählen unter anderem *The Spleen*, das in Publikationen wie Wired, Hotwired, I.D., The New York Times, Wall Street Journal, Applied Arts, Public Art Review, ART, Spiegel und FORM Magazin gefeiert wurde, und das jüngste Projekt *ding an sich*.

An dem MCAD unterrichtet Szyhalski als Professor für Grafik-Design, Illustration, Freie Malerei und Liberal Arts, welche sein populäres POLIT-PROP.-Programm enthält. Bei POLIT-PROP. geht es Szyhalski um die Vermittlung und Lehre von »Art for the Broad Masses of the People«, d.h. um die Studie von historischen und contemporären Konzepten von Propaganda-Kunst. Doch sein Schwerpunkt liegt in der Adaption der vorhergegangenen Disziplinen in das Medium Internet. Er schafft somit in seiner Unterrichts-Einheit »interaction and inter-faces« eine Plattform für intermediale Projekte. Durch das Überschreiten medialer Grenzen kann er somit als Intermedia-Künstler gesehen werden.

4.5 Piotr Szyhalski, »ding an sich« (The Canon Series), 1997
ding an sich war das erste Werk, das auf der online Gallery 9 des Walker Art Centers in Minneapolis veröffentlicht wurde. Szyhalski kreierte hierfür 12 canons (10 canons plus ein prelude und eine coda), die in Form von interaktiven Director-Filmen die verschiedenen distinktiven Formen von interaktiver Kunst aufzeigen. Szyhalski selbst beschreibt oder umschreibt die Arbeit an *ding an sich* in einem proposal: »Ich war interessiert an dem Ausdruck des Konzeptes, auf die Erfahrungen, die die Künstler und die User bzw. Galerie-Besucher im Kontext der neuen Medien machen werden.«

Der Titel *ding an sich* beruht auf den Schriften des Philosophen Immanuel Kant. Szyhalski erbrachte das Argument, dass »new media art« gleichsam eine universelle aber auch individuelle Erfahrung sein kann.

»*ding an sich* untersucht die Existenz von Dingen außerhalb der sensorischen Wahrnehmung. Kant umschrieb, dass der unbewusste Gedanke existiert. Ich glaube dies hat viel mit der generellen Wahrnehmung von Kunst zu tun. *ding an sich* testet die Existenz von den Dingen als solche hinter den Grenzen von Grund und Objekt. Ich glaube, dass eine konkrete Konstante hinter dem steckt, sie zu beschreiben ist unmöglich, da alle von uns sie in anderen Wörtern beschreiben.« ▶**04**

---

04 Zitate und Erläuterungen des Künstlers Szyhalski auf www.walkerart.com und www.mcad.edu.

DING

"We are still within the narrow circle of knowledge covered by our sense-experience. Space and time do not widen that circle; neither do the categories. The knowledge, therefore, which we acquire by the understanding is confined to the appearances of things, and does not extend to the noumenal reality, the Ding an Sich."

The CANON SERIE

[Prelude]
CANON 00

CANON 01	[Breath Exchange]
CANON 02	[Connections]
CANON 03	[Endless Inspiration]
CANON 04	[Magic Of The Mind]
CANON 05	[A Definite Idea]
CANON 06	[Signals]
CANON 07	[Idealised Movement]
CANON 08	[Speeded Up Life]
CANON 09	[The Message]
CANON 10	[All For The Others]

CANON 11
[Coda]

net.art

Der wichtigste und kritischste Teil an den canons ist die Interaktivität. Szyhalski versuchte, eine neue Form von Eingreifen in die Kunst zu schaffen, er verfällt nicht in die amüsierende Darstellung von Kunst, sondern erschafft eine nicht konkret ablesbare Form von Interaktivität. Es werden in den canons keine Hilfestellungen gegeben, im Gegenteil, der Betrachter wird durch seine eigene Neugierde gezwungen, seine eigene Erfahrung zu machen. Nirgends ist zu lesen: »Klicke bitte hier, und dann passiert das.« Jeder muss für sich herausfinden, wie die canons funktionieren. Die Entscheidung ist einem selbst überlassen. Die Inhalte können frustrierend sein für solche, die in den canons eine Antwort suchen bzw. die Hinterfragung nicht an sich selbst suchen. Die einzelnen canons beschreiben einen kanontypischen Weg, d.h. die zweite Stimme folgt der ersten. Allerdings mit Variationen, die zweite imitiert die erste, spricht die Worte rückwärts oder befindet sich auf einem anderen Geschwindigkeitslevel.

Für Szyhalski, der die Schritte von jedem User, der sich die canons anschaut, verfolgen kann, ist genau dieses interessant. Interaktion bedeutet: Wie verhält sich der User, was oder wem geht er nach, das Interface zwischen Betrachter, Mouse, Bildschirm und dem was, er durch seine Aktionen auslößt. Der Betrachter bekommt allerdings nicht mitgeteilt, dass Statistik über ihn geführt wird. Jeder seiner Schritte und Verhaltensweisen wird aufgezeichnet. Wie jedenfalls der Betrachter agiert und reagiert, ruft neue Bilder, Inhalte und Veränderung hervor, und bislang, so Szyhalski, habe noch niemand, selbst seine Studenten, alles von den canons gesehen, obwohl die Verlinkung der Inhalte angeblich beliebig sei.

Ohne die Interaktion, welche Joseph Beuys Exformation nennt, würde Szyhalskis Werk wohl nicht existieren. Es ist einfach nur das *ding an sich*.

4.6 Text on Web »ding an sich«

»We are still within the narrow circle of knowledge covered by our sense-experience. Space and time do not widen that circle; neither do the categories. The knowledge, therefore, which we acquire by the understanding is confined to the appearances of things, and does not extend to the noumenal reality, the Ding an sich.«

www.walkerart.org/gallery9/szyhalski/dingansich/

The inspiration for »ding an sich« (The Canon Series) comes from two main sources:

1. The title and philosophical ground for the work refers to the concept of the »Thing Itself« defined by Immanuel Kant in his »Critique of Pure Reason« as the reality of the thing – the essence beyond the knowledge of appearances. Ding an sich is unknowable though certainly existing, providing a unique angle for the contemplation of art in general, and specifically the relationships between artists, audiences, and the work itself.

2. Each component of the series functions as a viewer-controlled experience/exercise constructed on the basis of the musical canon format. All works are designed to be »performed« by the viewer. These interactive compositions have no clear beginning or end, and they are thought of as »scores« to be interpreted rather than »recordings« to be broadcast. Their conceptual conclusion occurs as a result of repetition.

In the traditional canon compositions the first voice is followed by the second, which relates to the »leader« in a variety of specified ways. The second voice of a canon may imitate the first voice exactly, at a different pitch level, in contrary motion, with change of rhythmic proportions, backward, or any combination thereof. Compositional and structural relationships between the specific components of the »Ding an sich«.

Canons (images, sounds, text, movement) are resolved on the basis of those traditional patterns. Historically »Ding an sich« also alludes to the role of other artists and their work as »leader« voices initiating cultural canons. The archival recordings of the voices of Joseph Beuys (canon 10), John Cage (5 and 11), Frank Gehry (6), Allen Ginsberg (3), Martha Graham (4 and 5), Peter Greenaway (2 and 7), Allan Kaprow (1 and 8), Isamu Noguchi (6), Isaac Bashevis Singer (3 and 9), and Susan Sontag (2 and 8) were used throughout the series.

www.walkerart.org/gallery9/szyhalski/dingansich/

Quellennachweise net.art

Klaus Möller, »Texte zur Auseinandersetzung und Untersuchung ästhetischer Bildung«, Bielefeld 1999

berlin online, online Berichterstattung über die Künstler jodi.org

net[art] Materialien zur Netzkunst von Tilman Baumgärtel, 1999

Alleida und Jan Assmann, »Schrift, Tradition und Kultur«, 1988

www.jodi.org, http://404.jodi.org, www.jodi.org/100, www.walkerart.com

Piotr Szyhalski, Professor am College of Art and Design in Minneapolis (mcad)

Bildnachweise

Seite 46
Marcel Duchamp, Die Braut, von ihren keuschen Freunden entschleiert (»La Mariée Mise à Nu par ser Célibataires, Même«), Malerei auf durchsichtigem Glas. Man sieht hindurch auf neue Gemälde von Léger und Mondrian. Aus: Amadee Ozenfant, »Leben und Gestaltung«, Potsdam 1931, S. 117

Seite 51
John Cage, Partitur zu Water music, 1952

Seite 52
Ansicht des "Ryoán-ji-Gartens in Kyoto, in: John Cage, Ausst.-Kat. Zürich 1988, S. 28

Seite 53
Cornelius Cardew, David Tudor und John Cage in der Galerie 22, Düsseldorf 1958, Foto: Manfred Leve, aus: Aktionen. Vernissagen. Personen. Die Rheinische Kunstszene der 50er und 60er Jahre. Eine Fotodokumentation von Manfred Leve, Köln 1982, S. 35

Seite 54
Joseph Beuys während der im ZDF aufgeführten Aktion, Das Schweigen von Marcel Duchamp wird überbewertet, Düsseldorf 1964, Foto: Manfred Fischer, in: Uwe M. Schneede, Joseph Beuys. Die Aktionen, Ostfildern-Ruit 1994, S. 83

Seite 60
Joseph Beuys, Zwei Fräulein mit leuchtendem Brot, 1966, in: Joseph Beuys, Editionen (Hg. Heiner Bastian), Berlin 1999, S. 42

Seite 65
Joseph Beuys, Kukei, akopee-Nein!, Braunkreuz, Fettecken, Modellfettecken, 20. Juli 1964, 20 Uhr, rechts unten ein Strauß Rosen, Foto: Peter Thomann

Seite 66
Joseph Beuys, Ohne die Rose tun wir's nicht, 1972

Seite 69
Marcel Duchamp, With Hidden Noise, 1916, in: Marcel Duchamp, hg. v. Anne d'Hoarnoncourt, Kynaston McShine, Katalog Museum of Modern Art, New York 1973, München 1989, S. 289

Seite 88
Caspar David Friedrich, Ruine Eldena im Riesengebirge, um 1830/34, Öl auf Leinwand, 103 x 73 cm, Greifswald, Pommersches Landesmuseum

Seite 90
Caspar David Friedrich, Ruine Eldena, 1815, Bleistift auf Papier, Oslo, Nasjonalgalleriet

Caspar David Friedrich, Riesengebirgslandschaft, Bleistift auf Papier, den 14. Juli 1810, ehem. Dresden, Sammlung Friedrich August II.

Caspar David Friedrich, Abgebrochener Ast, Bleistift auf Papier, Dresden, Kupferstichkabinett

Caspar David Friedrich, Mann mit Hund in Landschaft, September 1824, Oslo, Nasjonalgalleriet

Seite 102
Caspar David Friedrich, Das Eismeer, 1823/24,
Öl auf Leinwand, Hamburger Kunsthalle

Seite 103
Frédéric Flammand, Fabrizio Plessi, Titanic, 1992,
Programmheft, S. 7

Seiten 109/112/113
Wolfgang Tillmans, Concorde, Fotoserie aus dem Buch
Concorde, Köln 1997

Seite 114
Wolfgang Tillmans, Selbstportrait, 1998

Wolfgang Tillmans, Selbstportrait mit Freund,
Puerto Rico, 1995

Seite 115
Wolfgang Tillmans, Uckermarck

Seite 118
Karl Heinz Hödicke, Ferne Küsten oder Über dem
Horizont. Sirene 1, 1981

Seite 120
Karl Heinz Hödicke, Hand aufs Herz das Auge hört mehr
als es sieht, Bleistift auf Papier, 1984

Karl Heinz Hödicke, Sirenengesang, 1982

Seite 126
Andrej Tarkowskij, Stalker, Fahrt auf der Draisine:
der Schriftsteller, der Wissenschaftler, Stalker

Seite 128
Andrej Tarkowskij, Stalker, Fahrt auf der Draisine:
Ankunft in der Zone

Seite 131
Andrej Tarkowskij, Nostalghia, Erinnerung an das
russische Elternhaus

Andrej Tarkowskij, Nostalghia, Schlusssequenz:
San Gargano und das Bild des russischen Elternhauses

Seite 160
United California Bank, Los Angeles, California
aus: Marshall McLuhan und Quentin Fiore,
Das Medium ist Massage (1967),
Frankfurt a. M., Berlin, Ullstein 1969, S. 150–151

Seite 167
aus: Marshall McLuhan und Quentin Fiore,
Das Medium ist Massage (1967),
Frankfurt a. M., Berlin, Ullstein 1969, S. 13

Seite 188
Wolfgang Schmitz, Illustration zu E. A. Poe,
»philosophy of composition«
5. 9. 98 Anne, Michael; R. Kochplatz

Seiten 192/210
Jean-François Guiton, Tramage

Seiten 217/221
www.walkerart.org

Seiten 224/225
www.0100101110101101.org/home/jodi.org

Seite 226
wwwwwwww.jodi.org

Seite 231/232/234/236
www.walkerart.org

Trotz intensiver Bemühungen konnten wir die
Rechteinhaber nicht in allen Fällen ausfindig machen.
Eventuelle Ansprüche bleiben gewahrt.